北大讲座

季羡林

北京大学素质教育项目

北大讲座 第二辑

《北大讲座》编委会

北京大学出版社
北　京

图书在版编目(CIP)数据

北大讲座. 第二辑/《北大讲座》编委会编. —北京：北京大学出版社，2002.12
ISBN 978-7-301-05976-0

Ⅰ. 北… Ⅱ. 北… Ⅲ. ① 社会科学—中国—文集 ② 自然科学—中国—文集 Ⅳ. Z427

中国版本图书馆 CIP 数据核字(2002)第 085793 号

书　　　名：北大讲座（第二辑）
著作责任者：《北大讲座》编委会
责 任 编 辑：刘乐坚
标 准 书 号：ISBN 978-7-301-05976-0 /G・0782
出 版 发 行：北京大学出版社
地　　　址：北京市海淀区成府路 205 号　100871
网　　　址：http://www.pup.cn
电 子 邮 箱：zpup@pup.cn
电　　　话：邮购部 62752015　发行部 62750672　出版部 62754962
　　　　　　编辑部 62752032
印　刷　者：北京大学印刷厂
经　销　者：新华书店
　　　　　　890 毫米×1240 毫米　A5 开本　8.25 印张　229 千字
　　　　　　2002 年 12 月第 1 版　2011 年 9 月第 6 次印刷
定　　价：25.00 元

未经许可，不得以任何方式复制或抄袭本书之部分或全部内容。
版权所有，侵权必究
举报电话：010-62752024　电子邮箱：fd@pup.pku.edu.cn

《北大讲座》编委会

主　　任：许智宏
副 主 任：王登峰
成员单位：北京大学党委宣传部
　　　　　北京大学学生工作部
　　　　　北京大学教务部
　　　　　北京大学教育基金会
　　　　　北京大学科学研究部
　　　　　北京大学社会科学部
　　　　　共青团北京大学委员会
　　　　　北京大学艺术学系
　　　　　北京大学出版社
编　　委：沈千帆　于良佐　王　干　郑清文　祁树鹏
　　　　　吴彦彬　何　敛　刘晓英　刘欣怡　晏世琦
　　　　　张佳妮　许一瑾　劳　婕　段　然　王　瑶
　　　　　刘　媛　吴云广　邹明健　肖　云　陈　昕

目 录

论史诗性——兼论中国史诗电视剧的孕育 …………… 马润生/ 1
西方哲学"个人—社会"模式的盲点：家哲学 ………… 杨笑思/ 10
东西方文化差异与人格 ……………………………… 王登峰/ 30
文化性思维——从哈佛大学的核心课程说起 ………… 韩敏中/ 51
中国的渐进政治体制改革 …………………………… 徐湘林/ 63
19世纪以来德国学者眼中的中国 …………………… 赵进中/ 78
时代发展与中国特色 ………………………………… 薛汉伟/ 86
莱茵资本主义与全球化 ……………………………… 张世鹏/ 93
我国社会主义初级阶段的"多元所有制结构" ………… 赵家祥/106
国企改革 ……………………………………………… 刘　伟/117
制度变迁的机制研究 ………………………………… 刘世定/135
入世与我国政府管理改革 …………………………… 周志忍/149
我国的金融发展与融资政策 ………………………… 陈　元/160
高级管理人员的选拔问题 …………………………… 徐联仓/174
信用与道德风险 ……………………………………… 陈少峰/181
信用制度是现代人成功的阶梯 ……………………… 夏学銮/194
肯尼迪、赫鲁晓夫与中国的核幽灵 …………………… 牛大勇/207
跨世纪中俄关系的回顾与展望 ……………………… 关贵海/218
转基因生物产业及生物安全立法问题 ……………… 陈章良/231
流星雨观测与小行星 ………………………………… 朱　进/240
留学与归国创业 ……………………………………… 王　强/245

论史诗性
——兼论中国史诗电视剧的孕育

马润生

> 马润生,博士,第四届中国十佳制片人(位列榜首),毕业于中央戏剧学院,中国广播电影电视节目交易中心总经理,中国音像协会副会长,国家一级导演。曾任《康熙王朝》等多部电视连续剧的出品人。担纲制片人兼导演的电视连续剧主要有《香港的故事》、《中国命运的决战》、《日出东方》等。发表有《论史诗性》、《运用系统工程理论重构电视制片意识》、《中国数字化电视制片管理》等。目前主要从事中国国内国际文化交流及电视节目交易工作。

北大是我从小就非常向往的一个地方,说这句话可能是老生常谈。这个地方曾经留下了我许多孩童时的回忆。后来我们家就住在中关村附近,那是一个部队的院子,我还带着我的儿子来到北大,让他感受这种文化的气氛,追寻这种文化的足迹。今天到北大来讲课,或者说和同学们进行交流,在我平生中是第一次。我是怀着一种诚惶诚恐的心情来的,因为在北大里都是我们中华民族的精英,都是我们能够代表时代精神的学子。

既然我从小有这种对北大的执着追求,而且我还有这种乐于与人交往的嗜好,所以,我今天不敢说是讲课,而是对一个现实问题进行简要的论述。同时,我自己也希望同学们就电影电视美学方面的理论,电影制片管理和导演艺术创作方面,能提出想了解的问题。对于我所讲的,认为不对的地方,我们可以磋商。一句话,通过我们彼此之间的信任,建立我们彼此之间的感情,促使我们双方共同发展。

我今天讲的内容是我的博士论文,大家知道博士论文要有十几万字,要我用不到一个小时的时间把博士论文讲完是不可能的。那么,我想和大家讲,我的博士论文主要写了些什么,和我为什么写。我的博士论文的题目叫《论史诗性》。

我是在 1999 年 11 月 22 日通过答辩的，因为我当时推迟了半年。为什么推迟呢？因为那时我正在组织拍摄《中国命运的决战》，那一年的 3 月 6 日晚上 11 点 40 分，我被汽车撞了一下。撞"死"了，又被抢救过来。（笑声）（车祸的地点）是里士满，也就是"911"事件中有飞机坠毁的地方，那里也是我们当时的拍摄地。发生车祸之后，我一醒过来就问他们（医护人员）："我还有腿没腿？"他（医生）用手指顺着我的腿向下滑，我还有感觉，我想，自己起码还不是植物人吧。（笑声）在美国拍摄期间，我也完成了近 30 万字的博士论文的素材。可惜回国之后，这些素材被我的老师砍掉只剩 5000 字，这十几万字是我躺在医院里由这 5000 字派生出来的。这是我写博士论文的一个插曲。

在座的各位同学，包括大家的亲戚朋友，我想，喜欢电影、电视的人肯定非常多，尤其是加入 WTO，中国走向国际，有一系列能够表现我们民族精神的事件，都使我们大家兴奋不已。中华民族的发展，我们中国加入世界所有活动的伟大的创举，都表现了我们这个民族应该产生史诗性的电影电视美术作品。但是，自从 1997、1998 年以来，我们中国的电影包括电视，能够称之为史诗性的电影作品几乎没有，我并不是在否定我们的历史。当然 20 世纪，尤其进入 20 世纪 80 年代以来，中国的电影、电视，中国的人文精神有了飞速的发展，它表现在中国古代历史和现代电影革命历史题材的作品比比皆是。从后往前说，比方说，我刚刚完成的《日出东方》、《长征》，再往前：《中国命运的决战》、《开国领袖毛泽东》、《巍巍昆仑》，还有现在正在拍摄的《邓小平》等等，它都表现了我们中国革命历史的伟大进程，那么表现中国古代历史的《雍正王朝》、《康熙王朝》、《唐明皇》等等，像这种历史作品也是比比皆是。可是为什么这样一个能够产生丰厚历史文化的伟大民族，却没有我们自己的伟大的史诗性作品呢？我们现在出现了一个现象：我们把场面宏大、人物众多的作品称之为史诗性的作品，而且批评界的评论家们也常常把这种作品称之为史诗性的、史诗品格的、史诗般的艺术作品，加以褒扬、褒奖。但同学们，我们要理性思考，当我们的批评家、文艺理论家在使用这一批评术语的时候，并没有深究这种史诗性的内在理论的涵义。如果说批评对艺术创作有着导向性的话,如果说我们的美学评论和我们的艺术创作是车之双轮、鸟之双翼的话,那么我们在史诗性的美学探讨方面却存在着一个非常不正常的现象:我们的批评家在使用这个术语时是不确定的、模糊的,甚至是概念化的。它带有极大的随意性,带有极大的个人好恶的评论。而这个评论恰恰又对产生史诗性作品的影响是负面大于正面的,也就是说它不仅没有推动史诗性作品的发展和诞生,相反却造成了不能诞生的现状。这是一个十分值得重视的事实。一方面,批评家、文艺理论家在使用史诗性这一批评术语时信手拈来,因此它误导了一批观众和一批创作者,我们民族的"史诗性作品"随处可见;另一方面呢,那些真正具有史诗性品格的,和史诗性美学品质的上乘之作却为数甚少。这两个方面没有形成互动的合力,相反越拉越远,造成恶性循环,此类作品的艺术质量着实的令人忧虑。我是中央戏剧学院导演系毕业的,我曾读过两个导演系,一个中国戏剧学院导演系,一个中央戏剧学院导演系。我当时被分到中央电视台,在中国电视艺术委员会,就在1989年开始,我就进入了飞天奖和星光奖的评奖工作,以及中央重大革命历史题材审订这样的工作。我当时观摩了很多的片子,因为我是负责全国电视题材规划,中央重大革命历史题材审订,负责电视剧和飞天奖的评奖的,同学们想一下,我每天的工作是什么,几乎看了又看,看了又看,看了又看,看到我曾经看到电视剧就想吐。(笑声)在看(片)的过程中,我感觉到,(现实)和我读导演所接触到的,是两个不同的概念——我感觉找不到"我"了。从我们这几届的评选中,推举了许多著名的编剧、导演和演员,还有非常著名的作品,这些作品也被我们评论界誉为"史诗性"的。当时那么多作品,我自己都莫名其妙。四年之后,我突然想,我在哪里?我找不到我自己。我是干什么的?我还会干什么?我感觉不行,于是就调离了这个地方,我来到了中国电视剧制作中心。搞老本行,当导演,我终于当导演了。那是在1992年的9月12日,我记得非常清楚。

一个人想成为导演,或者是文艺工作者,这个人起码有99.5%(的可能)从幼儿园开始就喜欢蹦蹦跳跳,思想非常活跃。我从小就是孩子头,好为人师,至今还是这样,所以我今天会成为这样。当一个人不能实现他的理想,理想坍塌时,同学们想想,那是什么感觉呢?是茫然的、痛苦的。包括我今天,是痛苦的,因为我不能当导演。刚才有同学问我:称呼我"马老师"好,还是什么好,我希望大家称我"马导演"。其实,我今天做领导工作,做制片,也用的是导演的思维和管理理念。我第一次当导演的时候,因为是从高层机关到一个制作单位,两个不同的概念,一个是行政管理,一个是艺术创作,人家对我根本不信任。我当时拍的《吾土,吾神,吾人》,这个电视剧是12集。这个片子填补了我们国家电视剧制作相关领域的空白,是我完成的处女作。正是因为我参与评奖四年,以及我在艺术创作中的困惑,才促使我进行这样的探索。应该说明一点,历史题材的作品并不一定都是史诗性的,它只是艺术作品的一个组成部分。对一部取材于历史生活的作品,如果我们的创作主体确实要把史诗性作为追求的目标,我们必须认真地遵循这一概念的内涵。如果说史诗性这一批评术语经常出现在文学批评中的话,那么针对这一论题进行的研讨却是相当平坦的,而这种平坦又是有害的,这是非常不正常的。大概因为工作的原因,和本人在艺术创作实践中常常受到的困扰,使我涉猎到对史诗性的影视美学的研讨。我经过这样的思考,在导师的指导下,确定了论史诗性这个选题,试图把我的一孔之见诉之于文字,公诸于世,为史诗性正名,辨析史诗性在中国电影电视剧的审美定位。这就是我讲的序。

首先,什么是史诗。史诗是人类历史上最早的文学艺术形式,最早使用"史诗"这一术语的,我们可以见诸于亚里士多德的诗句,它原本指的就是古希腊的荷马史诗。史诗最早起源于荷马史诗。

自荷马史诗诞生以来,荷维吉尔的《埃因阿士记》率先向荷马史诗提出挑战,被人们称为开创了欧洲的人文史诗的先河。像奥维德的《变形记》,几乎汇聚了当时西方所有的著名故事,有人将它称为背弃英雄史观的史诗,黑格尔称之为"英雄时代"。后来再发展,卡尔巴蒂诺用充满着青春活力的对比,反复夸张的语句等等完成了具有讽刺意义的史诗,使史诗的内涵得到了发展和延伸。发展和延伸的简单脉络,是从古典神话的英雄时代,再到欧洲的文人史诗,以及后来的文化背离,背弃英雄史观,和讽刺史诗的诞生,这就结束了当时古典史诗的历史时代。这样,历史的年轮进入了史诗的新的表现形式,这就是但丁的神曲。但丁的神曲以恢弘的时空结构,深刻的引喻,生动的类型化的人物,揭示了被神学统治了千年之久的中世纪的社会本质,为古老的史诗文化注入了新的活力。因此,称但丁为中世纪的最后一位诗人,同时又是新时代的最初一位诗人。在后来,弥尔顿的《失乐园》以独特的风格,宏大的结构,生动的人物,展示了关于人类堕落的主题,使史诗的主题得到了进一步拓展。再后来,历史把史诗推进了现代史诗的阶段。所谓现代史诗,它以生机勃勃,多姿多彩,包罗万象的社会变化,进一步丰富了这一文学的艺术形式。它的代表作品是超越意识的《尤利希斯》。《尤利希斯》运用意识流的手法,讲述了两个男人从早上八点钟到次日两点钟的生活经历。所有史诗都有非常长的时空跨度,而它这么短怎么被称为史诗呢?它表现了人们生活经历和心灵的历程,生动地展示了人们对新生活的认识,揭示了社会发展变迁的历史意义,因此被喻为最伟大的西方社会写实的现代史诗,这本书最初在美国是禁书,但后来还是出版了。我建议同学们有机会的话去读一下。另一位代表人物是马尔克斯,他写了《百年孤独》,获得了诺贝尔文学奖。《百年孤独》在神话和现实交融中,寓言般地描绘了玻底亚家族七代人的辛酸命运,表达了历史的发展是如何影响人们的感悟和情感,以及他的思索的。同学们注意,所有的艺术作品都是通过情感来表达的。后来,托尔斯泰和他的《战争与和平》,更是以时代风云的变化,艺术地再现了那段历史,这就是称之为现代史诗的阶段。史诗的起源、发展、嬗变,使史诗的内涵发生了巨大的变异,因此我们把史诗这种文学表现形式和史诗性的美学概念割裂开来,分别进行探讨。

何为史诗性呢?如果说史诗是作为一种文学题材的类型的话,那么它的基本特性,我们将它称之为史诗性。黑格尔在区分艺术时,他曾把史诗和正式史诗区别开来。"正式史诗"主要指类似《荷马史诗》的史诗,而"史诗"主要指长篇叙事或长篇小说。史诗性这一概念,则体现在正式史诗中。所谓史诗性,它不仅能够涵盖叙事文学作品的特质,还可以超越叙事文学作品的体裁限制,而渗透于其他文学艺术体裁中,诸如戏剧、电影、电视,从这个意义上,我们也可以用"史诗"这一术语,称谓长篇小说和长篇叙事诗中某种风格类型的作品,而面对戏剧、电影、电视剧题材中具有类似风格特征的作品时,我们也宁愿称之为史诗性作品。《简明不列颠词典》中史诗的定义是:史诗,它常指描绘英雄业绩的长篇叙事诗,也被用来指托尔斯泰《战争与和平》一类的长篇小说和爱森斯坦《伊凡雷帝》这样的电影。因此我们说,"史诗性"是超越体裁范围的某种特定风格特征的作品的标识。我们把这些标识概括为以下几点:

(一)史诗性的作品必须是对民族历史的叙述和对民族性的超越

我们中国现在没有史诗的作品,因为我们带着当代的思维去叙述民族的历史,我们不仅仅没有超越过去的历史限制,更没有跨越我们时代的今天。它是为胜利者展示的一种历史,即为我所用。这是我们在这方面追求的悲剧。它是站在我们中华民族几千年文明史上的,它没有站在我们人类文明史上去看待我们的民族历史。托尔托夫在他的《伟大的秘密》中说过这样一段话:探索伟大的秘密,在思虑中老去,一代接着一代,永远询问下一个时代。当我们今天的人去叙述我们民族历史的时候,如果不能超越我们民族的狭隘意识,又怎么可能具有人类意识呢。过去有人讲,越有民族性,才越有人类性;现在,我们要把这句话翻过来,只有人类性,才有民族性。民族性是蕴含在人类性之中的。

(二)人物形象的类型化表现出来的结果,是个性的完整性与普遍意义

但凡史诗,都是写伟大人物的。伟大的人物,既是国家、民族、部落中的一员,又是家庭中的成员。在他的身上,这个人物,必须洋溢着人性和神性。过去我们说,要把毛泽东从神坛上请下来,我坚决反对这句话。我不是说毛泽东是神,但毛泽东具有神性;我不敢说奥德赛是神,但荷马史诗向我们所展现的所有的人物都是人和神的结合。这个人身上具有了神性,他才可能具有民族性。换句话说,在这个英雄人物身上表现了民族性的神性和民族的精神。我和唐国强是非常好的朋友。《开国领袖毛泽东》中一个镜头大家应该记得。五大书记从延安的一个低坡走上来,唐国强演了一个非常典型的动作:拿了支

烟在鞋底上擦灭,再接着走。有一次我们在一起谈精品赏析的时候,一个导演大谈唐国强的创意,我说:"国强呀,建议你千万不要再谈了,我都坐不住了,因为我们是哥们儿。"你想想,毛主席像一个土农民,都土到这种程度了,中国共产党能够代表先进文化么?(笑声)难道说我们陕北的老乡,江西的老表,广东的老板,都想要这样形象的人去当他们的领袖么?克林顿是这样的么?布什是这样的么?因此,我认为在塑造英雄人物、领袖人物的时候,必须赋予他神性。邓小平三起三落,也是富有神性的。我认为对于民族英雄、领袖人物解读的时候,不能把他从神性上拉下来。这种神性,他的抉择能力,实际上就是他的个性,完整性是他吸收了这个民族的营养,在他们身上表现出的完美品格。

(三)史诗意味着崇高

所有的史诗作品一般都是悲剧艺术浓烈的,而又不是悲切的、悲惨的,它是悲壮的,它是宏大的,它这种悲壮的结果是导致崇高。崇高的起源是什么呢?是浩气。浩气恰恰是驱动一个人去追求,驱动一个民族去扩张,驱动一个国家去发展的巨大的推动力,用我们的话来讲,它叫形象化的种子。我们一个人实现自己的理想,都缺少不了从小埋藏在心里的形象化的种子。

伟大的人物,伟大的心灵,伟大的思想,伟大的精神,突出的都是伟大,它是超凡脱俗的,像这个恰恰是从英雄时代理想而孕育而成的。我们放眼史诗的嬗变过程,我们也可以从更宽的范围内去理解崇高的含义。车尔尼雪夫斯基曾讲过,真正的崇高就在人自己,就在人的内心生活,人有毅力也有种种壮举,在某些人是那样倔强地趋向于一个目的,别人在他面前显得那样意志薄弱,于是他同周围的人比起来,显得无限的强,这是崇高。

(四)史诗的规模和体积

任何一个史诗的规模和体积必须篇幅浩大,时空广阔,场面恢弘。像《伊里亚特》有 12 卷,长达 15693 行;《奥德赛》是 12 卷,有 12000 行。有一个电影《勇敢的心》,就有史诗的规模和体积。

(五)史诗的寓言、隐喻

史诗呢,常常用明喻暗喻、借喻、代喻、转喻等等,来表述思想,塑造人物,诉说历史,因此说借此喻彼,借远喻近,借古喻今,借景喻情,借物喻人的寓言式的概括,而成为史诗的另一个显著的特征。日本有一部电影《山本五十六》,一开场,第一个镜头就是盛开的樱花,在一个碧波荡漾的河里,一条小船,上面坐着山本和渔夫,他们在打赌。这个开头,实际上是寓言般的,写了一个将军和渔夫的故事。还有电影《大决战》,它第一集的开头就是冰雪消融,还有万马奔腾。它们的开头都是寓言般的,所有的史诗影片必须有寓言般的隐喻,才可能称之为它的美学特点。

通过对史诗性的概括和总结,可以得到这样的结论:史诗性的戏剧是非常非常少的,或者是没有的,因为它受舞台的限制,它缺少体积和规模的含量。因为舞台的假定性,限制了对人物性格的塑造,它时空空间的狭小,使得戏剧这门艺术在史诗性的探讨和发展中,处于非常尴尬的地位。电影和戏剧比起来,它在史诗性的表现方式上,它有自身形式的优点,包括电视剧在内。但是真正表现史诗性的作品时,还是电影见长,它是宽银幕,它是对于生活的浓缩和放大;而电视剧呢,是对于人生活的缩小和延伸。早在电影的默片时代,就诞生了史诗般的电影,虽然它的表现张力受到限制,却有着非常大的潜力。自从有了有声电影以来,史诗性电影的题材范围逐步扩大,英雄的群体,磅礴的气势,宏伟的结构,恢弘的场面,标志这一门类的艺术走向成熟。从20世纪30年代开始,可以被列为史诗性的电影作品有:《拿破仑》、《乱世佳人》、《亚历山大》、《伊凡雷帝》、《斯巴达克斯》、《战争与和平》、《巴顿将军》、《解放》、《熙德》、《现代启示录》和《阿甘正传》。为什么我们把《现代启示录》和《阿甘正传》列入史诗性作品呢,它是后来在历史的演变中间,史诗性的外向化走向了史诗性的内向化的发展。《阿甘正传》和《现代启示录》向人们表现的就是美国这个民族在经历越战这段历史的时候的不同经历,它借助了许多表现主义的手法去表现人们内心世界在现实中的苦闷,因此,这时候除了它外在特征之外,它使我们整个史诗作品走向了内向化变异的方向。到后来的《辛德勒的名单》和《末代皇帝》、《与狼共舞》。《末代皇帝》中走在龙椅上的蝈蝈就是一个寓言般的镜头。

中国的电影百年沧桑,中国的电视方兴未艾,电影电视互动和整合已经成为历史发展的力量。悠长的中华民族,各种战争连绵不断,或者抵御外敌,或者扩大疆土,或者改朝换代,或者进入现代,那种列强的炮火,那种反法西斯的硝烟,都曾经在中华大地上弥漫,一次又一次民族的战争,都为我们电影电视艺术家提供了丰厚的选题基础。但遗憾的是,真正具有史诗品格的作品还在孕育之中。从某种意义上讲,史诗精品的出现,不仅仅标志着这种艺术的成熟,而且还标志着一个国家,一个民族艺术发展的历程。中国电影电视剧艺术,对史诗性这一问题进行了半个世纪的探索,如果说我们能够在这个基础上继续努力,我们所期待的,中华民族的史诗精品将指日可见了。因此,我们说哪里有认真的反思,哪里就有希望。好,谢谢大家。(长久而热烈的掌声)

西方哲学"个人—社会"模式的盲点：家哲学

杨笑思

> 杨笑思，原名杨效斯，美国芝加哥森林湖学院亚洲研究中心主任。陕西师范大学文学学士，华南师范大学科学哲学与科学史硕士，美国约翰-霍普金斯大学哲学博士。曾担任美国普渡大学卡尔迈特校区哲学教授，美国芝加哥大学东亚研究中心兼职研究员，中国华南师范大学客座教授，中国上海宋庆龄基金会特邀研究员等职务。

我将以问答方式，说明西方哲学基本不含家哲学。一种可疑的"个人—社会"两极模式，是导致这一盲点的直接原因。压制西方家文化发展的因素很多。它们只能增进家哲学研究的内容和必要性。

一、缺少家哲学，及其直接原因

（一）家庭概念，家庭思想，家庭研究在西方哲学中有什么地位？

迄今为止，西方哲学没有赋予家概念以重要理论地位。在这个哲学体系中，缺乏系统而持久的家研究，缺乏由家研究产生的家哲学家，和家哲学思想。这几个重要空白的认定，已有可靠证据。

例如，西方以往的哲学类著作、杂志、百科全书、辞典中，几乎从不予"家"以独立的处理。没有人自称或被称为家哲学家。不存在家哲学分支或团体。最近几十年，主要由于家庭危机恶化，一些应用性哲学分支开始关注家研究，例如在应用伦理学、女权哲学、性与爱哲学，或者在政治哲学中的细节部分。但是这并未改变家不是西方哲学的独立题材这个基本现实。"在经典著作中，仅仅零散地提到过家庭生活本身。"① "由于使家庭这种社会安排得以构成的那些特殊人际关系并不是我们自愿形成的，许多道德家们感到非把这些关系全部排斥掉不可。于是，实际的结果就是，人们发现哲学家们总是属于那些为使传统家庭解体而作贡献的人们之中。"②

（二）社会科学中的家研究，能否取代家哲学？

社会科学独立出其哲学母体之前，西方哲学只偶尔地触及家。哲学忽视、贬低家的这种传统，在社会科学设定其分支学科上发生了影响。社会科学没有为家的经验研究设立独立学科，而是把它分散化为各分支学科的部分，或者跨学科研究。由于恪守"描述性研究"规范，力求立场中立，避免价值判断，社会科学很少对家的概念有哲学意义上的积极主张。社会科学的家研究，因此只是使哲学更心安理得地忽视家，起不到对缺乏家哲学的补偿作用。

将关于人的经验研究统称"社会科学"，这本身就值得质疑。它预设了把"人类的"、"家庭的"，都看作附属于"社会的"，却并未论证。"人类的"超出国家范围；"社会的"则联系于"国家的"。社会与家庭也非常不同。把家、人类的相对独立性、单位性取消，然后将其彻底还原入社会概念，这是西方历史实践中社会生活无限扩张这一点长期化、固定化之后，在学科分类与称谓上的反映。

—ology 这种后缀，标记一个 Logos，是研究对象地位的量度。Famiology(家庭学)这个学科完全不存在。它连个合法词汇都不是。这反映了"family"这个研究对象在整个西方学术系统及其历史中如何不被重视，如何没有地位。

（三）西方哲学中为什么少有独立形式的家哲学问题？

因为缺少使家问题能够被独立提出、单独分析的概念、理论和上下文，从亚里士多德的《政治学》开始，与家有直接关系的概念、理论和上下文通常都会被还原为，或者间接化为附属于个人的或社会的概念、理论和上下文。因此，哲学中本来能够提出的家问题，甚至本

---

① 《家庭理论》，Klein & White, Sage Publication, 1996, p.50.
② 《哲学家们反对家庭》，by C. H. Sommers, in "Person to Person", ed. By G. Graham & H. Lafollette, Temple U. Press, 1989, p.82.

来已经提出的家问题,原则上都立即会被个人—社会两极语言"翻译为"个人的或社会的问题,不再呈现家问题的原貌。在这种意义上,整部西方哲学史中可以说存在一个化解、还原家问题的"个人—社会"模式。这个模式的存在,其支配地位,与其相应的两极语言及其高度还原能力,构成西方哲学的一种深层逻辑,不容家哲学问题独立存在。

关于两极模式的存在,其科学的、城邦政治生活的、宗教的背景,和近代的变种,可参见我发表在《华南师大学报》2001年第5期的一篇专文。两极模式预先即把家变成一个较少独立性,较多依附性,必须被还原的对象。家的研究,从而需要依附于或者个人研究或者社会研究。这是西方哲学与经验科学不给家研究以独立地位的一个主要原因。

(四)"个人—社会"两极模式如何还原家及其问题?

"家是一个社会机构"(或社会单位,或社会安排,或社会范畴,等等),"婚姻是男女双方的契约",是社会学家或人类学家们在定义家庭的准备阶段提到的,经常不言而喻地接受的思想。前者把家归结为社会性的东西,后者把婚姻意义上的家归结为个人的决定。这两个普遍接受的观念,其一般形式是"家是社会的某某"与"家是个人的某某"。由于"社会的"(及其变种)在西方思想传统的上下文中,几乎无处不与"个人的"(及其变种)相对照,于是家在西方的一切讨论,实际上都很难不在"个人—社会两极模式"的范围中进行。西方学术界在争论家的定义之前,预设了两极范围。其争论内容,则不包括上举的两个思想。

卢梭的《社会契约论》里,有一段典型的例证言论:"一切社会之中最古老的而又惟一自然的社会,就是家庭。然而孩子也只有在需要父亲养育的时候,才依附于父亲。这种需要一旦停止,自然的联系也就解体。孩子解除了他们对于父亲应有的服从,父亲解除了他们对于孩子应有的照顾以后,双方就都同等地恢复了独立状态。如果他们继续结合在一起,那就不再是自然的,而是志愿的了;这时,家庭本身就只能靠约定来维系。"① 卢梭的说法,既有应然的哲学主张一面,也有实然的生活报道一面;既关于以往,也关于当下和未来。

(五) 个人、社会与家的关系没有澄清,何以可能清楚而不需要定义?

这是两极模式的首要可疑之处。生活中,家与个人和社会关系密切。概念上,三者之间理应也有联系。但是,由于西方没有家哲学,没有成熟的家概念,个人、社会这两个概念与家概念的关系便并不清楚。如果个人概念和社会概念的适当理解本身需要一个家概念来予以界定的话,那么缺乏这个条件就意味着目前的个人概念和社会概念,是未经适当界定的。用未被家概念限定过的"个人"、"社会",形成两极模式,形成"个人—社会语言",并且用这种语言形成家的定义,就预设了个人、社会概念一种本不具有的完满性、清晰性和逻辑优先性。可见,依赖个人、社会概念的西方人生哲学,需要家的哲学。

必须对个人、家庭、社会的定义同时感兴趣,对这三个定义之间的关系感兴趣。如果说家庭的定义需要从无变到有,那么个人、社会的定义便需要从先于家变得受家影响,乃至与家平行。家的定义,将参照个人与社会的定义而获得,将通过三个定义的互相限定而获得,将通过个人与社会定义的必要改进而获得。

"什么组合才算家?"是目前西方学者定义家时的技术性问法。在提出"如何组合才算家"这个问题时用到的西方观念和语言上下文中,事实上已经存在关于家的、本身成问题的哲学性共识。因此,本文没有兴趣直接介入"如何组合才算家?"式的争论,因为我们质疑先于这种争论,使这种争论得以展开的概念背景。我们没有理由相信除了家概念之外,其他概念都是清楚的,尤其是没有理由相信个人和社会概念在没有受到家概念限定的情况下可以是清楚的。

(六) 确认两极模式的存在和建立家哲学,有什么意义?

确认两极模式的存在,是对西方人生哲学的一种概括。西方思想家在这个模式中形成的两极语言,他们用这种语言所做的一切,包

---

① 卢梭:《社会契约论》,商务印书馆1987年版,第9页。

括描述、评价人类生活,还原非个人的和非社会的人生现象,限于两极语言对人的问题的分析解决,都可以质疑。质疑两极模式、两极语言,是家哲学得以建立的前提。家哲学的建立,本身是对两极模式的驳斥和否定。家哲学及其对两极模式的质疑,不仅会动摇西方现存人生哲学的合理性,而且蕴含着对于两极模式、两极语言有关的全部现存西方哲学内容进行修改的要求。

在一定程度上,仅仅意识到两极模式这个概念框架的存在及其特殊性,就意味着一场思想解放运动。脱离两极模式的制约之后,我们可以开始考虑使用它带来的成果与代价,可以开始考虑其他的可能,例如更加合理的多极模式。把家庭作为第三极,插入社会和个人之间,成为一个并列的、同等重要的维度,以形成新的基本思考框架,只是这场思想解放运动的一个初步结果。这个新的三维思考框架,及其可能具有的更高合理程度,表明西方哲学作为一个总体目前所具有的局限性,表明被这种不完整性逼迫出了过度的还原机制,以及这种过度还原作用的不适当性。

通过批判"个人—社会"两极模式对西方思想传统的控制,家哲学希望改造由西方世界缘起的,看待人生的概念框架。它将使研究家庭的经验科学家,不仅选择家庭的定义,而且选择个人和社会的定义,选择用于定义家庭的参照背景、指导思想和基本语言。这场思想解放运动,将提醒研究个人与社会关系的人生哲学家,更深入地考虑家庭性是否也应纳入人性,作为人性概念不可缺少的一部分。

家的哲学忽视与哲学贬低,与两极语言在哲学中的支配地位,既分别是两个问题,又一起构成一个综合性问题。发展家哲学有助于解决两极语言和西方哲学的反家主义倾向;不澄清两极语言,不解决反家主义倾向,家哲学也发展不起来。

二、扬两极、抑家庭的深层原因

(一) 希腊神话对家形象有什么影响?

家的形象,在西方最古老的经典——希腊神话——中,遭到毁灭性的打击。赫西阿德与荷马讲述的诸神家谱和人类英雄之家的故事,充斥着乱伦、通奸、杀子女、弑父母、父子夫妻反目、兄弟相争相残等等消极现象。相反的东西,例如关爱、和谐、温暖、谦让等等人类家庭中常见的正面形象,则很少见。

希腊神话,尤其是其中的荷马史诗,对西方精神文明的影响是不可估量的。从公元前6世纪雅典的青年们,到当代的西方青少年,通过神话故事、诗歌、历史、文学、古典研究、早期宗教、希腊语与拉丁语、戏剧、电影和保存在西方日常语言中的大量与希腊神话有关的名词、典故、成语,而持续接触荷马与赫西阿德。这些接触,不能不始终在西方人心目中败坏家庭的形象。

关于这个题目的一个详细讨论,可参考我发表在《哲学评论》杂志(武汉大学编辑出版)第一期上的专文。

(二) 为什么战争会提高城邦事务、公共精神的地位,而抑制家庭?

战乱,是家庭的天敌。在充满战争与动乱的希腊—罗马世界,生存单位至小是种族或城邦。为了战胜,或者避免战败而沦为奴隶,希腊—罗马人不能不以城邦事务为首,以国家团结为要,以公共利益为重。军队、战士、男人、成人,其地位因此大大超过只适应和平生活的老弱妇孺。公民—战士对家庭的情感、联系,都是可能危及公共利益的坏事。这种认知,已在西方文化传统的深层意识之内固定下来,延续下来。

奴隶、妇女,经常表现为战果,是战利品的主要内容,是对征服者的犒劳,是男性战胜者的财产。孩子在希腊的地位则相当于奴隶。这个现实帮助形成"国先于家","有国才有家"的观念。"公共的"因此优于"私家的"。

战争是西方古代世界生活的中心,反映在它是西方古史的中心题材上。荷马之于"伟大的特洛伊战争";希罗多德之于"永垂史册的波斯战争";修昔底德斯之于伯罗奔尼撒战争;希腊人阿里安之于亚历山大远征;塔西陀之于公元69年的罗马内战;是著名的例证。阿piu安的《罗马史》,凡与战争有关的部分都能全文幸存,凡与战争无关的则只剩残篇。这反映的已经是后代西方人对战争的重视了。阿基里斯、奥迪修斯这样的战斗英雄,是自希腊古典文艺迄今的西方文学欣赏、讴歌的对象。"在雅典的公民大会上,几乎没有一个年过25岁的人不曾在地中海或黑海的不同地区参加过几次战役,而且不期待再服兵役的。"①

"从原则上说,孩子们的地位与奴隶的地位没有区别,尽管Liberi 这个名称表明他们由其出生而可以从法律上看做是自由的。同样,pater(父亲)与 mater(母亲)也不是表达遗传联系的概念,而是表达依靠权威的概念……Pater 本来指的是一户的主人,即对其妻子、孩子、奴隶和其他成员这些共同构成一户者拥有权威的人。"②

高度军事化而基本废弃家庭的城邦斯巴达,不仅在古希腊世界有崇高的地位,而且通过普鲁塔克(主要是普鲁塔克笔下的莱库格斯法律)对整个西方近代文化的发展有决定性的影响。罗素说,近代西方人印象中的斯巴达,"是普鲁塔克笔下的神话般的斯巴达和柏拉图《理想国》中的被哲学理想化了的斯巴达。"如果古希腊历史在西方人的后来记忆中留下一些东西,那么"在这里面最为重要的,在早期基督教时代是柏拉图,在中世纪教会时期是亚里士多德;但是到了文艺复兴以后,当人们开始重视自由的时候,他们却首先转向普鲁塔克。普鲁塔克深刻地影响了十八世纪的英国和法国的自由主义者以及美国的缔造者们;他影响了德国浪漫主义运动,并且主要的是以间接的路线继续影响着德国的思想一直到今天。"③

柏拉图《理想国》中为城邦而牺牲家的主张,根源于希腊城邦之间难以和平相处,根源于城邦之间不断的战争。"希腊人虽然也是可钦敬的战士,但他们并没有征服过,因为他们的军力主要地都消耗在彼此互相敌对上面。"④ 柏拉图的废家主张,成为以后西方直到马克思的各种乌托邦的共同特点。这是斯巴达深远影响的一个例子。

(三)希腊的经济形式对家庭地位有何影响?

由前边的讨论,我们已经知道,奴隶、妇女,以及孩子,经常开始

---

① 赫·乔·韦尔斯:《世界史纲》,人民出版社,1982年版,第315页。
② R.西德尔,梅特拉尔:《欧洲家庭》,芝加哥大学出版社,1982年版,第6页。
③ 罗素:《西方哲学史》上卷,商务印书馆,1963年版,第138—139页。
④ 同上。

于战胜者所获得的犒劳。因此,以战士身份而获的奖赏,或者某个男人的拥有物或财产,这类带有经济性质的观念,成为希腊人理解家庭的出发点。家,从而主要对其男主人而成立。管好、享用好这笔财产,因此成为希腊人(也即希腊男人)关于家几乎惟一有意义、惟一感兴趣的东西。

希腊的商业贸易,那时与海盗—劫掠很难分清。这种经济生活形式,不能使全家人介入,却要求经常性别离,包括生死别离。这种经济形式,不利于家庭的稳定。劫掠、斗争是经济来源,则从经济方面进一步强化了男性成年人对家的主导地位。

亚里士多德在其《政治学》中对家的讨论重点与次序,色诺分的《家政学》,是希腊人把家当作财产看待,把家庭生活等同于家政处理的主要例证。"oikonomecs"(家政学)是"economics"(经济学)的词根。这与中国古人把家看作农业生产单位,看作自然组织的观念,相去甚远。换句话说,希腊家庭中的成员间关系主要是主人与其所有物(所有人)的关系,代表劫掠—贸易经济对待财物的态度;中国古代家庭成员间的关系,则是讲究"对待"的关系,代表农业经济对待劳动力的态度。

(四)奴隶制对家庭形象有什么影响?

蓄奴既是希腊家庭的惯例,也是从柏拉图到华盛顿的西方文化传统。奴隶的来源在于国家的强盛,战争的胜利。因此奴隶提醒人们注意国先于家。奴隶意味着家分成等级。城邦奴隶制通过家来具体行使剥夺奴隶自由的权力,使家成为用暴力治理的地方。这就败坏了家的形象。

自由在西方文化中始终有崇高地位。这是"奴役在西方文明中长期存在"的另一种表达。"离家而自由",是从"孩子同于奴隶",加上"家庭以暴力统治奴隶"推出的必然逻辑后果。

西方推崇人身自由价值,直接根源于希腊以来的奴隶制,间接根源于西方的战争—劫掠文化传统。西方的思想自由价值,主要根源于中世纪"人是上帝的仆役"这种基督教提倡的精神奴隶制,加上宗教改革以来政治承认与宗教取向的特殊结盟。西方人所长期经历的人身与思想的双重奴役,程度至为深重。这是导致近代以来出现各种激烈的反动的主要原因。例如,西方各种倡言自由的运动,形形色色的自由主义,如火如荼,经久不息。

汉娜·阿伦特(见其"人的条件"一书第二章)关于家庭—私域与城邦—公域的对照刻画,即家是暴力的、等级的、必然王国;城邦是说服的、平等的、自由世界,即基于希腊蓄奴家庭。阿伦特的言论极有代表性,是西方人的基本共识。她的话,是希腊观念仍然完好地活在当代西方的证据。其问题在于,希腊的家庭文化并没有那么大的代表性。世界上还有其他相当不同的,更加高级而发达的非蓄奴家庭文化。

(五)希腊人所有的是家,还是户?

阶级是城邦性的东西。通过在家中划分三个阶级,希腊人的户失去了大部分独立的单位性,被相当彻底地城邦化(政治化)了。这是家后来被还原为"社会机构"的历史根源。希腊人家,从而更其是政治意义上的"户",而非独立意义上的家。

赖因哈特·西德尔说"直到近代历史的早期,《欧洲》人们还没有血缘家庭的概念,只好用'有老婆和孩子'这一说法来转述。"[①]

(六)宗教与家是什么关系?

希腊—罗马家庭文化的薄弱,使基督教神圣之家乘乱世而入,并得以对世俗家庭进行改造:圣父(上帝)先于生父;神父亦称"父亲"。圣母先于生母,修女称为"姐妹"。婚姻首先象征基督与教会的结合;大众姓名则采自《圣经》。因此,西方的家观念,在很长时期中,应看成由教会与世俗之家混合而构成。这是为什么目前教会常常以家庭捍卫者面目出现的原因之一。

耶稣说,"凡遵行上帝旨意的人,就是我的弟兄姐妹和母亲了。"[②]

(七)为什么说教会在异化家庭?

教会之家之于世俗之家,补充、保护远不及异化与破坏。当家予人安全、关心、爱、归属感和希望时,人们皈依宗教的前提——"尘世

---

① 赖因哈特·西德尔:《家庭的社会演变》,商务印书馆1996年版,第9页。
② 《马可福音》,4,35。

只能予人以苦难"——即失去说服力。家对于宗教,故有根本的颠覆性质。亚伯拉罕杀子祭神的故事,是以亲情作为信仰的牺牲的典范,凸现了追求世间性家庭幸福与出世性神圣幸福的根本冲突。

家庭文化高度发达将不利于宗教文化的发展,这一点似可证诸中国历史。

耶稣号召:"弟兄要把弟兄,父亲要把儿子,送到死地;女儿要与父母为敌,害死他们。"① "你们不要想我来,是叫地上太平;我来,并不是叫地上太平,乃是叫地上动刀兵。因为我来,是叫人与父亲作对,女儿与母亲作对,媳妇与老婆作对;人的仇敌,就是自己家里的人。爱父母过于爱我的,不配作我的门徒;爱儿女过于爱我的,不配作我的门徒。"② 新约福音书对许多不谙犹太思想的西方人影响更大。基督的这些话,抵消了旧约摩西十诫中"荣耀你的父母"的内容。

亚伯拉罕杀子祭神的故事,通过基尔凯郭尔完成了哲学化。其精神,仍然存在于当代存在主义哲学运动之中。"亚伯拉罕的上帝"(信仰的上帝),与理性的上帝虽然被西方思想界加以对比,这两面却一道联手否定家庭价值。

当代西方基督教关于"家庭价值"的大声疾呼,其动机主要在于对世俗化进行声讨。其逻辑是:世俗化导致家庭价值衰落,故人们只有回归教会,才能恢复家庭价值。对于在西方文明中建立世俗而发达的家庭文化,基督教这种疾呼根本上是反动的。

(八)"成人中心主义"是如何形成的?

成人中心主义是指忽视童年的关键性,忽视母亲的作用,忽视人的发展有家庭依赖性的思想倾向。这种倾向比男性中心倾向更隐晦,但却是两极模式主要精神的集中体现。它贯穿在整个西方哲学传统之中,影响极大。需要注意的是,《圣经》之中关于亚当、夏娃没有童年的故事,对成人中心主义的形成与发展壮大,起了决定性作用。

以成人为起点,以婚姻为起点,以"先有鸡"(而非先有蛋)的次序为起点,以成熟的理性、自主性,以完全的判断与选择能力,以完全的

---

① 《马太福音》,10,21。
② 《马太福音》,10,21。

道德责任与法律权力等概念为起点,这是西方分析研究人的惯例。但是由此发展起来的西方个人、个人自由、社会契约、法律、权利等思想,便实际上假定了成人中心主义,假定了上述《圣经》故事的典型性。

顺便指出,西方女权运动尽管已经在反对男性中心倾向,却仍未挣脱更为根本的成人中心倾向的束缚,导致了多种不良后果。

从《圣经》的观点看,人类的始祖亚当与夏娃,不仅是没有童年的,而且是不可能有童年的。他们之没有童年,必须被从原则上加以认定,而完全不容许其他可能。其道理如下:

如果亚当、夏娃是有童年的,那么他们将因为年幼而不对自己的行为负完全责任,将因为年幼而免除大部分道德与法律责任。于是,如果亚当与夏娃不守信用,吃了智慧果,那么他们应该因年幼而被原谅,被宽恕。但是,这样一来,对于基督教至关重要的人类所谓原罪,就不存在了。

如果亚当夏娃他们是有童年的,那么上帝给予人道德自由这个恩惠就不再有意义:孩子们本来就不是完全的道德主体,不可能享有完全的自主性或道德自由。

如果他们是有童年的,那么他们将两小无猜,不全懂得赤身露体的性意义,从而谈不到因此而有的羞耻感。性,对于幼儿,本来就没有很大意义。性本身,将因此变得形象无辜,大为改善。但是,身为幼儿的亚当、夏娃,就更不可能犯所谓原罪了。

如果他们是有童年的,那么上帝就有抚养他们的义务,就必须抚养他们。抚养子女这件事,将因此变成以上帝为模范的事业,变成不可或缺的神圣行为。尘世中的家庭育子,便有了神圣的一面。但是,显然上帝不想,也不能承担这个职责。道理如下:

首先,尘世分享天上的神圣,是不可能的。

其次,如果亚当、夏娃是孩子,如果上帝因此抚养他们,那么即使孩子犯了错误,部分责任将由家长——即上帝——来负。他们的错误将首先是上帝管教无方的过错。这样,无论亚当、夏娃此后有什么错,上帝都"与有责焉"。上帝因此将有这样的危险,即不仅分担人类原罪的主要责任,而且分担两个孩子一切过错的部分责任。

此外，如果他们是有童年的，那么根据《圣经》的叙述，上帝显然不是一个好父亲：他只管惩罚，不管抚养；不尽责任，专享权威。

如果他们是有童年的，那么母亲更擅长抚养孩子这一点将显得突出，母亲将因为善尽抚养孩子这个神圣职责而地位上升。圣母之不存在，将成为更其显眼的一桩怪事。

如果他们是有童年的，那么他们的婚姻之家将退居二线，其父母之家将首先成为注意的焦点。那么，人们谈到家时，将有不同的次序。不是从亚当夏娃已成年之后开始，不是从婚姻之家开始，而是开始于父母（上帝与不在场的其妻子）以及子女（亚当夏娃）之家。这样一来，整个西方成人中心主义传统，乃至整个基督教，都将受到一个巨大的挑战，从而很难平安存在了。

（九）哲学家的家庭生活经历如何？

自古至今，西方哲学家的家庭生活经历普遍量少质低。主要哲学家们多数幼年缺父少母，成年保持单身。通过垄断教育，教会还保证了西方思想家只能长期出自无家，出家的修士群中。这些几乎完全没有"仰事俯育"经验，对婚姻知识不足的特殊群体，却要负责刻画普遍的人性。有如此背景的哲学家们，如果经常在其哲学中谈到父母，谈到家人亲情，才是咄咄怪事。

失去母亲或父亲的时候，霍布斯肯定是孩子，康德13岁，黑格尔11岁，伏尔泰7岁，斯宾诺莎和莱布尼茨6岁，桑塔亚那5岁，尼采4岁，巴斯卡3岁，休谟与罗素2岁，笛卡尔和萨特1岁，卢梭与蒙田只有0岁。

父母亲活得长一些，未必减少哲学家们青少年时的失亲之痛。叔本华的父亲离开他的方式是自杀；而叔本华又厌恶他母亲。这使他比早年就是孤儿好不了多少。约翰·斯图亚特·穆勒的父亲冰冷地逼迫他接受一种几乎难以承受的教育，而穆勒对其母亲的态度，则近乎鄙视。詹姆士的父亲在变成残废人之后以奇特的方式自杀。维特根施坦的父亲则会对儿子们非常严厉。洛克与伯克利的家应该算是例外而比较幸福，但是洛克的父亲对幼年洛克的管教相当固执，而伯克利则因为我们现在不知道的原因，而小小年纪便充满怀疑。公平地看，只有狄德罗、亚斯贝尔斯两位，明确赞许过父母。但是即使如此,亚斯贝尔斯因其痼疾,与父母在一起生活的时候并不多。①

尼采表达了对婚姻的集体轻蔑:"到现在为止,有哪个大哲学家是结婚的?赫拉克利特、柏拉图、笛卡尔、斯宾诺莎、莱布尼茨、康德、叔本华——他们都没有结婚。而且,进一步说,很难想象他们结婚。已婚哲学家属于笑剧,这是我的定律。至于苏格拉底这个例外,惯于反讽的苏格拉底实际上跟自己结了婚,因此,他的反其道而行之恰好证明了我上述的定律。"②

(十) 思想家缺乏家庭生活经历,对西方哲学有什么影响?

缺乏婚姻、育子、照料父母的亲身体验,人对一般人性的认识就是间接而不全面的。结果,从柏拉图的《理想国》,到罗尔斯的《正义论》,甚至本应站在母亲—妻子一边为家说话的女权著作,西方哲学的代表作多数对家抱持忽视,或怀疑,或贬低的态度。

西方近代涉及人性观念的道德、伦理、社会、政治思想,主要出自几位单身汉(霍布斯、洛克、休谟、康德,晚年前的卢梭,等等)。他们从自己的生活经历中,能找到很多支持两极模式的根据,很少有怀疑它的基础。这是一个影响深远、令人遗憾的事实。

例如,"签约者与社会契约"是两极模式经上述几人之手在近代政治理论中发展的变种。"劳动与资本"是两极模式在经济思想中的表现。"个人与社会"是两极模式为19世纪初出现的社会科学学科确立的表达与评价模式。而"本能与文明"则是两极模式在支配19世纪末出现的心理学科时的表现形式。

当代神学家哈尔沃斯概括说:"我们是这样一部历史的继承人,在这部历史中,家庭始终被看做高度可疑的机构。"③

(十一) 缺乏家哲学与西方家庭危机之间是什么关系?

家观念在西方哲学中的现状,间接反映了家实践在西方的历史。一部西方文明史,是一部家在西方受压迫的历史,是家对于城邦、教

---

① 参见《哲学家们——他们的生活与其思想的性质》,Ban-Ami Scharfstein, "The Philosophers", Oxford U. Press, pp. 346—348;《哲学家们的心理》,A. Herzberg, "The Psychology of Philosophers", Harcourt, Brace and Company, 1929, New York.

② "The Genealogy of Morals", 3rd Essay, sec. 7.

③ S. Hauerwas (1981) p. 158.

会、国家进行反抗,对其消灭式的统治不断颠覆的历史,也是家在长期的内外夹攻之下节节衰败的历史。哲学史与哲学对家的忽视与贬低,不过是城邦、教会与社会对家的忽视与贬低在观念上的表现。西方家哲学的薄弱与混乱,是西方家庭文化薄弱与混乱的理论外貌。

许多研究家的专家警告,西方的家庭处在危机之中。这种警告,人们已经听过多次,变得习以为常。家庭危机在西方有各种表现:家语汇有限,家概念幼稚,家思想贫乏,分散,不成熟,不系统。从物质意义上的无家可归,到心理上、精神上、情感上的无家可归,随处可见。由种种无家可归进一步造成的不安全感,导致许多危害社会合作、世界和平、自然和谐的严重后果。但是关于这些危机的根源之一——家庭危机——何时开始,则有许多不同意见。很多西方学者把家庭危机的起源,追溯到19世纪;更远的则追溯到工业革命时期。本文认为,这些估计,眼光仍不够长远。家庭危机的理论根源,很早就已经存在了,比工业革命时期早得多。

(十二)"人的异化",还是家的异化?

西方文明中的许多危机,忧虑都可以最终归结为所谓人的异化。然而要谈人的异化,还不如先谈家的异化,先谈两极模式的极致化。人的异化包括人的生活不正常,而家却正是人的生活单位,主要生活场所。人的异化,实际上是家的异化的结果和表现形式。但是两极模式使人翻译话题,结果不能再谈家,而只能在个人的异化范围内讨论。

家的异化有多种表现,集中起来说,即家越来越脆弱,松散,不可靠,不安全。家庭经济被变成国民经济加个体经济。家庭成员变为个体"现行"或"未来"工资持有人。家务变成工作。家庭生活内容被分解以后,变成社会职业的专业化劳动内容。在家的时空被社会生活的时空接管、蚕食。家人的感情交流被异化为心理咨询的职业,等等。在"为了社会,提高效率"的大旗号召之下,人们持续分解家庭,然后再到社会中找家,建家,认家,失去家。

"人生失去意义与价值"。人的生活主要在家里。当家里的生活内容与社会工作分不清,甚至变成社会生活的准备,乃至变成社会生活的内容,而与工作无异,那就只有"工作意义"问题,哪里还有"生活意义"问题?

三、家哲学问题

(一) 家的定义是什么?

家的定义,因为人类家庭现象的自然、普遍和久远,没有明显的理由不与"个人"、"社会"的定义平行处理。使用个人、社会这两个词的人,很少要求先定义它们。就是这样要求了,也难以统一其定义。不要求定义个人、社会而放心使用之,却偏要求家有定义,这就预设了家不享有与个人和社会同等的地位。在并无根据的情况下,家庭预先即被假定为低于个人与社会,这是没有道理的。

"个人"一词无视人的基本身份特征,包括无视姓名、性别、年龄。"社会"可以指几乎任何群体及其活动或性质,甚至不限于人类的群体。但是,尚没有关于这两个词的定义适当与否的认真讨论。

(二) 家哲学有哪些哲学问题可研究?

西方哲学家已经关心的问题中没有多少涉及家的问题,已经使用的概念中没有多少概念曾被家概念加以限定,这本身就是问题。

苏格拉底曾经以一句话间接概括了西方哲学的使命:"没有考察过的生活是不值得过的。"但是,我们知道,人人都是由父母生养的。如果家庭至少与每个人的出生、存活以及对此负责的父母(养父母)有关,与这些人和他们自己的下一代的关系有关,那么在这种意义上,人人都要过一些家庭生活。家庭生活既然是如此广泛的一种人类生活,哲学不考察它便有辱由苏格拉底代述的西方哲学使命。这是家庭研究不能完全归于经验研究,家哲学何以有必要创立的基本理由。即使目前还没有人提出足够的家庭哲学问题,哲学对家也仍然不能再忽视下去:一面断言未考察过的生活不值得过,一面找借口拒绝考察人人都要过的一种生活,这不是一种说得通的逻辑。

西方哲学不大思考家,因而提不出关于家的哲学问题,一旦开始认真思考家庭,开始理清家庭与个人和社会的关系,我们将发现哲学面临许多重要的问题。刻画家与哲学的关系,是家哲学面临的第一个任务。哲学家所擅长的是概念研究,包括概念定义这类研究在内。然而家概念的研究和定义,包括上面提到的以"如何组合"为形式的定义活动，现在主要是由非哲学家在从事。这是一种奇怪现象。如果社会学家或人类学家有理由专注于"如何组合？"这种家的定义研究，那么哲学家会如何定义家？哲学家会对家提供什么不同的定义？对于怀疑是否存在有意义的家庭哲学问题，因而怀疑家庭哲学是否必要的哲学家来说，这两个问题就是家哲学首先要回答的问题。从这两个问题出发，我们还会发现一组相关的重要问题。哲学对家应该有什么关系？事实上是什么关系？在哲学中，是否曾存在过家的定义？西方学术界似乎有一个共识：家研究的适当领域是社会学、人类学、经济学等等经验科学。但是社会学、人类学、经济学等经验科学出现于19世纪前后。相对于两个世纪长的经验科学来说，家庭的历史和哲学的历史要漫长得多。19世纪前经验科学的前身存在于哲学之中。因此，了解哲学与家庭之间在家的经验研究出现以前的双方关系，是家的哲学的一个内容。

（三）为什么说西方哲学需要一种"家庭化"？

在一定程度上，一部西方哲学史，就是家庭概念在其中短期出现后逐步消失的历史。家庭概念在西方哲学中的消失，预示了家庭价值、家庭地位、家庭现实在西方生活中的弱化。可见，没有一个关于家庭的哲学，一个文明是不健全、不稳定的。西方哲学基本上没有家哲学，这使西方哲学整体上存在一个巨大的盲点，并因此使自己的人生哲学既不全面，也不合理。

由两极模式导致的哲学反家主义，包括社会反家主义和个人反家主义。分析批判反家主义，不仅是为了发展家哲学，而且事关全部西方哲学。事实上，两极语言制约下的反家主义本身在西方哲学整体中导致了大量成见。使人的哲学从两极语言中解放出来，意味着从哲学中清理掉这些成见。这种清理，原则上涉及家哲学以外的几乎全部西方哲学分支。

清算反家主义，将帮助我们明确，西方哲学中的哪些现有内容，不过是由家哲学的残缺所逼出来的逻辑补偿；西方哲学中的困难与发展方向，有哪些不过反映了由家哲学缺乏所导致的挣扎性后果而已。我们还要明确，把家庭概念与个人和社会概念予以并列，引入哲学，是为了引起所谓"西方哲学的家庭化"。借此，家哲学鼓励西方哲学传统对自身的反省,以及加强向其他哲学系统的学习和对照。这也将鼓励非西方哲学系统的哲学界,更加有信心肯定自己正确的东西,批评人家不对的东西,从而提高民族文化自尊心。这些,既是家哲学的目的,也是它的意义。

家哲学不存在不但本身是一个问题,而且使哲学中凡与家有关的东西皆进退失据,从而成为造成大量其他问题的一大祸根。对于西方哲学界来说,它代表一个基本的失职(人人都过着一种未经检验的生活——家庭生活),一个长期没有兑现的允诺,一个贯穿始终的悲剧,一个不能再继续掩盖下去的空白,一个代价巨大的错误。

(四)家哲学对哲学存在论会有什么贡献?

(1) 从儿童研究起的哲学,需要在已发展个人(成人)之外,引入"发展中个人"(孩子)概念。对于发展中个人的存在,家是一个补充。由家对于"发展中个人"的补足存在作用,家成为与个人存在相关的、并列的人类存在形式。

(2) 如果人是社会动物,那么由人从小对于家庭的本质性依赖来看,人更是家庭动物。人类有家庭性。家性是人性的一部分。

(3) 家,从而应是一个与个人、社会平行的单位。家的完整性、尊严、权利与地位都应该得到承认与尊重。

(4) 人的存在是两性式的存在。两性式存在有重要存在论意义。

(5) 年龄不容哲学忽略。老幼的研究有根本的、时间哲学上的意义。

(6) 成员个人意志与家规决定论,有帮助我们理解所谓自由意志与决定论关系的深刻作用。

(五)家哲学对认识论会有什么贡献?

(1) 由"发展中个人"概念,可以引入"部分理性"概念。

(2) 由家对"发展中个人"的部分理性的补足,可以引入家庭作为"有理性能力的主体"的概念。并可以引入家庭本身作为"一个相对独立的认识单位"的概念。这个概念,还能兼顾家族遗传对人的认知能力的影响。

(3) 家对发展中个人的补足,不仅是理性能力的补足,也是知识来源的补足。家从而是一个需要受到独立注意的知识来源。

（4）现有的"成年男性认识论"将需要分解为不同的"分期认识论"，包括早期认识论、中期认识论和晚期认识论。

（5）关于智慧概念，可以引入"家常智慧"概念。

（6）所谓日常语言，还需要从中分出"家常语言"的部分。

（7）知识动力学，知识的评价与标准，都应通过一个"家庭化"改造。除了有社会的真假标准，还要有家庭标准的特殊性。

（六）家哲学对伦理学会有什么贡献？

（1）离开了宗教，又缺乏家概念的西方伦理学，没有前途，没有出路。从根本上说，没有家庭，就没有伦理的发生；伦理学就没有真正的研究起点。

（2）由发展中个人概念，和部分理性概念，可以引入部分自主性，和部分责任概念。

（3）可以引入一个基本的个人独立性，家庭依赖性，以及两者之间的关系的概念。

（4）人的生命历程包括家庭化、个人化与社会化三者的概念。家庭化有独立性，有独立的内容与标准的概念。

（5）引入驳斥"原罪"概念的，基于母爱、父爱的"原爱"、"原情"概念与孝敬概念。

（6）引入家庭公平概念，引入家庭义务论。

（7）引入家庭幸福概念，引入家庭性成就标准。

（8）引入家是目的，而不仅仅是手段的思想。

（9）引入一系列家庭道德。在教育中引入家庭教育概念。

（七）家哲学对政治哲学会有什么贡献？

（1）区别家庭利益与政治利益；区别家思想与政治思想。

（2）社会—政治与家庭之间关系的独立意义（不受个人的影响）。

（3）引入家庭亲密性，社会等距性，以及两者关系的概念。

（4）讨论人的社会性与家性的关系。

（5）国际和平与家庭繁荣的相关关系。

（6）殖民扩展与反家主义的关系。

(7) 政治道德的家庭化基础问题,家庭道德与政治道德的区别与联系。家庭中的公平与政治中的正义。

(8) 讨论社会—政治对家的消解、接管、取代和入侵,及其后果。区分生活与工作,异化家与异化人的关系。

(9) 区分家庭危机与社会危机。

(八) 学哲学对女权运动有什么贡献?

(1) 贬抑女权的根源并非家庭。

(2) 妇女与家共荣辱。

(3) 家庭,家务没有地位,是妇女没有地位的根源。

(4) 女权运动也需要反对成人中心主义。

(九) 为什么可以说家哲学是中国传统哲学的核心?

西方哲学没有家哲学,并不等于世界上就没有家哲学了。家概念在中国哲学、中华文明几千年的漫长历史中始终占有中心位置。以儒家为中心的东方家哲学,是世界上最古老、最发达的家哲学之一。围绕"阴—阳"、"孝悌"这些观念建立起来的家哲学,是中国哲学的精华部分。家哲学对于东亚,就像水对于舟的关系一样,既有好的(载舟)一面,也可以有不好的(覆舟)一面。由东亚近两个世纪与西方交往的经历看,我们主要看到的是东方家文化覆舟的一面——例如对中国人个性意识和公共精神的压制。只有站在不含这种水的地中海岸边观察时,我们才会发现,家庭文化这种水,除了覆舟之外,还有载舟的积极功能。

近代以来,尤其是五四以来对中国哲学史的西方式重写,发生于对中国家文化的悔恨式批判之后。这使对家的强调变成中国哲学的污点。结果,几乎一切重写过的中国哲学史都有意无意地或者检讨,或者淡化家哲学的内容。

对中国哲学以家为中心这一点,我们现在的态度可以开始有所转换,即采取一种"不以为耻,反以为荣"的态度。

在一定程度上,本文可以看作对"五四"以来中国家文化批判的一个反思,看作对中国哲学坦然地承认其与家哲学关系的一种鼓励。

家哲学可以看作东西方关于个人、社会,特别是关于家的有关思想的一个比较研究,看作根据东亚家哲学传统对西方哲学轻视家庭这种整体特征的一个批评。西方哲学界受制于"个人—社会"两极模式,不但对自身体系中家庭研究的必要性和重要性认识不足,也无从察觉,更无从欣赏东亚家哲学的意义与价值。许多离开两极模式便不能思维的激进派,不仅对完全过滤掉处于中国哲学核心的家哲学不以为憾,甚至还因此否定中国哲学的存在。这是两极模式巨大影响、巨大代价的不幸证据。

(十) 发展家哲学有哪些困难?

(1) 历史性障碍(细节略);

(2) 实践性障碍;

(3) 国际性障碍;

(4) 西方优越论障碍;

(5) 哲学传统障碍;

(6) 经验研究成规障碍;

(7) 两极模式障碍;

(8) 中国复兴其家文化的困难。

东西方文化差异与人格

王登峰

> 王登峰,北京大学心理学系教授,北京大学党委副书记。1981年9月入北京大学心理学系本科学习,1990年7月取得北京大学心理学博士学位,此后一直在北京大学心理学系从事教学、科研工作。主要研究方向为人格和社会心理学、临床心理学。已在国内外杂志上发表论文四十余篇,出版学术专著四部。

大家早上好,非常高兴能来为大家作这场讲座。东西方文化是一个很大的概念,但我们可以就它们某一方面的差别来讲。我们在研究中国人的人格的时候,注意到中外心理学工作者在研究工作中的一些方法和得到的一些结论,结果就发现了一个非常有意思的现象,研究者所得出的结论,首先是和这个人是哪国人有关,第二还跟采用的方法有关,第三与采用的研究的具体特点或具体的方法设计有很大关系,换句话来讲,事先有怎么样的想法,那么你最终所得到的结果往往和你那个想法非常接近。比如说有很多研究者在事先假定中国人的人格和西方人或美国人的人格相似,他们最终得出的结论也是这样的。比如说,研究中国人、日本人、韩国人、菲律宾人、美国人、意大利人这些不同文化下的人们,他们的人格特点是不是存在不同呢?如果事先存在这样一种假定,说这些不同文化的人他们的人格都是一样的,那么,所得出的结论也是一样的。当然,我把这个研究过程过分地简化了,而另外相当多的研究者,他们在做研究之前事先没有任何的假定,那么有这样一种研究特点就会发现有相当大的不同。这就是我要讲这个问题的最直接原因,也就是说当面临不同文化、来自不同国家的人的时候,面对不同文化的人的行为的时候,要知道从文化的角度来讲,人的行为与文化有密切的关系。为什么密切呢?从行为和体验、人格结构三个层面上来看,文化都发挥着比较重要的作用。

一、文化及其影响

　　什么叫文化,这是一个困难的定义,我们简单地用《大不列颠百科全书》文化的定义,认为文化是人为事物的组合。所谓人为事物是经过人工改造过的事物,带有人工的色彩,不是天然的。比如电、文学、社会制度、人们的行为规范这些都可以称作文化,既然文化是反映人们的语言、建筑、文艺等这样一些内容,那么它对人们的行为的影响体现在什么地方呢?从行为层面来讲,一个人的行为及内心体验、内心想法主要来自两个方面的影响,一个是遗传的影响,一个是文化环境的影响,这两个方面是共同起作用的。来自不同文化的人,他们性格上的差异同时也可能在于人种上的差异,也就是带有地区上的差异。两种文化下的人们的行为和体验因为一个具体的原因而有不同的话,那么我们就可以认定这个不同的客观存在。

　　从东方的文化讲大家知道达尔文的物种起源的理论,是从生命的起源到我们现在进化过程来看,这里面形成了一个非常重要的概念,就是生命有机体的某一项功能是否能在生命的延续过程中遗传下来,在下一代或更高级的物种中为人们见到,很关键的因素是这样一个特点能不能帮助生命更有效地生存下来。第二点,现在进化论的思想已经进入到了社会科学里面。很多人认为其实人类在这5000年的历史进程中,人类的一些特点也是在这进化的过程中而被消除或保留下来的,因此按照进化论的思想,人类的所有的行为包括一些看上去合理或不合理的行为,一定会以它适应环境的方式保留下来。换句话来讲,某些物种某些人当它发生了遗传变异或它的行为发生了某种古怪的变化的时候,那么它们可能不太适应环境的要求,因此它们不能保留下来。所以随着人类社会的发展,人们的行为特点,人们的个性特点,人们的自身体验的特点也会随环境与人类的要求而不断地发展变化。人类社会的进化和自然界,和达尔文的自然进化的过程有一个本质的差别。人本身能力在发展,人也会寻求帮助,也就是说达尔文所讲的自然进化的过程大大地降低了,比如说,我们现在全社会对残疾人的关心。而按照自然选择的过程,残疾人没有权利获得和正常人竞争更广泛的权利,那么这样的人会处于劣势。但是在人类社会里人不像自然界那么残酷,人类还有恻隐,人类还要去帮助这些人,比如现在我们国内社会各界都非常关心的弱势群体问题。在人类社会的进化中已经受到达尔文适者生存这样一个自然选择规则影响的同时也有社会发展的重要作用。也就是人的行为特点适应环境的要求就保留下来,不适应的就消亡了。

我们知道在不同文化下,人们使用的语言、文学艺术、社会制度、行为规范都是不一样的,这种不同的文化环境就对人类的生存需要以什么样的方式来表达自己的行为作出了限制,因此在中国文化和西方文化下人们的行为体验的方式一定会与中国文化和西方文化有契合的一面,也就是说在中国文化下生活的人们的行为和体验一定要符合中国文化的要求,这样才能更好地适应环境的要求,才能更好地生活下去。而西方文化下成长的人的行为方式必定要符合西方文化的要求,才能更好地生存下去。如果是两种文化之间存在着很大的差异,那么这两种文化下的人行为和体验的差别就会相当地大。

电影《刮痧》里有一个很好的例子。大家可能都看过这个电影,这里面有一个情节,一个中国的留学生在美国工作,他的儿子打了他老板的儿子,这个中国人就当着美国人的面打了他儿子一巴掌。后来美国法庭觉得中国人的小孩子在家可能受到虐待,因为这个小孩子的爷爷给他刮痧,当去医院检查时发现小孩的后背上青一块紫一块,美国人就认定这个中国小孩子受到虐待了,把中国夫妇告上了法庭。后来这个老板就跟法庭讲,说这个中国人曾当着他的面打过他的儿子,所以他在家虐待儿子是可能的。中国人就觉得很受委屈,就质问这个老板说,你知不知道我为什么当着你的面打我儿子。这个美国人说为什么呀?中国人说那是为了表示我尊重你。当时这个美国人就很奇怪,说你这是什么逻辑呀,你打你儿子是为了尊重我?这就是一个文化上的差异。我想这个留学人员的行为在中国人看来完全可以理解,在美国人看来绝对不能打自己的孩子,当着别人的面打孩子一定是违法的,尽管他们是不是在家打我们不知道,但是当着别人的面打一定要被抓起来。这就和中国人的观点不一样。这是我儿子,我把他打死了都没事。当然现在也有事。这是中西方文化下的一种行为,行为方式一定要适合这种文化。

另外,在行为和体验里面也有了这么多的差异,而我们描述的人格特点要在更高一个层次对行为和体验进行概括,也就是说,具体的行为在不同文化下会有一些差别,当把不同的行为合在一起,形成一个更高层次的概念,就是人格结构。文化和人格的关系非常密切是我要讲的一个问题。

二、文化的维度

我们讲东方文化和西方文化,既然要看它们的差别,就应该了解文化包括几个方面的特点,但是到目前为止,学术界也没有一个一致的看法。大约在1980年,一个美国心理学家Hofstede提出一个关于文化维度的概念。这个人在一个跨国公司的协助下调查。这个跨国公司在全球九十多个国家都有员工,一共有11万人参加了这个调查,他得出了这九十多个国家的不同文化可以归结为四个文化维度。第一个是上级和下级之间尊重和顺从的力量,也就是说,在权力较高的位置上上级和下级之间的心理距离。一种情况是上下级之间心理距离非常的近,还有一种情况上级和下级存在很大距离,比如古代皇帝统治下,上级和下级之间的心理距离就相当的大,一品大员进了朝廷以后,也要抱头而跪,而且还要三跪九叩,直到皇帝让他平身,这是与权威的距离。但是在美国我们可以看到即使是正在台上的总统在电视里也有各种各样的镜头来描述他,可以把他画成各种各样的漫画人物来丑化他来嘲讽他,这样的一种上下级之间的距离就比较小。

第二维度是当面对不确定性时,对计划和保证稳定性的重视。在我们的生活里面我们可能经常会碰到一些不太确定的情况,在有些文化下当面对不确定的情况时就会变得惊惶失措,而在另外一些文化下则不太在意。比如说中国人和美国人买房子,一个美国人大学毕业以后就会花50万美元买一套很好的房子,他分期付款30年,也就是这30年他住着一个很好的房子,但是当他退休的时候,才能还清这贷款。在中国人这边,中国人刚刚工作的时候先租间小房子攒钱，然后住着稍微大一点的房子再攒钱，等到30年以后再买一套大房子搬进来，然后也住不了几天了。这是两种不同的态度。也就是说在美国人来讲他觉得我第一次就要一步到位先把这个大房子买下来，那我一辈子，就住这个大房子，而中国人呢，先住一个很小的房子，然后慢慢地到最后快要退休了买一个大房子，也没有太大用处。但是这个差别在哪里，当刚毕业的时候花50万买一个房子他即将面临的是不确定的，如果有一天我没有工作了怎么办？那钱如何还？这一点对美国人来讲，就不太构成问题。

另一个维度叫做个人主义与集体主义取向。这里的个人主义与政治没有任何关系，所谓个人主义就是看重个人的选择和成就，就是在某些文化下人们更看重自己的选择是什么，自己的想法是什么，还有你所获得的成就是什么。而另一种文化下的集体主义文化不是看重个人的特点，而是看重个人所依附的整个团体的特点，你是属于哪一个团体，是属于大学教授的，是属于商人的，还是属于清洁工，看重的不是个体和具体的个人，而是一个个体是不是有背景。而在个人主义的环境下不管你有没有背景，关键在你的成就。从这里也可以看出来东西方文化的差异，很多人认为东方文化是集体主义文化，包括中国、日本、韩国、马来西亚、泰国东南亚一带，而西方如欧洲和北美崇尚个人主义。

另外一个维度叫做男性化和女性化。这个词是比喻意义，在不同的文化下更看重一个人的成就，这可以看作是男性化，而在另外一个文化下的人们更看重人际关系的和谐，这可以看作是一个女性化的特点。这是东西方文化一个比较大的差距，东方文化是女性化的，而西方文化是男性化的。我们暂且不论东西方文化是否存在这样一个差距，但至少为我们提供了一个研究方向，为我们看东方文化，看西方文化，看人们的行为，看人们的人格构成有一个参考。下面我们来具体地分析一下东西方文化的差异。

三、行为与体验层面的东西方差异

在行为与体验层面上，我讲三个方面，一个是性别差异，第二个是情绪表达,第三个是亲社会行为。

我现在来讲一下性别差异。性别差异在中国文化下是有着相当大的差异,但是总体上讲男性和女性的差别与美国社会还是有很多相似之处的。但是在非洲的一个小国家几内亚,曾经有人研究了那里的三个部落,第一个部落性别差异非常有趣,男女性格非常相似,第二个部落男女性别差异一致,第三个部落的性别差异很有意思,女性是做生意主外,男人在家梳妆打扮,唱歌跳舞,长舌嘀咕,这是几内亚几个部落的性别特征。但是从总体上来讲,不同的文化下性别差异是比较一致的,女性更注重责任,更在乎是否尊重和顺从别人,更看重别人的照顾,这是在不同的文化下有共同的性格。男性的特点往往更注重独立、自信和成就。但具体来看,性别的差异也是与文化有很大关系的。

我们来看一个择偶调查,曾经有人对37个国家的9500人做了一个问卷调查,他们就发现男性比较偏好年轻、漂亮、健康的女性做他的妻子。对女性来讲,偏好有赚钱能力的,有远大理想的和勤奋的男性做丈夫。在男性和女性共同的偏好上,第一是相互吸引,第二要可靠,第三要自信,这是性别差异在择偶偏好上的一个表现。曾经有人对这个择偶报告作出了一个进化论的解释,也就是男性比较喜欢健康漂亮的女性,女性首先喜欢有赚钱能力,有远大理想和勤奋的男性,在社会发展的进程中,这样的男性和这样的女性结合,他们的后代有利于社会的发展。贵族的后代在气质上比较好,非常聪明,为什么呢,贵族有挑选异性的优势,贵族不一定有挣钱能力但他有钱,最好的是既有挣钱能力又有钱。最幸福的是没有挣钱能力,但有钱。从择偶偏好上我们也可以看出社会进化。但是在不同文化下看重的又不太一样,比如在有些文化下比较看重女性的贞洁,而在另外一些文化下则比较宽容,不大看重这一点。这是在择偶偏向上文化上的差异。

性别的刻板印象,刻板印象这个词不太好,它说的是当我们想接近某个人的时候,我们说男人、女人或者说日本人、中国人、美国人,他们都有一个普遍的特点,有一个比较固定的看法。在男性对女性的刻板印象里,也就是说让我们通过觉得男性应该是什么样的,女性应该是什么样的。研究发现在不同文化的人们相似面很大。在大多数文化下人们认为男性应该是支配的,自主的,有攻击性,外显的,有成就的;对女性往往认为应该是顺从的、有亲和力、容易屈服的、温和的,也能照料别人,今天在座各位根据这两方面比一比,没有做到的在下面赶紧补一补。(笑)这里面的文化主要体现在经济和社会发展是否发达,也就是说在经济文化比较落后的文化下男性往往被看做更有力量,更有优势,但在社会发展比较发达的文化下男女这种差别比较小,这也是一个很自然的现象。比如说在蒸汽机发明之前,男性是有力量的象征,形成了对力量的崇拜,对男性的崇拜,但是随着蒸汽机的出现,男性再有力量也没法和蒸汽机相比,所以后来这种对男性力量的崇拜慢慢地减少了。

第二个是情绪的表达,包括我们的面部表情、内心情感。首先一点在关注情绪的问题上,在心理学里面有一个比较严格的看法,在某一种文化下人们的基本情绪一共有六种,高兴,伤心,愤怒,厌恶,惊讶,恐惧。当然我们的情绪不可能是这简单的六部分,但我们的很多情绪都可以看成是这六个部分的不同组合,比如我们特别兴奋的时候,这里面有高兴,有了惊讶,甚至还会带些愤怒。我们先不去说我们的所有情绪都与这六种吻合,他们在做这个研究时是用12个国家的照片,让美国人来描述这个照片上的表情是一种什么样的情绪,最后通过分析发现这12个国家里有六种是比较稳定的,就把它界定为六种基本情绪。那么,是不是所有文化下的人们都是这样的一种分类?这是一个文化的差异。

我们看到不同文化使用不同语言的人对情绪的分类是有差别的。体现在什么地方呢?首先我们看对情绪再认的准确性和文化的四种维度相关。什么叫情绪再认?就是给你一个照片,照片上的人有什么样的表情,让你看这个表情是什么样的类型,这就叫再认。我们来看幸福情绪再认最高的往往是个人主义取向和与权威距离小的文化。这里一个基本的假设,就是在某种框架下人们对某种表情的再认越高,说明人们在社会生活中见到这种表情的机会就越多,或者在某种情况下人们的表情很少出现,那么我们去再认它就很困难。如果我们每天都能见到这样一种表情,那么我们再去判断它是不是这样一种表情的时候,辨认起来就比较容易。所以对某种表情的再认率越高就意味着在这种文化下这种情绪的出现频率比较高。

那么马上就来了第二个结论,对伤心的再认越高它的文化越是集体主义文化。在东方文化下人们经常出现伤心的表情,所以,过去我们讲资本主义社会人民生活在水深火热之中,看来不是这样。资本主义国家人们表现出一种幸福,而我们东方文化人们经常表现得很伤心。在这一点上我觉得我们要做一个分析。比如我在美国读书的时候,我的导师跟我说,你跟别人不管是熟悉的人还是陌生的人目光接触的时候要做出微笑,这是一种 manner,一种礼貌。这是西方人、美国人的礼貌,如果你跟东方人目光接触了还瞪着人家,这是一种挑衅、无礼,没有修养。所以说,中国人说美国人的微笑是装出来的,他明明很难过,他一看到你,你再看他的表情是微笑,我说那笑不出来怎么办,导师说那怎么能笑不出来呢?很简单的,两个嘴角往上翘不就行了吗?(笑)所以说这个 happiness 可能是美国人或西方人的一种 manner。

第三,对恐惧和伤心的再认程度比较高的,是这样的文化,对不确定性的逃避比较高,也就是我们前面讲的当面对不确定性的时候,有些文化下的人们可以非常自如面对,而有些文化下的人们则非常紧张,那么这种比较紧张的文化下的人们就比较容易产生恐惧和伤心。其实这里研究的一个问题是为什么在有些文化下人们对不确定性感到恐惧,是因为他对自己的未来没有信心,他的生活在很大程度上并不是由他是否愿意来决定的,受到很多他无法控制的力量影响。这如果是在个人主义取向的文化下,看重个人的修养,个人的成就,你有多大本事你就可以挣多大钱,这是非常明确的。如果是在另外一种文化下,你办事情的能力跟你所受到的待遇并不是直接相关,还要看你跟别人的关系,在这种文化下,人们对不确定性的反应伤心,而在前者来讲则是轻松的。

在日本文化里不鼓励人们表现出消极情绪,日本对女性的表情辨认率比较高,因为女性可以有更多的表现。让日本人看日本人的照片,男性和女性的表情一对比,结果男性的表情很少消极,因为日本的男性他们的脸上很少出现消极的情绪。过去看电影,看到上级打下级耳光的时候,打一个耳光还要"嗨"一声,还要面带微笑。日本男性如果面露消极就要受到惩罚,而对女性这方面的要求就比较松,她们的待遇比较高,这是非常有意思的事。

对知识分子来讲,对幸福和惊奇、惊讶的界定是相同的,也就是说在日本人的脸上差不多会同时出现幸福和惊讶,比如我们刚才讲到日本人挨耳光的时候,不能表现出愤怒、伤心,他所表现出来的还是带有一定吃惊的,你怎么打我呀,打得这么疼,我又没有要杀你,很吃惊。那么相反跟美国人相比,美国人很容易辨认出愤怒,厌恶,恐惧和伤感,日本人对愤怒、厌恶、恐惧和伤心的表情很难辨认。这说明在美国文化下这样的情绪是可以随时表现出来的,这就是文化上的一种差异。

我们再来看情绪的体验。首先看自然发生的情绪体验。曾有人做过一个研究,说在人们自然报告的情绪体验中,最常出现的两种情绪是愤怒和喜悦。但这里面也有文化的差异。在与权威距离比较高,对不确定性的逃避也比较高的文化里,人们经常会面对威胁,经常会面对危险,因此他就会慢慢地建立一个对于威胁非常自动化的应付方法。在男性化比较高的文化中,恐惧和传递的音讯有关,而在与权威距离特别高的文化下相对比较低。比如说在一个重视成就的文化里面,恐惧的出现是比较多的,而在不确定性比较高,经常面临威胁面临恐惧这样的文化下,人们出现恐惧的体验反而降低了。

从自然发生的情绪来讲,美国人维持的时间比较长,强度比较大,而且也会有更多的生理反应。在美国人看来,过度的明显的生理体验是第一的。这是非常有意思的一件事。也就是说在美国人看来,这个人经常兴高采烈,或者经常表现得非常兴奋,这个人是很正常的,这就是文化上的不同使人们在情绪体验上有很大不同。在一个强调集体主义的文化下,人们自然发生的情绪也都是跟别人有关,而在个人主义取向文化下人们更多体验到自身的一些情绪,以上是我们讲的情绪体验问题。

最后我们来看情绪的表达。在西方人的心目中,东方人的情绪表达是一种含蓄的方式,非常不可思议。我们来看一个美国人做的非常有意思的实验。他让美国学生和日本学生都看一个尸体解剖的教学片,当学生们一起看这个教学片的时候,发现他们都做出一种非常厌恶的表情,当一个解剖学权威和他们一起看这个教学片的时候,这个差别就体现出来了,美国学生照样表现出厌恶、反感,但日本学生面带微笑,不断点头。(笑)这是情绪表达和社会环境之间的一种影响。在美国学生看来我做出这样一种表情是很自然的,这是美国文化所看重的,这种天然的反应受到文化的认可、赞同,而在日本学生看来,当着一个解剖析学权威的面表现出厌恶是不可以的,所以他们面带微笑,表示我看懂了。有权威在场,不同文化下情绪的表达规则是不一样的。在个人主义取向文化里,人们的情绪表达更强烈一些,而且情绪的表达和心理体验常常是一致的,而在集体主义强调更高的日本和香港对愤怒和厌恶的社会表达往往有着更多的限制,是不被社会认可的,因为集体主义看重的是团体之间的和谐,这就是东西方文化对人们情绪表达所带来的差异。

在此我们总结一下情绪的表达和文化的关系。文化对情绪的影响主要通过三个方面来体现。一是通过人们对某一事物的印象或评价,同样一件事发生在不同文化下它的含义是不同的,作出的评价不同会影响到人们的情绪,像我前面所讲的《刮痧》这个电影;第二是对某一个评价的结果是否为社会所接受,不同文化下对人们情绪的限制会影响到人们情绪的表达,第三是文化影响人们某一情境下的情绪表达。在中国文化下不能不表达情绪,但又不能太突出,要平和地表达。大家看中医理论对情绪的表达,每一个情绪都跟你的一个身体器官有关,比如说怒伤肝。在拉丁文化里比较鼓励情绪的表达,尤其鼓励表达积极乐观的情绪。比如说菲律宾人是比较乐观的,第二天的早饭还没有着落,但是头一天晚上照样围着篝火唱歌跳舞,非常高兴。后来我发现菲律宾人完全可以这样,因为那个地方很热,没有房子也没有关系,找两个铁片那么一搭就是房子;没饭也没有关系,到海边游游泳摸两条鱼点个火烤烤就吃了,菲律宾地较湿热,每一年的气温是比较恒定的,大约40度左右,所以他们也不用花钱买衣服,找两片树叶遮着就行了。(笑)这种天然的生活环境养成了他们这样一种比较幸福比较乐观的性格。如果一个中国人明天没有饭吃了,晚上还去唱歌跳舞,那人们就会认为他一定疯了,说你怎么能唱得起来呢？你怎么能跳得起来呢？菲律宾人就会说，这很正常呀，不光你一个人饿着，还有很多人没有饭吃呢！这就是文化上的差异。

第三个是亲社会行为。在郊区人们的亲社会行为比在大城市要多些，但有一个例外，是在荷兰。为什么城市的人比郊区的人更不表现亲社会行为呢？我们所说的冷漠行为经常发生在城市，在农村比较少。曾经有人提出一个系统超载的概念，在经济比较发达的地区人们生活中承受了大量的认知的压力，在经济生活发展中人们每天要面临各方面的因素，这些会对你的生存和发展构成重要的影响，因此那些与个人需要无关的因素就会被过滤掉以使自己的认知过程不会过分超载，把所有与自己无关的事情都排除在外。

有人做过一个实验，他设计了三种方案，一种是帮助一个拄拐杖的男人捡起掉在地上的纸，一个拄拐杖的男人夹着一些论文在下台阶的时候纸掉在了地上，看过往的人有没有人帮他捡；第二个是盲人过马路；第三个是捡起别人掉在地上的笔。结果发现在比较富的国家里面帮助这些人的人比较少。这也和文化有关，我们前面讲到文化包括经济、社会、艺术、科学研究，经济是否发达是文化的一个组成部分。

四、文化比较的策略

在前面我介绍了行为和体验层面上人们的表现，人们的内心体验跟文化的差别，那么行为的差别是非常复杂的，我们用什么样的更简单的方法把它能够更概括地表达出来，这就是我们要讲的人格结构层面，从更高的、更抽象的层面来比较西方人和东方人的人格差异。

在跨文化比较里面有一个很著名的观点叫 etic 和 emic。etic 是从语言学中的语音学概念发展出来的，是把语音学这个词的后缀拿出来。语音学研究的是人类发出的声音的普遍的特征，emic 是语言学中音位学的概念，音位学研究的是某一个语音的具体的含义，这两个词就把人们带到了人类行为跨文化的基本研究中。emic 和 etic 指的是在不同的文化下人们的行为存在相似性，采用 etic 的研究方法来比较不同文化下人们行为的特点,就比较容易得到;如果采用emic的方法来研究不同文化下人们行为的具体特点很容易发现具体的特征。

从探讨人类行为的一致性来看就有两种方式,一个叫做imposed,强制性,根据外来的概念和工具来进行比较。什么叫外来的概念？比如我前面提到的文化的四个维度,我不管这四个维度能否客观、完全地反映中国文化,我就把它拿过来比较中国人在这四个维度上的价值取向,然后再把中国人的结果和美国人作比较。这个比较很显然是强制性的。首先,中国文化和美国文化都是有这四个维度的,第二,中国文化和美国文化的差别就体现在每个维度上的不同,也就是说中国文化和美国文化本来就不一样,但是我强制性地从这四个方面看,而且这四个方面不是从中国文化中得出来的,而是从西方文化得出的,这是一种强制的比较。第二种叫做derived,叫做本土的,是要从本土的概念出发进行研究。我不管美国文化怎样,我把它放到一边,我首先来研究中国文化的特点,中国文化里的人际关系。熟人和陌生人不一样,上级和下级不一样,朋友和同事不一样,这就是中国文化对人际关系的界定。或者用儒家的观点来看,君君臣臣父父子子,这样的传统文化在现代的中国人头脑里是什么样的地位,它是否还存在？我们经过大量的调查研究总结出来中国文化的维度也可以总结出四个或五个,在后就拿中国人的这四个或五个维度去和美国人作比较,看看这两种维度里有哪些是相同的,有哪些是不同的,这叫做deprived。也就是美国人研究美国文化时用的是美国的标准,中国人要研究中国文化时不能用美国的标准,只能用中国人的标准,但中国人的标准我们不知道,所以就先研究出这么一个标准,然后来看中国人的特点。

实际上中国文化和美国文化不可能完全一致也不可能完全相反。为什么呢？按照进化论的观点,中国人的文化一定与中国人的特点密切相关,中国人的特点与美国人又有交叉,文化形成也是一个进化的过程,文化在进化过程中反映的是人们的行为规范,社会文化能够帮助人们更有效地应对来自外界的压力,帮助人们更有效地生存下去并不断地繁衍。文化的形成一定会与人们最基本的生存的需要、发展的需要有一定关系,或者与人们生存发展过程中来自外界和内部的挑战有一定联系。东西方文化是不同的,但一定有相似之处,因为东方人和西方人在他们适应环境中的要求时,一定会有共同的成分,东方人要面对压力,西方人也要面对压力,而如果是相同的压力一定会形成相同的行为方式、思维方式或者文化中的相同之处。

但是在我们看到不同文化下的相同之处时,我们还应看到在不同文化下的人们一定会有他独特的生存的压力。也就是对东西方人来讲,他们有他们独特的环境压力,因此在西方人的文化里面,西方人的行为方式就发展出了一系列行为特点、文化特点、人格特点,而在中国文化里也会有相当一部分人,只有中国人才知道的压力。比如中国人说"人怕出名猪怕壮",西方人很奇怪,人为什么怕出名呀,为什么怕猪壮呀,猪壮了不正好可以卖钱吗,这是西方人的逻辑,一定要把自己的实力充分地向别人表现出来。当我们把西方人建立的文化硬往中国文化上套的时候,我们得到的是中国文化和西方文化相似的部分,我们还能够得到适用于西方文化而在中国文化里根本就没有的部分,而没有适用于东方文化而在西方文化里没有的部分。我们今天拿西方的概念来套中国文化,所带来的后果是我们会反映一点中国的现实,会强加给中国人一些本不具备的特点,也会忽略掉中国人的一些特点,这就是 imposed 的一个致命的弱点。

现在我们看到在我们的人文科学,也包括自然科学,特别是人文科学,我们把西方人建立的理论和概念当作一个不经证实就是真实的这样一个工具拿过来,会产生一定不良后果。要比较东西方文化差距,我们只能先从中国文化入手,搞清中国文化的特质,然后再与西方文化特点比较,我们才能得出一个比较可靠的结果。而且这里面很重要的一点,也是我一开始就强调的,如果你用的是强制性的方法,你就会得出结论,不同文化下人们的内在特点是一致的;如果你用的是本土化的方法,那么你会发现不同的文化下人们的行为表达方式不同,人们的人格结构也是不同的。

因此,我们在看到一个报告,看到一个结论的时候,一定要搞清楚,报告中所采用的方法是什么。所谓专家和外行的差别就在这个地方,外行关心的是结论,专家要问你是如何得出这个结论的,你的方法是什么,在专家看来结论的意义并不大。我们在研究问题,了解问题时一定要搞清方法问题,方法的选择可能会决定你的结论,这在人文社会科学里是非常重要的。

五、中国人与西方人的人格

我们先来看中国人的人格。中国人的人格首先会表现在行为与体验层面,也就是中国人的行为表现到底有多少。我前面给大家介绍了性别差异,情绪表达和亲社会行为,但是人的行为表现要比这三个方面多得多,那么到底多在什么方面,或者说用什么方法来研究? 在20世纪初就很多人在研究这个问题。这里面有个名实论的关系问题。有人说我们要了解人们的特点我们可以从语言里面去研究,也就是在客观实际上要存在某一种东西,就一定有一种符号来表达它,这个符号在人们的语言里就有所体现,这是指现实和符号之间存在着一定关系,这就是名和实的关系。所谓的实就是客观存在的,名就是它的命名,名和实之间是这样一种相近的关系。有人认为,名和实不一定真的是这样一种关系,为什么这么讲呢,大家都知道秦王朝的时候有一个故事叫"白马非马",针对马这个词,在现实中有马吗? 如果说名和实是一致的话,你给我找出一匹马,你拿来的任何一匹马具体来说都是老马、瘦马、小马、长毛马、短毛马,所以从名实论的观点来讲,名和实之间,定义和现实之间必定是有一定距离的,但后来这其实是哲学上的一种诡论。

到了20世纪30年代,抛开名和实的关系,先从名来看,人类在现实中到底能够表现出多少特点,在行为和体验层面,人到底有多少个行为呢? 有一种办法,让北大的同学每天在马路边上站着,过来一个人就让他观察,这个人是腿有点瘸,背有点驼,老回头,还是有什么其他特点,长年累月把这些人的行为表现都记录下来,但是这个很难全面。有人想了个办法,中国人有某种特点,那人们一定会用某个形容词来表示,而且这个词最终会跑进字典里,所以要想全面了解中国人行为和体验的特点,有一个办法,就是把汉语字典里所有用来描绘人特点的词语挑出来,这就是中国人的特点,这项工作我和我的同事们已经做过了，一共有5000多个词。

1936年两个美国人把英语字典所有的形容词都挑出来，一共有18000多个。韩语字典、意大利语字典、荷兰语字典、德语字典、土耳其语字典、俄语字典、日本字典都比中国的多，中国差不多是它们的1/2，从这一点我们就可以看到，首先不要觉得美国人或者说讲英语的人表现出的特点比中国人要多得多，而是技术不同。也就是说在中国人表现出的行为里面，一些相似的行为不会把它表达得那么细，而在英语里面一个相似的表情可以把它表露得非常详细，这实际是一种东西方哲学思想的差异。中国哲学强调悟性，强调整体性，而西方哲学则是实证主义的。一个东西打碎了，形成许多碎片，每一个碎片都要认真描述，也就是在西方哲学看来，整体是部分之和，把每个研究透就会得到一个整体的认识。中国人不这么认为，研究每一个部分都要放到整体中。英语里描述人的特点非常具体，而汉语则不这样。

从行为表现层面上讲，中国人表现出来的特点与西方人表现出来的特点应该不会有太大差距，但从行为的描述可能会有差别，这也是一个文化的差别。这5000个中文形容词我们要把同义词、反义词放在一起，压缩到410个词，用这410个词来概括人们的所有行为表现。通过研究者的分析就得到中国人的人格维度，七个维度。也就是5000个行为表现的特点可以用七个维度来概括。人们的行为所表现出来的特点就像一个浩瀚的海洋，无论是5000个行为特点还是18000个特点，都已经超出了人们能够在在脑海里形成一个完整印象的可能。如果我们要到海里去，大海茫茫怎么办？人类发明了航海技术，航海技术可以帮助我们在茫茫大海里任何一个时刻、任何一个位置找到自己的目标。同样，在人们浩如烟海的行为里我们不可能一个一个地把它们都找出来，只能找一个较稳定的维度来研究。大体上我已经进行了三轮的验证，前后参加这个研究的大概有1万人，这是一种deprived的方法。

中国人的人格一共有七个维度。第一个维度精明干练，这是能力上的一个特点。第二个维度严谨自制，一个人对待事物和对待自己行为的态度是严谨还是放纵。第三个叫淡泊诚信，也就是在做事的时候是非常地追求名利，追求成就，追求荣誉，追求地位，还是非常地淡泊，追求诚信。第四个叫温顺随和，这是反映人际关系的，和别人打交道时是温顺宽厚，还是好动，反应比较直率？第五个维度是外向还是内向，即一个人的行为风格是比较喜欢向外表达自己呢，还是比较喜欢独处，安静？第六个维度叫做善良友好，这是有关个人品质的维度。第七个叫做热情豪爽，反映一个人的情绪稳定性，是比较豪爽，什么都不在乎，还是长舌嘀咕，整天在想他为什么这么看我，不那么看我，这么看我是什么意思，那么看我又是什么意思，等等。

我们再来看西方人的人格，它是五个维度。第一个是外在表现，这和我前面讲的中国人外向活跃—内向安静相似；第二个维度叫愉悦性，这和中国人的温顺随和—暴躁倔强即人际关系这一项非常像；第三个叫公正严谨，反映的是一个人的能力、守秩序、负责任、追求成功的倾向，与中国人的第一、第二、第三和第六个维度有着对应关系；第四个维度情绪稳定性，我刚才讲了中国人情绪的表现；第五个维度是开放性，这是西方人所独有的。

开放性是什么意思呢？开放性是指人们对待新事物、新观念，新想法的一种开放和接近，这是西方文化里非常重要的一种品质。西方人是求新求变，而且他们喜欢这种不确定的变化。当西方人觉得有一个新事物要出现的时候，他们有一种天然的要去接近、要去了解、要去探索的倾向，这是反映了开放性。

在中国文化里对任何新近的事物，首先是排斥的，实在没有办法了然后再慢慢地接近，接受，然后再把它融入到自己的生活中去。刚刚改革开放时，在报纸、杂志、电台上有些不良青少年的形象，梳着大背头，戴着墨镜，提着录音机，穿着喇叭裤。但忽然有一天喇叭裤成为一种时髦，满大街都是穿喇叭裤的。那时我在北大读书，我也买了一条。穿喇叭裤真的很难受。记得好像是姜昆有一个相声，说有了喇叭裤扫大街的老太太任务都减轻了，喇叭裤就能把马路扫干净。当时我跟香港的一个心理学教授讲到这个现象，就说中国人对待一切新的事物他首先是排斥，然后当这个东西流行到一定程度之后，它突然从异端变成了时髦，这是中国人意识形态上的特点。这个教授就说这个真的很重要，你能不能跟我说它异端到什么程度，就可以变成时髦呢,我说我不知道。(笑)现在来讲中国人的创新意识、接受能力大大增强,但是开放性仍然不是中国人的独立人格特点,在西方文化上它是作为一个独立的人格维度存在的。也就是说,中国传统文化对新事物有敌意,这样一个态度使中国人不可能形成开放性的人格特征,而在西方文化里,强调对新事物的追求和探索,一定会形成这样一个特征。

六、东西方人格维度与价值取向

下面我们来看中国人的这七个人格维度能不能说明中国人的行为特点。我们来看前三个维度:第一个是能力,第二个是严谨自制,这是工作态度和人生态度,第三个是淡泊诚信,这是动机。能力加上态度,加上动机,这就构成中国人追求成功的前三个要素。也就是在中国人的人生词典里,首先出现的是和成功关系最密切的三个稳定的部分:能力、工作态度和事业的追求,这三个是中国人,特别是现阶段看能不能成功的重要因素。翻翻报纸,翻翻杂志,我们就可以看到能力、工作勤奋和有追求是获得成功的最重要的三个方面,而这三个方面又是中国人独特的特征。第四个维度是人际关系,第五个是行为风格,这两个特点是我们成功的人际基础。也就是说前三个是个人因素,这两个是说你有没有获得成功的良好的人际环境,这可看作是成功的过程要求。第六个善良友好,第七个是热情豪放,这两个反映为人特点。

中国人这七个行为特点,前面三个是稳定的、内在的、个人的,与成功有直接关系,后两个反映人际关系,外在表现,这是成功的辅助功能,第六个维度善良友好—薄情冷淡不仅仅是对一个人道德品质的评价,还反映如何对待规则和规定的态度。也就是说,就是否成功来讲,能力、工作态度、动机,光这三个方面是不够的,还差一个规则。也就是你有了能力,也很勤奋,也非常有追求,这还不行。但是中国人人格的规则跑到哪去了?跑到最后一个而且还是一个非常概括性的特点,这就是中国人做事的一个全貌。首先看重的是个人品质,也很看重人际关系,惟独不看重对规则的遵守。也就是在什么样的情况下应该怎么做，在中国人的印象里就要看情况，看这个领导是不是跟我很熟，看看周围的人对我做这件事反应会不会强烈。

最简单最直接的一个例子就是闯红灯。闯红灯不需要太多的能力，也不需要太勤奋，也不需要太有追求，只要不遵守规则就行。我说中国人非常遵守交通规则，当警察在那指挥交通的时候，所有的车辆包括行人都懂得遵守交通规则；但是我也说中国人最不遵守交通规则，当警察下班的时候，所有的车辆所有的行人都不遵守交通规则。当你和你的领导、你和同事一起的时候遵守交通规则，但是当你一个人到了陌生的地方，你不但不遵守交通规则，什么规则都不遵守了。（笑）中国人可能都带有这样的一点逻辑。

我们再来看西方人的逻辑。西方人的人格维度里前两个一个是外向活跃，一个是愉悦性，突出表现在外，就是中国人格特点中的第五个和外向性是相同的，但它排在第一位，也就是在西方人看来，第一位的是为人和外在表现。西方人的第三个维度公正严谨，包括了能力，包括了遵守规则，包括了严谨，也包括了动机，也就是在这个维度里它把中国人用四个维度来界定的东西都汇集在一起。他们做任何事情都会是能力、勤勉、动机和规则的高度统一。

西方人看来似乎是刻板的。我在美国读书的时候坐一个出租车，很晚的时候，12点左右，车在一个十字路口停下了。我说开呀，司机说红灯，我说红灯也没有车，司机说没有车也不行。这在中国人是一个很自然的反应，大半夜的也没有人，还在红灯前等着，你说傻不傻呀。（笑）他不是傻，而是遵守规则，也就是说在他看来，开汽车本身就意味着遵守规矩，就得认真负责。

后面的两个维度即情绪稳定性和开放性，这也是西方人的个人特性。按照西方人的逻辑，第一是为人倾向，要表现得情绪稳定和开放性；其次在人际关系中要表现得友好，在事物中内在的标准就是公正严谨；第三个就是功能判断，就是这样一个特点能不能在现实中起到作用。西方人追求的是表里如一，当然不是说西方讲的我们都应该相信，但是从文化层次上来讲，西方文化追求的是外在表现和内心体验的一致。而中国文化强调的是一个道德判断，追求的不是表里如一，而是因人而异，因人、因时、因地而异。这是中国文化的智慧，你如果没有这样一种智慧,在中国文化下生存和发展就会遇到很大麻烦。在西方文化下如果你这么灵活多变的话也会遇到天大的麻烦。比如说你去银行借款,或者拿着信用卡透支不还,你可能一时占到便宜了,但是你以后再也不可能在任何一家银行借到任何一笔款,这就是信用问题。

为什么强调信用?在西方文化中它是一种现实的约束力,使人们与周围的社会环境相结合,不易于受伤害,而且与诚实相结合,使他们的生活简单化了,让他们的生活更容易幸福。而在中国文化下,你诚实反而容易受伤害。现在我们整个社会在呼唤诚信,我们现在的社会生活也已经到了一个付出人际代价太大的地步。

中国人行为的这种灵活性在过去的社会发展中起到了非常大的作用。但是现在市场经济的环境下,这样一种行为的灵活性要付出高昂的过程成本。这个过程成本是什么呢?就是当一个企业家向银行贷款的时候,这个银行不知道该怎样看待它的还贷者,这样整个审贷的过程就会非常复杂,花销的成本就会很大。公司之间也是这样,它说明天给我打 500 万,到底能不能打过来呀?如果相互信任,打个电话,发个传真就能把事情搞定了,但是如果不信任,双方要磋商谈判,还要找各种各样的证据和旁证才能达成,因此在这样一种情况下我们需要建立诚信的机制。但是我觉得我们不应抱太高的期望,也就是说最终中国人所建立的诚信体制也绝对不可能像西方建立起的完全一样。我们应该认识到这一点。也许再过 5000 年,东西方文化的差距越来越小,甚至没有了,我不敢说 5000 年够不够长,但至少在现在,在 100 年以内,这种差距还是会存在,而且也不太可能随着社会发展、文化的交流,以及人们说的经济全球化,我们加入 WTO 等因素,使得这样一种差别减掉。

因此从一定意义上讲,我们要客观地、准确地认识和了解中国人、日本人、美国人、韩国人,我们要有一个明确的认识,文化会影响人们的行为,文化会决定人们的思维方式,文化会使得人们在相互交流中付出更多的成本。如果没有这样的意识,可能会付出更多的代价。所以这是我要强调的。

七、几点建议

在结束我的讲座之前,我要提三点建议。

一个是我们应该认识到东西方文化的差距是客观存在的,这一点我们不可否认。

第二点,在策略上要调整,西方的好的东西不一定完全适合中国。西方的好的东西是指这个东西在西方的文化下按照西方的标准来看的结果。当它拿到中国的时候,首先这个好东西是不是符合中国的环境要打一个大大的问号,第二在西方人看来的好东西在大多数中国人看来却不一定是一个好的东西。现在我们的东西方文化的交流不仅在使用东西上,而且已经进入到社会生活的各个方面,甚至我们的思维方式,我们的制度,我们在法律层面上,社会规范层面上,都在受到西方文化巨大的影响,而且在很多情况下,这种影响是未经批判、未经仔细的、认真的分析和商榷的,而是直接引用的。我觉得这是一个必须引起我们高度重视的问题。我们前面讲的是从行为层面、体验层面、人格特点层面来看不同文化下这些东西的不同,那么适合不同文化下的制度、法律体系、概念对人们的规范拿到另一个文化下强制的使用,其结果用人格特点来分析就是带给了我们与中国人人格相似的一部分,也带给了我们中国人没有的,硬加到我们头上的特性。因此我们的改革开放同时也面临其他文化的冲击,来自观念上的,来自概念上的,来自思想上的,来自理论、体系、法律制度上的,对这一点我们应该有非常清醒的认识。这些东西要在中国起到它应有的作用,不加调整地、不加分析地盲目地去引用,盲目地去直接挪引过来,会给我们带来非常坏的影响。

第三点,我觉得中国人应该树立独立的意识。我刚才讲了,这些美国心理学家他研究的是讲英语的这一部分人的人格特点,他就可以把它认为是适应全人类的。我们中国人、华人是最多的,我们能不能打破这一定式?当然这不应是盲目的,不严谨的。而且从学术研究来讲,鸦片战争以后中国学者的学术自信心被打掉,不敢提出自己独特的见解,当发现任何研究成果首先想到还是站在西方人的结论上，当发现与西方的结论不一样时就非常地谨慎，非常地小心，要么不发表，要么虽然发表了却要反复论证为不一样是因为我这个实验没控制好，我有好多地方没有考虑到，或者其他地方有某些失误，等等。当然，树立独立意识不应是盲目的，还应建立在科学的严谨的态度之上提出自己的观点。我相信通过我们这一辈人的努力，再过30年之后，再讲到学术问题，再看到一篇学术报告的时候，再看到论文的时候，不会像现在这样把引用了多少西方人的报告作为衡量其价值的标准。将来很多美国学者写报告的时候要看引用了多少篇中文作为衡量论文质量的标准，这个要靠我们大家一起努力。

好，就讲到这里。谢谢大家。

主要参考文献

[1] Smith, P. B., & Bond, M. H. Social Psychology: Across Cultures. Needham Heights, MA: Allyn & Bacon, 1999.

[2] Hofstede, G. Dimensions of national cultures in fifty countries and three regions. in J. Deredowski, S. Dzuirawiec and R. Annis(eds.), Expiscations in Cross-cultural Psychology, Lisse, Netherlands: Swets and Zeitlinger, 1983.

[3] Ekman, P. Universals and cultural differences in facial expressions of emotion. Science, 1972, 164, 86—88.

[4] Milgram, S. The experiences of living in cities. Science, 1970, 167, 1461—1468.

[5] Berry, J. W. Imposed etics-emics-derived etics: The operationallisation of a compelling idea. International Journal of Psychology, 1989, 24, 721—735.

[6] 王登峰，崔红：文化、语言、人格结构，《北京大学学报(哲学社科版)》，2000, 37(4): 38—46 页。

[7] 杨国枢，王登峰：中国人的五态人格因素分析，第三届华人心理学家大会交流论文。1999年10月，北京。

[8] 王登峰：人格特质的"大五"因素分类。《心理学动态》，1994, 2(1): 34—41 页。

文化性思维
——从哈佛大学的核心课程说起

韩敏中

> 韩敏中,北京大学英语系教授。1963年进入北京大学西语系英语专业,"文革"后再度考入北京大学西语系读研究生,1981年获英美文学硕士。研究兴趣主要是英国维多利亚时期的文学和英美女性作家,已完成《欧洲文学史》第二卷中的"维多利亚文学"(商务印书馆,2001年),翻译了英美文化思想史的重要著作、马修·阿诺德的《文化与无政府状态》(三联书店,2002年)。另一项工作是以人文学科的定位来编写大一的英语精读课本,作为英语专业深化改革的一个重要步骤;阶段性成果《北大英语精读》(北京大学出版社,2000年)已有一定的社会反响。

我今天想谈谈文化性思维的问题。国际关系学院的同学找我来作讲座的时候说,要让全校了解我们,也让我们了解别人在干什么,我觉得这个想法非常好。不了解别人的时候,容易莫名其妙地傲视他人,考到了国际经济、国际政治、法律等系科的会傲视别的系科,比如外语系,但外语系科中的大语种又可能会傲视较小的语种。最近一两年我个人的思想也在起变化。坦白地说,一两年前我可能会觉得自己是搞英文的(大语种、高起点),所以比较傲,现在我慢慢改变了这种想法,我很想了解其他的语种在干什么。这种变化和我本人的工作是分不开的。这些年我在编写本科生的英语教材,另外我还翻译了一本书,是英国一个叫阿诺德(Matthew Arnold)的作家写的《文化与无政府状态》。

阿诺德死了已经有一百多年了。他写了很多书,有很多散文、诗歌作品,在我们北大图书馆的书库里就有很多。这个人曾经对英美的文化和文科教育产生了巨大的影响,1970年代末以来这种影响发生了一些微妙的变化,这和美国现在出现的多元文化、多元视角,关注种族、阶级、社会性别,关注少数族裔和性选择等有很大的关系。这里要解释一下,在当下的政治文化语境中用 gender 这个词,主要不是指生物学意义上单个的男人和女人,而是有了比较广泛的社会性别含义;用 sexuality 这个词的时候,可能讲的是人的不同的性选择倾向,异性恋是大家比较能接受的,而自恋、同性恋或者双性恋则被灌输了很多政治和文化的意义。在人们的观念发生变化的过程中,阿诺德无形中就成了更加新派的、更加激进的思想的靶子。用毛主席的一句话来说,阿诺德有那么点"言必称希腊"的味道,他确实追求普遍主义的理想,而普遍主义往往会沦为某些权力阶层和集团的武器,从这个意义上说阿诺德确实遭受到一些批评。不过,阿诺德的大量言论,都是针对着当时英国具体的政治、经济、宗教、社会态度等等,都是有的放矢。但是他的社会政治批评又是很有距离感的,是有更广阔深远的思虑的批评,我用了"文化性思维"这个词,也许不严格、不妥切,但我是受到了阿诺德很大的启发。

回到开始说的让全校了解我们的话题。你们国际关系学院的袁明教授以前是我的同班同学,新成立的新闻与传播学院的常务副院长龚文庠教授也是我的同学,我和他不但一起上的英语本科,还是同届的英语文学研究生。听说在我国入世谈判中立下汗马功劳的现任外经贸部副部长龙永图先生,当年本科也是读的英语。这种事情在国外并不稀奇,因为他们要求学生有一个比较好的本科教育,进研究院的时候可以选择一个不同的方向。但在我们国家,外语主要是(甚至只是)作为一种工具,所以才会觉得奇怪。

说到美国人的教育,我想我们可以从哈佛大学的核心课程计划(the core curriculum program)开始说起。英美的大学本科一年级一般都没有系的概念,是不分门类的。只要你中学的考试过了某个分数线,有比较好的推荐信,就可以申请像哈佛这样的学校或任何其他大学,大概到了二、三年级的时候才稍微有些分科的概念。美国的新生叫 freshmen,哈佛要求新生都要上一定比例的"核心课程",该课程每年都会有一些变化,但我想它的原理应该是不变的。(其他大学不一定用"核心"的名称,但多少也设定了本科新生的必读课。)

下面我给大家念一下介绍"核心课程"宗旨的两段话。开头是

这样的:

> *The Core-Curriculum Program*
> The philosophy of the Core Curriculum rests on the conviction that every Harvard graduate should be broadly educated, as well as trained in a particular academic specialty or concentration.(设立《核心课程》,旨在使每个哈佛毕业生不仅在专门的学术系科中受到训练,同时也受到一种广博的教育。)

这里的"训练"用的是动词 train,而且放在了 as well as 的后面。熟悉英语的人都知道,as well as 虽然有时像 and,只是普通的连接成分,但它往往可以强调所连接的两项中的一项,用法与 not only...but also 正好反过来,放在后面的是相对不大重要的或是大家已经明白的东西。进大学要受到某种专门的系科训练,要有一技之长是理所当然的,学生们对此都有心理准备。但"核心课程"要求不光是要有自己的专业,学生也要受到一种"广博的教育",英文用的是 broadly educated。也就是说,哈佛大学把专门的系科训练看作是为今后从事各类职业做准备的一种 training,而把大学里不分系科都要做的、更为根本的事情看成是一种 education。这实际上是 19 世纪时西方国家在古希腊教育思想的基础上、针对工业革命后现代的、科学的、功利主义的社会所提出的一个很强烈的教育理念。下面我会提到英国的纽曼,他的教育思想中就明显地有 education 和 training 两个层次。是不是可以说,当 training(专业训练)越来越突出、越来越占用时间精力、越来越有可能成为大学教育的惟一时,广博的、造就全面的人的 education 才越来越凸显为一个问题?

我再接着往下念。紧接在开头的一句话下面的是:

> It assumes that students need some guidance in achieving this goal, and that the faculty has an obligation to direct them toward the knowledge, intellectual skills, and habits of thought that are the hallmarks of educated men and women.(《核心课程》计划认为,要达到这样的目标,学生是需要一定的指导的,而教师则有责任和义务引导学生,去获得作为受教育标志的那种知识、思辨能力和思维习惯。)

我们看到,哈佛大学强调了办学者、教师为学生提供指导的责任。这个责任不只是教授专门的知识技能,如计算机技术、高深的物理知识或是国际政治中巧妙的谈判策略等,还必须有启蒙、开启智性的层次,有对头脑的充分训练,使受教育者获得很宽阔的而不是过于专门的(因而不免狭隘的)眼光。

"核心课程"介绍还有第二段,主要谈的是核心课程与"other programs of general education"的不同之处。核心课程英文用的是 core curriculum,而 general education 大概可以翻译为"通识教育"(或者"通才教育"?)下面我就念一下这段文字的译文:

> 但《核心课程》与一般通识教育计划不同。它并不以掌握一套"伟大的著作"、消化指定数量的信息、或概览某些时行知识来确定智识的广度,而是在教师认为对本科教育不可或缺的领域内,寻求让学生了解获取知识的方法和途径。其目的是让学生看到这些领域内有何种类型的知识及何种探索知识的形式,不同的分析方法如何获得、如何使用,它们的价值又何在。计划中每个领域或分支内的课程是等值的,即是说,每门课的主题内容各不相同,但它在强调某种具体的思想方法这一点上则是相同的。

我觉得这段话不是很好理解,原因之一是我们自己的思想和所用的名称比较混乱。这几年我们也很提倡通识、通才教育,北大一直在逐步完善这方面的管理。前些年对全校开的称选修,后来叫公选,现在又有了更加严格的通选课程。我也曾在全校开过课。北大的全校课程的特点是开学时爆满,后来越来越冷清。这还不算,一般学生是只带耳朵,事先不读指定的书的,课堂又大,所以很难形成什么讨论。学生对公共课的期望(expectation)不高,多半认为学分比较好拿,只要人来课堂上课就已经很不错了,刷一半的课也是可能的。前两年我开了英美女作家作品选读,大约一半人是不读的,那还怎么讲?我还发现,两次考试的参加者可能平时有不少人是不来上课的,因为冒出了一批我不认识的学生,而认真听课的倒是没有正式选课的。所以说很难控制。

但哈佛的核心课程则不同。选课的人可多达几百,往往是名教授授课,一大批助教帮着发材料、收作业、改作业。即使从表面上说,他们的课和我们的课也有很大的不同,比如每门课都要求有很大的阅读量(至少六大部著作以上),阅读是有难度的(如读康德、萨特等,不管你将来想搞哲学还是地质学,都是一样的要求),作业对字数、规格等都有严格要求,助教们个个具有非凡的查抄袭能力,想马虎了事是不行的。如果说到内核,那么差距就更大了。我们仔细阅读这第二段话,也许能悟出什么叫培养高层次人才的第一流的研究型大学。它要培养的人不只有知识,而且能钻到知识的背后、站在上面、深入内里、或向纵深发掘的、对动态人类知识本身是怎么回事都能看得明白透彻的人。换句话说,你进了大学,成了本科生,在一年级的时候课程就已经被领着在追寻知识的根底了,各专业有名望的教授三下两下地就把你推到了学科的前沿,要求你的不是重复老师说的、书上说的话,而是学会如何规划自己所要学的,并能再向前跨出一步。所以哈佛大学的意义就不只是培养出了一批批质量不错的标准产品,而更在于它培植了一种 critical/intellectual inquiry 的习惯。这种学校也比较宽容,常常能容忍一些怪人,一些现在还不被认可的人,因为这些人可能就是会在各自的领域有大的突破(breakthroughs)的人,而有大突破的只可能是少数人。我觉得这不是每个学校都能做到的,但是如果想成为世界一流、国内一流,就必须要有这样的目标。竖立一个很高的标准,学生就会往这个标准奔,这样出人才的可能反而大。北京流行一句很温馨的话,"差不离就得!"都这样的话,大概连标准产品也都会带点残次。

哈佛的核心课程中被认为能给予学生广博教育的、不可或缺的领域主要有六大门类:第一就是外国文化,其中有国别的或者是地区的文明、宗教、神话、政治经济制度以及社会变迁等。这个门类还分了用英语还是外语授课、阅读的三种类型。第二是历史研究。我们知道文史哲在北京大学可以说是看家的系科,但现在也面临着困难。由于社会、舆论导向的问题,有的学生厌学,觉得考到这些系科比较倒霉。但1978年的时候不是这样的。如果我没有记错的话,钱理群老师他们考中文系研究生的时候是从一千七百多人中挑了十几名。哈佛的核心课程中的历史研究包括分国别、地区或国际性的研究,其中有"医学与社会"这样的话题。例如，在"美国的医疗与社会"(Medicine and Society in America)这门课的简介中，你会发现课内将考量"setting the practice of medicine as well as the experience of health and disease into broad social, cultural, and political contexts."

这里我想多说两句。我们可能不太容易将医学与政治挂钩，但是美国学者认为用历史的眼光来看，它们之间是有关系的。举个例子来说，对于哪些人是正常人，哪些人算是有病的人，这个问题就很难用纯粹的科学事实（scientific facts）来认定。很多判断、甚至标准本身与政治权力和社会态度是相关联的，比如相对而言，想造反的人、少数族裔、女人等等，这类人更容易被判断为精神上患有疾病。再比如说"hysterical"（歇斯底里）这个词，大家都知道它指的是控制不住自己，大喊大叫、口吐白沫等等的症状。我曾在课堂上问学生，男人和女人谁犯这毛病的几率比较高，学生几乎异口同声地说，"女人！"这个回答的背后仅仅是客观的观察、纯粹的医学事实还是一些定见或思维程式在起作用？我想说，历史研究方面的很多话题本身就说明各学科之间的关联。

还有几个门类的课程：第三是文学艺术，这个门类很大，课程特别丰富。第四是道德权衡（moral reasoning）。第五是科学（science），分成两类，一类是所谓的"硬"性科学，即以数学为基础的一些学科，另一类是在20世纪逐渐确立了自己的地位的生命科学（life science）。最后第六大类是社会分析。

简单地谈了广博教育后，可以回到让大家了解我们英语系在干什么的问题了。应该说，其他系科对我们的了解不多，不要说学生，就是北大这样高级知识分子成堆的地方，大概不少老师仍认为我们就是教外语的，所以我们出国就是把口语练好，提高英语语言水平。从一定程度上说，这种印象有道理。长期以来，外语系开设的主要就是精读、泛读、口语听力等语言技能课程，离开"研究型"远得很。但是，在三四十年代的时候，老北大、清华、还有西南联大时期，我们的英语教学就不是上精读和泛读，而是阅读英美大学里英文系（即人家的国文系）读的东西，那时出的人才，如朱光潜、季羡林、钱钟书，还有比他们年轻的王佐良、许国璋等，后来在我国的知名度根本不亚于科学家;那时老清华的校园里,估计谁也不敢小视英文系(不是英语系)。即使现在,除了大陆以外的其他华人地区也不像我们这样办英语系。我设想,若干年后,等我们的师资水平、学生入学水平和图书条件等都大大改善了,就有可能对现在的方法做一些纠正。但目前全面动的条件还不够成熟。

　　同时我也要说明,将英语课程划分成精读、泛读,也是一个特殊历史时期的现象。1949年以后中国的海岸线被封锁,美国和西方国家对共产主义有很大的敌意,我们同苏联订立同盟条约,俄语受到重视,英语则被落下了,这跟国际形势、政治、意识形态、社会、文化、思想都有密切关系。当时外语的教学方法也是跟苏联学的,例如"许国璋英语"中的"复用词"就是很重要的做法。英美人的原著当然也不怎么让读了。所以说从60年代开始,英美文学中特别优秀的东西我们是读不到的,取而代之的是中国人写的英文。这种情况一直延续到改革开放初期。

　　我在这里上大学的时候,学校的政治气氛越来越强烈,在"左"的影响下,学生也提出必须读无产阶级写的东西,后来干脆连正常的精读也不要了,就读《国际共产主义25点建议》、"九评"等,就是中国要和苏联分道扬镳的时候中共中央对于苏修的批判,中央编译局把它们翻译成很正确的英文。这种英文很单薄,句型太少,不利于英语学习,但是出于政治上的考虑,出于民族主义,那时候我们必须读这些。虽说这个时代是过去了,但由于我们长期以来形成的思维定式,我们还是很难从精读、泛读的框架中脱离出来。不过,我们已经稳步地在进行教学思想、课程设置、教材等方面的改革了。

　　今天我为什么要探讨性地提出"文化性思维"这个题目呢?尽管这样的说法不一定精确,但我主要是针对我们这里过于浓重的政治性思维方式提出的。我总觉得我们对一般事件的解释都带着浓厚的政治色彩,有时候不去进一步探索事件背后复杂的、根子很深的各种因素。实际上,很多事情可能确实同政治有关,但在更多情况下,并不完全是政治。如果我们所有的思想方式都变成单纯的政治性思维,那我们这个民族的教育就不可能起到"broadly educating the young people"的作用。

在"教育"问题上,我们不妨看看办大学的教育家怎么说。前不久,香港城市大学的张信刚校长为筹备利玛窦纪念活动事项,携城大中国文化中心主任郑培凯和跨文化中心主任张隆溪来北大,邀约北大搞国学和跨文化比较研究的学术精英座谈。因张隆溪是我的老同学,我便也坐在一旁听了。座谈从张校长的问题开始,大意是如果我们到街头去问,怎样算是现代化了,人们会怎样回答。大家猜想国人的回答一定比较实在,即使不提温饱、革除腐败等很低标准的要求,即使提出要有洁净的空气、满眼的绿地、解决交通拥堵等,总也还是实在的东西。张校长提到他猜港人会要求在管理制度的效率、透明度方面进一步加强,这已经是内地香港稍稍有别了(即使全部是清官,但一个低效、无能的政府仍不是好政府)。接着他问,为什么我们中国人总是想到有形的东西,为什么人们几乎不把心灵的自由和充分的心灵享受也当作标志呢。此言使我怦然心动。这样的"导向"在我们这里是不大会提出来的。城市大学的前身是纯理工科的学院,现在理工科也占绝对优势,张校长本人也是学生物的。我听到他讲音乐的享受,讲美,就感到这同他的经历有关。他留学加拿大,经常在法国做研究,耳濡目染法国的高雅文化氛围,听他讲话觉得他身上就有我所想说的那种文化性思维。张校长本人还是董建华的文化委员会的成员,在城市大学他利用校长可掌握的经费,拿出2%—3%支持发展人文研究,把城市大学办得很有起色。除了高层次的研究,他们还很自觉地做提高市民文化素质的普及工作,在极其重利的香港扩大文化的地盘。

再说北大的老校长蔡元培。蔡先生曾两次留学德国,第一次世界大战的时候他在法国,日本他也去过;他德文、法文、日文和世界语都懂,并且翻译过、写过不少作品。他是在北大风气十分腐败的时候出任了北大校长,上任后进行了大刀阔斧的改革,北大才可能有后来的声誉。蔡校长的改造工程在相当程度上用的是洪堡当年创立柏林大学的模式。实际上几乎所有的现代型大学,能被称为 university 的,多多少少都含有洪堡确立下来的德国研究型大学的办学模式。这种大学的一个重要方面,就是要求学生超越党派、宗派、阶级的利益和纠葛,超越利害考虑,客观、公允、不带偏见地研究问题。这种态度，英文中有一个词，叫 disinterested，它的意思不是"无兴趣"，而是指不涉及到利益，脱离实利的考虑。这同康德的思想有关。蔡元培在德国留学时很受康德哲学、尤其是他的美学思想的影响。蔡元培最早的时候提出的教育方针有五个方面，第一是军国民教育，就是要锻炼身体，强健体魄；第二是实利教育，就是要求各种科学知识都应该能运用于实际生活；第三是道德教育。这三项跟现在提的"德、智、体"全面发展有些相似之处。我们在实际中看得至高无上的"智育"其实就是"实利"教育，这是很有意思的。蔡先生认为这些东西都是隶属于政治的，要为国家和社稷服务。但他又提出后两点：世界观教育和美育，并明确指出这两点是超乎政治的。蔡先生始终坚定地认为在校学生的主业应该是做高深学问，绝对不主张随便上街。他反复强调的做"高深学问"、"纯粹学问"却又不是自闭于象牙塔中，充耳不闻世事，因为这种学问本身就要求放眼世界，有世界性的眼光。他本人在莱比锡大学特别研修的是世界各种文明的比较。即使在一百年后的今天，我们读到这些思想仍觉得合乎现在的情境。中国加入 WTO、举办奥运会，都是走向世界的表现，都要求我们放眼世界，得到世界观的教育，用某种超越现行政治范畴的思维方式，而不能用很狭隘的民族主义来看待这些问题。

中国自从鸦片战争后，逐步认识到自己很落后，被动挨打，很着急，要赶紧改革，于是积极引进西方的民主、科学，就是五四时期说的"德先生、赛先生"。我们急于想把这些移植过来，但没有看到这些观念的出现，背后有他们深厚的文化底蕴，是文化或说智性传统与社会变更之间动态的交互作用的结果，观念本身也不是固定的，而是需要不断重新定义的概念。培养对于这种深层文化的敏锐意识，是大学里更为重要、也更为艰难的任务。对人家的认识深化了，反过来看自己就有了别的参照点，也会看得更深刻，不会是井底观天。这可能也是蔡元培说的世界观的意思，而且是不论什么专业的受教育者都应培养起来的看问题的习惯。外文系当然不能例外，而且在深入了解西方思想方面的使命更重。

19 世纪英国的牛津运动或称书册派（国教高教会）的宗教领袖纽曼（John Henry Newman）在四十多岁时皈依了罗马大主教，后来被罗马教廷封为红衣主教(枢机主教)。他在受命创办爱尔兰天主教大学的过程中做了一系列演讲，后来结集发表，题目是 *The Idea of a University*。我觉得其中有一点很值得一提，就是他针对当时的功利主义风气，指出一定要有为知识而知识的层面，第五讲的标题就是 Knowledge Its Own End。蔡元培说的"纯粹学问"似乎与此属于同一思路。"学以致用"，这在我们的文化中是深入骨髓的，不难理解。但是我们总体上比较缺乏纯粹智性训练的层次，五六十年代以来的外文系科尤其缺乏，而欧洲从古希腊时代起，这个传统一直比较突出。这大概也是"实利"、"实用"至上成为我们的特色的一个重要原因。现在我国的大学教育发展得很快，招生数字翻了几番。如果说我国的经济发展和市场的开拓需要大批实用型人才的话，那么我认为北京大学责无旁贷地要多承担一点做"高深学问"、"纯粹学问"的责任，这是蔡元培开创的传统决定的，也因为国家给了我们这么多经费(相对于别的学校而言)，总不见得只是为了培养能做点事情的人吧。

开始时讲到，我翻译了阿诺德的《文化与无政府状态》一书。阿诺德很会造词，不管人们对此是褒是贬，总之很多词语就流传开了。比如他把中产阶级或资产阶级叫做"非利士人"(Philistines)人。非利士人是《圣经》里提到的以色列的敌人，是非闪米特族的。旧约《士师记》中那个"英雄难过美人关"的以色列人、大力士森孙，最后用拔倒庆功殿的大柱的英勇壮举，与他的敌人"非利士人"同归于尽。在阿诺德笔下，"非利士人"成了那种只知道赚钱、追求实利、头脑狭隘、不懂得音乐艺术也无这方面兴趣的人，他明确地用这个词指称当时英国最热衷于工业革命和自由贸易的中产阶级。

有趣的是，阿诺德自称也是非利士人、自由党人，他从自己的阵营里冲出来反对那些整天只知道向大众数叨自己政绩的政客议员。他认为这种做法把手段当成了目的，其实政绩、工业、组织、宗教等都只是人类追求完美境界的手段，如果把这些当作目的，必然会丧失思想的自由。阿诺德要的是能够不受羁绊地自由地思考，但坚决反对自由主义，或说反对不走脑子的、缺乏理性之光的言论和行为的自由("doing as one likes")。他认为惟一能成为我们追求目标的应该是人的各方面能力的充分发展,这种发展应是均衡而和谐的,在民主体制下,还要让所有的人(不只是一小部分人)都能达到完美的境界。

人们对阿诺德的评价也很有意思。19世纪时有人骂他骂得很厉害,可是从某种程度上说,他的社会政治理念就是在骂声中逐渐得到了认可,并且在较长的一段时间内在英美大学的国文系被奉为正宗。现在有的大批评家回顾历史上的大人物,认为阿诺德已经是传统社会与现代的交界处最后一代有良知的公众知识分子(此后出现了学术知识分子和商业化文人的分野)。我在翻译时深有感触,我们现在总希望多些言论自由,但是我们要的恐怕在阿诺德看来更像是他认为最最要不得的自由主义。我们对理性的、始终对社会和自我都采取审视态度的、批评性的、特别是负责任的言论却想得不多。大概看看BBS就明白了。

我们需要很多东西。很多人会具体地想到我如果有钱的话,就要买房子,买汽车,对于自己缺什么,数到的也往往是有形的、可以算计出来的东西。我们大概很少人会扪心自问,我的心灵是自由的,还是受到束缚的?很少人有这样的思想习惯,即认为心灵、思想不自由,人云亦云,也是一种巨大的欠缺。实际上这一百多年来我们都不大去这样想问题,我们几乎不会自觉地检查自己是不是在道德方面有所缺失,在礼仪方面有待加强,在修养上比别人差了点。我们的政治神经很发达,但在起码的修养上已经麻木不仁。我们的古人或许是这样做的,至少是这样提倡的,要一日三省,自省行为和言论是否得体,但我们现在已经丧失了这个习惯。在小学、中学时期我们就少读了许多中国传统中优秀的东西,但我们并没有意识到自己很贫乏,更不会如张信刚先生所说的,把艺术修养的进步当作现代化的标准之一。

如果对比上面提到的一些人的思想,就会发现这些言论的依据都是相通的,在西方一直可追溯到古希腊人的理想。年轻时走科举道路、一直做到翰林院编修的蔡元培读书也大大超出儒学经典的范围。他常常将西方各国的理念和做法同我国古代孔子、墨子、老子等的思想做比较。这与哈佛所坚持的每个受教育的男女都应该broadly educated的原则是相契合的。这本身就包含了一种相对客观的、不大急功近利的研究态度,对社会高度负责的理性的发言,以及思想的互相砥砺。这曾经是蔡元培先生的理想,它可能没有真正被实行,而正因为此,它才能像阿诺德所说的 human perfection 一样,成为我们追求的理想。

中国的渐进政治体制改革

徐湘林

> 徐湘林,北京大学政府管理学院副教授,北京大学政治发展与政府管理研究所研究员,中国政治学会理事。1982年北京大学毕业后留国际政治系任教。1987年赴美国加州大学欧文分校(University of California, Irvine)求学,师从戴维·伊斯顿(David Easton)。1995年获政治学博士。1996年回北京大学政治学与行政管理系任教,从事政治学、中国政治和公共政策等方面的教学和研究。主持有数项国家和省部级课题研究。主要研究成果有:《后毛泽东时代的精英转换与依附性技术官僚的兴起:理论、政策、过程》、《论美国公共政策制定与实施中的中央地方关系》、《以政治稳定为基础的中国渐进政治改革》等。

很高兴能在这里跟大家来讨论中国政治改革的问题。政治改革是一个比较敏感的问题,也是人们热衷于讨论的问题。说敏感是因为它涉及到政治问题,政治问题在任何一个国家都可能涉及到一些政治敏感性的议题。说是热门话题是因为几乎每一个愿意发表对政治的看法的人都会谈到政治改革。我今天要谈的有五个方面的问题:

(一) 如何来看中国政治体制改革?

(二) 中国二十多年的政治改革给中国政治体制带来了什么变化?

(三) 中国政治改革是否存在渐进模式,该模式是否遵循某种逻辑?

(四) 当前中国政治改革面临什么样的问题和挑战?

(五) 渐进政治改革的制度空间和改革前景。

第一个问题：如何看中国政治体制改革？

长期以来,人们对中国的政治改革一直存在不同的看法,这些看法与人们对政治改革的目标的确认和对改革成果的主观评价相关。为讨论的方便,我们可以将他们大致地分为社会中心论和国家中心论两大派。一般而论,社会中心论者在学理上强调社会—国家关系互动中社会的重要作用,国家中心论者则强调社会—国家关系中国家的主导作用。社会中心论者对中国政治改革的进程基本上持批评的态度,他们认为,中国经济改革取得很大进展,但政治改革严重滞后,现行的政治体制已经越来越不能适应日益多样化和多元化社会的需要。国家中心论学派对政治改革进程的态度则温和得多,他们承认改革取得一定成果但还存在某些问题。他们一般认为,中国政治改革虽然滞后于经济改革,但仍然有不断的进展,为了促进经济的发展,政治体制应该不断进行改革。

两种不同的评价体现了对政治改革目标的两种不同的认识和两种不同的价值追求。社会中心论者把政治改革认定为民主化改革,即把政治改革看作是扩大言论、集会、结社的自由以及扩大民主权利,促进市民社会的成长,限制政府的权力。他们中的许多人认为,如果要进行彻底的市场化改革,就必须彻底改变现有政治体制,尽快建立一套与市场经济体系相吻合的民主政治体制。他们一般主张扩大个人自由,接受西方的人权价值观,引进民主宪政体制,实现人民主权原则,强化权力分立制衡机制,建立自主的市民社会和宪政意义上的法治国家,通过政治民主化解决政治统治的合法性问题。

国家中心论者把政治改革目标确定为改革不适应经济发展要求的政治体制。不管是经济改革还是政治改革,国家都是起主导作用的力量。在国家主导下,经济改革优先于政治改革,政治改革服务于经济改革。政治改革是根据经济发展的程度和经济改革的进展而选择改革的力度、时机和内容的,因此,政治改革的"相对滞后"是一种正常的现象,不能够搞不顾经济发展要求的"超前"政治改革。国家中心论者还认为,中国的政治改革不是或不应该是照搬西方式民主的改革。以发展经济这一目标为前提,他们中的一些人认为,西方式的民主化改革并不一定会促进经济的发展,相反,在中国现有情况下,这种民主化可能会使整个社会落入政治失序的陷阱而葬送经济发展。国家中心论者一般比较重视研究经济改革和社会发展所带来的各种具体的政策问题,并提出针对性的改革方案和建议。某些一般性的改革方案包括:改革高层领导集团内部的游戏规则并使之制度化,解决公共政策的稳定性,加快国家机构现代化的进程,整治官僚的腐败和政府的滥用权力。

如果我们客观地审视二十年来中国政治体制所发生的巨大变化,可以肯定地说,中国政治体制改革的进展以及所带来的变化被一些人低估了。这种情况可能产生于主观和客观两个方面的原因。从主观上讲,一些人对中国政治改革具有某种特殊的期望,而这种期望与中国现实的政治改革进程相去甚远,使得这些人不能认同政治改革的进展。这些特殊的期望一般具有特定的价值取向。比如说,将政治改革的目标确定为建立一种全新的政治制度,这种制度必须与旧的制度彻底划清界限,因为过去所发生的一切错误和弊端都是旧的体制所造成的,现在依然存在的种种问题也都与改革的不彻底有关。这种期望带有太多的主观价值判断,而对政治改革中所遇到的种种复杂的问题缺乏必要的了解和认识,对期望中的新制度抱有太多的不切实际的幻想。对于新制度的企盼使得他们更倾向于用理想化的标准和批判的精神来审视改革中所发生的一切问题,而忽视了对政治改革过程中各种客观限制条件的深入了解和分析。另外一种主观期望是把政治改革完全看作是经济发展的附属品,经济是基础,政治是上层建筑,经济发展是第一位的,政治体制作为上层建筑必须适应经济发展的需要。这种经济决定论的观点忽视了政治发展自身所具有的内在逻辑,把政治改革的目的简单地确定为清除经济发展和经济体制改革在政治体制方面所遇到的障碍和阻力,把经济改革中遇到的问题简单地归结于政治改革的"严重滞后"。一些人过于相信市场化在经济发展乃至政治发展中的作用,认为市场化的经济改革必定要求政治的民主化相配套,政治改革必须紧跟经济体制改革的步伐,亦步亦趋。上述这些期望显然与政治体制改革的实际进程之间存在着差距,从而形成了不同期望的人对政治改革进程所持有的不同的批评态度。

从客观的方面看,中国的政治体制改革是在不根本改变现行政治制度的条件下,对现行政治运行体制的改良和变革。这一基本条件决定了政治改革不太可能通过激进的方式来推行。激进改革一般表现为在特定的时间内对政治运行体制进行多方面的、大幅度的调整或改变,力求在短期内改变政治运行体制中被认为是"弊端"、"封建残余"或"不适应"的部分。这种激进改革往往会对整个运行体制产生剧烈的冲击,并可能进而危及到现行政治制度的维持。因此,这种激进改革会使改革推动者一时难以把握改革的后果而面临巨大的挑战,在改革结果的不确定性极高的情况下,尽可能地采用渐进的改革方式,以减少不确定性可能产生的危机风险。中国政治改革是在一种渐进模式下的体制变革,与激进的改革相比较,渐进政治改革在特定时间内仅就政治体制的某些方面进行有限的调整,或对政治体制的某一领域进行一定规模的改革。这种改革在一时所带来的变化对整个政治体制的变化影响不明显,较为容易被人们忽视。此外,在这种渐进模式下,改革在每一阶段的方案和政策举措都带有局限性和不完整性,每一次改革方案和政策举措的实施结果都很难实现预定的目标,并可能带来新的问题,使得进一步的改革显得困难重重。这些客观的原因可能造成人们对政治体制渐进改革的某些困惑甚至失望。

关于政治改革,有一些最基本的问题需要我们去思考:为什么中国历史上有些政治改革取得了成功而有些却失败了?为什么中国近现代以来政治改革失败的例子很多而成功的例子少而又少?当然,现在就来评价中国自1978年以来的政治体制改革是否成功或失败还为时过早,但有一个基本的事实却是无可否认的。这一事实就是:中国自1978年以来的政治体制改革已经经历了二十多个年头。中国近现代史上的政治改革大多数都是短命的,不是被僵化保守的势力所镇压就是被激进的革命所取代。为什么这场改革能持续二十多年,为什么这场改革能在继续了如此长的时间,并在领导人更替之后继续保持着改革的愿望和动力。这些问题是我们应该总结和分析的,而且这种分析应该是建立在一种客观的基础之上,而不是建立在某种主观愿望之上。因为主观愿望是一种先入为主的东西,它可能使我们偏离客观的事实,沿着主观愿望的价值诉求看待问题,忽视那些本不应该忽视的客观存在和制约。这些客观存在和制约可能正是我们回答上述问题和了解中国政治改革过程特点和逻辑的主要依据。

第二个问题:政治改革给中国政治体制带来了什么变化?

中国二十年来的政治改革大致可以分为行政体制改革和政治体制改革两个领域。行政体制改革包括党政分开、政企分开、干部制度的改革和四次政府机构的改革。党政分开的初衷是在党和政府之间进行必要的职能划分,主要解决的问题是,减少和排除党内的非技术官僚对经济建设的瞎指挥,阻止党的保守的意识形态对经济改革的干扰。政企分开是解决政府职能部门对企业经营的过多干预,使企业成为自主经营的经济实体,提高其经济活力。干部制度的改革是改变过去党的"以阶级斗争为纲"的用人制度,实行以经济建设为中心的党政精英的转换。80年代进行的"干部'四化'建设"和90年代推行公务员制度的改革,在干部人事任免制度上建立了以政绩为基础、以专业化年轻化为标准的干部选拔制度以及离退休制度。这一制度的推行基本完成了党政精英由"革命干部"向技术官僚的转换。政府机构改革旨在精简机构提高效率,配合经济体制转型,削减计划经济体制下设立的经济职能部门,转变政府职能。

政治体制改革涉及到中国政治体制的民主化和法治化的内容,其改革的内容主要有:领导体制的改进和制度化、人民代表大会制度和选举制度的改进,以及政治参与渠道的逐步拓宽。在民主法治方面的改革主要是在现有的政治体制的框架中进行的渐进改良,使现行的政治体制在社会经济的快速变化中能够增强其体制的适应性。

在政治体制这方面改革中,改革过去建立在人格化基础上的体制,是中国改革领导层最早达成的共识,经过十年"文化大革命"生存下来的无产阶级革命家对高度集中的权力所带来的后果有切肤之痛,觉得必须对领导体制加以改革,必须反对权力的高度集中,因此在早期改革中对个人崇拜和家长制进行了广泛的批判。领导层首先在中央和各级党组织中间实行一系列改革,比如重新恢复集体领导,恢复党内监督机制,建立中央纪律检查委员会,反对一身多职的体制,确定了党在政治生活的若干准则,确立了比较温和的领导体制内部政策争论以及权力变更的游戏规则。过去党内斗争是残酷斗争,在邓小平时代把党内斗争温和化了,确定了一定规则。这些规则至关重要。党内生活的正常化允许少数人的意见合理存在,而且不允许对少数人进行打击报复,即使存在重大错误也不在肉体上进行消灭,这样使不同意见者提出一些不同见解而不必担心会付出较大政治成本。另外,在领导体制方面还确定了很多制度化的改革,把集体领导与个人分工相结合的工作制度不断地制度化,以此规范党的组织活动,定期召开党代会和实行党内规范的选举,从过去的等额选举、举手选举到差额选举、按电钮选举。此外,还设立了与党外民主协商和党内集体讨论的决策制度等。

人民代表大会制度改革也是一个相当重要的方面。人民代表大会制度在毛泽东时代很少发挥作用,在"文革"时期甚至一度瘫痪10年之久。1978年党的十一届三中全会提出"发展社会主义民主、加强社会主义法制"的方针,人民代表大会原有的立法功能得以恢复,人大作为经常性立法机构的功能也不断加强。1982年通过的现行宪法确立了从县级人大到全国人大"一院两层"的立法机构组织模式并确定县级人大代表通过直接选举产生的制度。新宪法增加了全国人大常委会这一常设立法机构的权力,从法的基础上强化了全国人大常委会作为全国人大常设机关和常务代表的权威和地位。随着改革的进展,人大实施宪法赋予的权力的能力和在中国政治系统中的地位和作用逐步增强。尤其是进入90年代以后,人民代表大会的逐步完善和制度化使得这一机构的"橡皮图章"的形象开始发生变化。从1991年全国人大委员长万里开始把人大的监督工作提到与立法工作同等重要的位置以来,历届人大都无例外地强调其监督职责的重要性。随着民主意识的普及和选举制度的改善,当选代表的自主性在逐步提高。有了立法权和对政府的监督权,人大可以审议政府的决定,不同意可以投反对票,在高级政府官员的任免方面也有了影响力。人大虽然不能完全改变党的候选人当选,但反对票对当选人造成了一定压力,使之在各方面的合法性基础减弱,这也影响到党内提候选人时必须考虑到他的群众基础,对候选人的行为也有一定的约束力。

　　政治体制改革另外一个重要的方面是法治建设。我国司法体系建立于建国后的 50 年代中期,但从反右运动到"文革"结束,司法体系一直没有真正发挥其应有的功能。70 年代末恢复"文革"中被撤销的检察院和法院,在随后的司法制度改革中"两院"在法律审判和司法监督方面的职能不断完善,1982 年宪法确定了公开审判和人民法院独立行使审判权的司法制度,以"两院"的职能替代过去由党和行政机关办案的惯例。1980 年五届人大通过《中华人民共和国律师暂行条例》,律师辩护制度在终止了 23 年以后得以恢复。随着律师制度和公证制度的重建,全国各地的法律顾问处、公证处相继建立。司法程序在改革中也得以不断改进,其中包括刑事诉讼制度的改革和"无罪推定原则"的确立。另外是制定各个方面的法律法规,使政府和社会的各种行动有法可依。有学者统计,从十一届三中全会提出的"有法可依、有法必依、执法必严、违法必究"的方针以来到 1997 年底,全国人民代表大会及其常务委员会制定了 328 件法律和有关法律问题的决定,国务院发布和批准了 791 件行政法规,另外,全国 30 个省、市、自治区的人民代表大会及其常务委员会制定和批准了 7000 多件地方性法规。随着法律体系的不断完善,依法行政和依法治国的问题也进入党和政府的议事日程。

　　在立法工作取得重大进展的同时,法律的有效实施也成为关注的问题。所采取的措施首先是提高全民法律意识,开展普及法制教育。从 1986 年以来,根据宪法关于普及法制教育的规定,党和政府在全国实施了以五年为一期的大规模普法教育计划。普法教育进行了三期,普法教育对象涉及各级领导干部、工人、农民、知识分子、军人和学生等,学习内容包括宪法、刑法、诉讼法、经济合同法以及民法等。普法计划的实施使全国 8.1 亿普法对象中的 7 亿人接受了不同程度的普法教育,基本上完成了在全国范围普及法律常识的任务。通过普法教育计划的实施,法制观念已经开始进入各项政府和企事业的工作程序。全国大部分的县(区)以上的政府部门聘请法律顾问,许多企业聘请了法律顾问,许多大型企业还建立了法律顾问机构和工作制度。1995年2月总书记江泽民在中共中央举办的"中央领导同志法制讲座"上的讲话中,第一次提出了要"实行和坚持依法治国"。同年3月17日,第八届人大第四次会议批准的国民经济和社会发展九五计划和2010年远景目标纲要,将"依法治国,建设社会主义法制国家"规定为战略目标之一。从1997年开始,在学者专家的提议下,党和政府的有关文件将"法制"一词改为"法治",进一步强调了法律在中国政治生活中的重要地位。在党的十五大上,江泽民所作的政治报告中专门阐述了关于政治改革的问题,提出了"发展社会主义民主政治"、"建设社会主义法治国家"的政治目标和任务。政治报告里还明确指出,依法治国必须制度化和法律化,其制度和法律不因政治领导人的变化而变化。依法行政和依法治理也成为党和政府关注的问题。到20世纪末,全国多数的省、自治区和直辖市,以及地级市、县(市、区)和基层单位正式作出了依法行政和依法治理的决定和决议,并成立了相应的机构。

第三个问题:政治改革是否存在渐进模式,该模式是否遵循某种逻辑?

人们一般都习惯地把政治改革看成是经济发展和由此发生的政治结构变化过程中,对现有政治体制及其内部权力安排进行的必要调适。这是以静止的观点来观察事物。既然中国政治改革持续了20年,我们就应该从一种动态的角度,从政治体制改革具体运作的层面上来认识改革的特点。我认为中国的政治体制改革首先是一种选择,一种政治选择,这种选择是与党和政府领导人对政治经济的形势和当前政治局势的认识密切相关。这种政治选择又与一定的政策密切相关,往往通过政策的形式表现出来,我这里所讲的政策是一个宽泛的概念:包括法规和一些重大方案的制度等等。那么政策选择在中国现有的政治体制下是以一种什么样的方式进行的呢?我们可以看到,中国一切重大的社会经济变化都是与党的重大政策制定和变化密切相关的,往往是在经济社会发生变化之前,先有一个党的重大政策的改变,而党的政策变化又与党的核心领导人的政治选择密切相关。因为,进行选择的主体必须是具有自身目的、具有判断能力的,并拥有决策权威的人或由这种人所组成的小的团体,在中国现实的政治体制下,这种人和小团体主要是党的领袖和领导层。有些人认为国家意志或者社会利益团体在政策选择上有重要的意义,这在一般性理论探讨中可能是对的,但当我们具体分析政策选择所依据的条件时,这种说法就显得过于空洞。政策选择以及政策的实施最终可能体现了国家与社会以及社会团体之间的利益交换和利益在一定程度上的重新分配,但这并不能说明国家与社会关系这样过于笼统的概念足以解释中国政治改革的运行特点。所谓抽象的国家意志并不能进行具体的决策,而利益分散甚至相互冲突的社会大众通过有效的利益整合机制影响决策主体这样的情况,在中国还很少发生。因此,了解党的领导层在政治改革问题上如何进行政策选择,而不是仅仅从社会经济环境变化考虑政治改革应该如何进行,就显得十分的必要。

如果我们把渐进政治改革看成是党的领导层不断进行的政策选择过程,那么,从政治分析的角度讲,这一政策选择过程会受到哪些条件制约呢?首先,政治改革作为一种政策选择必须能够解决所面临的社会政治危机。这种危机可能是明显的,也可能是潜在的,危机的存在给社会政治稳定带来直接的或者潜在的威胁,但这种危机可以通过改革政策的实施得以缓解。其二,政治改革政策的实施必须能够维持和巩固执政者(党)的政治地位,为其增加政治资源和合法性。政治改革往往是由执政者(党)推行实施的,如果改革能化解社会危机但不能维持执政者的合法地位,改革就会得不到执政者的支持,甚至遭到抵制,改革进程就会因此中断。其三,政治改革必须能够基本上维持政治体制的相对稳定性和继承性。政治体制具体表现为国家权力的组织机构和这些机构运行的规则和方式,不涉及根本政治制度。政治改革所面临的最大挑战往往是,现行政治体制既是改革的对象,又是推行改革所依赖的组织手段。政治体制的剧烈变化不但会使改革的领导者失去推动改革的有效的组织手段,而且会使改革面临旧体制的顽强抵制而流于破产。其四,现行政治体制必须有相对的自我调整的能力。僵化的政治体制往往会成为政治改革最难突破的政治障碍,迫使改革推动者不得不动员体制外的政治力量进行剧烈的变革,从而大大地增加了政治改革后果的不确定性,增加改革者的顾虑甚至动摇改革者的决心。最后,执政者(党的领导人)必须具有在实践中学习的能力,能够在改革中不断地吸取经验教训和新的知识,并能够认识和把握政治改革的结果。以上五个条件互为因果,如果不能同时满足,政治改革就不可能持续进行,渐进的政治体制改革就会中断。

如果我们认真考察中国政治体制改革的经历,我们就会发现上面概括的五个方面的条件大致在改革过程中同时存在。在改革的整个过程中始终存在着明显的或潜在的危机,改革的推动者一开始就以务实的而不是以理想的改革目标为指导,改革政策的逐步实施不断地化解了这些危机,并始终保持了党的领导权和在改革中的主导地位。具体的改革方案即使一时不能根本解决危机,但能够在一定程度上缓解危机,为进一步的改革提供了条件。政治改革的政策选择是理性的和审慎的,对旧的政治体制的改革始终保持了继承和变革的相对平衡。现行政治体制具有一定的适应改革的能力,在改革中能够适度地调整自己的利益,适应改革带来的变化。政治领导人也具有一定的自我学习的能力。改革领导层对政治改革的构想基于对当时政治体制所面临的问题的认识。在改革初期,这种认识基本上是封闭式的,其认识主要来源于他们所经历过的经验。其改革主要是回复到"文革"以前的政治体制,调整体制内部的权力分配,以及放松对社会的政治的和意识形态的过度控制。内部权力分配的调整及其制度化取得一定的成果,但也受到体制内部庞大的官僚利益团体的或强或弱的抵制。放松政治和意识形态的控制产生了一个有利于经济发展的较为宽松的社会政治环境,但也附带地产生了所谓"资产阶级自由化"的问题以及保守意识形态的挑战。面对政治改革结果的不确定性和对政治成本的考虑,政治改革的构想和行动在对旧体制进行改革和保持稳定的两难困境中不断地选择和调试其方案和行动。在这一过程中,政治改革的思路开始从封闭式的思维方式和政策选择,过渡到开放式的思维和制度创新。权力精英在改革经验的基础上,开始有选择地吸收外部世界的经验和探索以前没有经历过的尝试。

正是因为这些因素,中国的政治改革过程表现为一种波浪式的渐进模式,即在合适的时候大胆地推动被认为是必要的改革方案,但当改革取得进展同时出现不稳定的因素时收缩改革的范围,等待下一次时机的来临。在经历了80年代中期的"学潮"和1989年政治风波之后,政治改革的步骤显得更加的小心翼翼。进入90年代以后,由于体制制度化程度的增强,意识形态作用的弱化和领导层的代际转换,这种波浪式的政治改革方式似乎有了某些变化。第三代领导人在政治改革和稳定的两难选择中更倾向于以制度化的和个案处理的方式,而不是以意识形态和政治运动的方式,化解影响政治稳定的社会政治因素,从而保持了改革的良好的政治环境和改革政策实施的连续性。

第四个问题:当前中国政治改革面临什么样的问题和挑战?

当前中国政治改革面临的首要问题是什么?我认为是如何在新的社会政治经济的环境下建立新的合法性基础。在经历了20年改革的今天,中国的社会政治经济的环境已经发生了翻天覆地的变化,无论是从政治的角度还是从社会和经济的层面来看,这些变化都是极其深刻的。从政治的角度看,经济的发展和政治改革使得中国的政治结构发生了许多的变化。这些变化包括有:领导人的政治权威从过去的人格权威转向职位的权威;政治决策日益重视民主的程序和形式;正统的意识形态在淡化,意识形态对社会道德和社会规范方面的影响力和控制力在弱化;政府的职能在转变,工作单位的政治控制功能和社会福利的功能都在减弱,国家对社会生活领域的影响和控制的能力弱化。从社会经济的层面来看,社会经济结构发生的变化有:从农业社会向工业社会的转型,大量的农业剩余劳动力向城市流动,城市化和都市化进程加快;从指令性计划经济向现代市场经济体制的转型基本完成。这些变化对现行的政治管理体制和政府管理体制提出了新的重大挑战。

尤其值得注意的是社会经济发展及其发展的不平衡带来了社会利益结构的变化。过去中国基本上是一种单一的社会利益结构。通过改革,新的政策承认个人利益的合法化和合理化,社会利益结构由此逐渐多元化或分化。社会利益的多元化使社会形成了不同层次的社会阶层和利益团体，这些阶层和利益团体自觉地或不自觉地以不同方式影响着公共政策的制定和实施。与此同时，经济社会发展的不平衡加速了不同社会阶层的利益分化和多元化。社会利益结构的多元化造成了贫富之间的差距，带来了很多的社会问题。弱势群体问题凸现出来。农村剩余劳动力的大量存在，城市经济体制改革追求企业经济效益造成许多生活在贫困线下的下岗工人。这些问题如果长期得不到解决，甚至可能影响社会的稳定。事实上，社会利益的分化和贫富差别的增大产生了社会利益的冲突和广泛的政治参与的要求，这些问题已经影响到了政治稳定和统治的合法性等一系列的问题。

　　过去的二十年中国基本保证了政治的稳定主要靠三个方面。第一，持续高速的经济增长和人民生活水平的提高。第二，渐进政治改革增加了政治体制满足社会政治参与要求的实际容纳范围和程度。第三，对政治异己分子和有组织的体制外政治参与的"控制"。进入21世纪，我认为这三个方面都已经产生了问题。首先，经济的增长和人民生活水平提高这种政绩型合法性基础是有一定时效性和局限性的，当经济增长放慢时这种政绩合法性就会弱化，当经济发展产生了巨大贫富差距时，政绩合法性就会面临挑战。经济高速增长不是政治领导人所能控制的，不可能造就一种环境使经济无止境地增长，经济发展除了需要本身的一些条件之外，还受到外在条件的影响。现在中国的经济越来越走向国际化、全球化，而国际市场更是我们无法控制的。这几年中国经济的增长开始放缓，经济出现疲软。一方面，中国政府积极解决发展不平衡产生的社会贫困问题，另一方面，经济改革尤其是国有企业的改革又产生了大量的下岗职工和城市贫民。分配政策的缺陷和再分配政策的软弱无力使贫富差距随经济的增长而扩大。其次，中国所进行的渐进政治改革依然存在着许多的局限。在改革中容易的问题被先解决了，较复杂的问题也就遗留下来，而且还会不断产生一些新的问题。民主选举作为民意表达的合法渠道有利于缓解来自社会的政治压力，但这种选举仍然停留在村民自治的非政府职位的层次上，人民代表大会的选举还有许多的限制,民意表达渠道仍然有许多的梗塞,尤其是在基层和中层。中国在立法方面取得很大的成就,但在执法方面仍然存在许多的问题。司法独立和司法公正至今还没有得到有效的制度保障。由于各级党政领导对所属法院和检察院的人事任命有实际的权力,两院的财政拨款也是由政府来决定,因此,长期存在的"权大于法"的现象难以改变。从中国的媒体报道可以看出,在地方和基层,政府和官员"有法不依"、"执法犯法"、"徇私枉法"、"以权代法"的问题大量存在。吏治腐败、司法腐败的问题已经成为目前中国十分严重的政治问题。第三,中国政府正在加快经济全球化的步伐,随着中国经济日益融入以西方国家为主导的国际社会,中国的国内政治也日益受到来自西方国家"人权记录"的政治压力。只要中国政府想继续通过融入国际社会获得国际政治上的好处和经济利益,就不得不考虑来自国际社会的政治压力。

中国当前政治改革的课题是如何在政绩合法性弱化的同时,通过各项政策和措施维护社会公正,并加快民主与法治的改革进程,建立制度合法性的基础。中国共产党的第十五次代表大会已经提出了这方面的任务和规划,确定了"发展社会主义民主政治"和"建设社会主义法治国家"的基本方针,规划到2010年建成一套有中国特色的法律体系和实现依法治国的政治目标。但所面临的问题是,中国是否可以继续通过持续了二十年的渐进政治改革的方式实现这一政治的目标。

第五个问题:渐进政治改革的制度空间和创新问题

中国的渐进式的改革是在不改变现有基本政治制度的框架下,对现行政治体制的运行规则和结构进行适度调整。这种改革能不能进行下去,我认为取决于三个基本变量:第一,现实的政治制度框架的容纳程度;第二,政治运行体制自身调整和完善的能力;第三,中国社会经济结构的变化所产生的基本政治要求的总量,总量越大,政治体制改革所面临的压力就越大,要求其适应能力就越强。

中国现行基本政治制度为政治体制改革所能提供的制度空间仍然是巨大的。如果从规范的角度看,中国政治制度的包容性和容纳量可以从中国宪政体制的规范中找到主要的制度性依据。根据宪法规定,国家的根本政治制度是人民代表大会制,国家的一切权力属于人民,人民通过全国人民代表大会和地方人民代表大会行使国家权力。这一政治制度的基本规范性内容包含了"人民主权原则"、"选举制"、"代议制"、"立法权至上原则"、"内阁负责制"等现代民主政治制度的要件。此外,宪法第二章还规定了与多数国家相同的公民的政治权利。宪法规定了中国共产党在中国政治活动中的领导地位。因此,党的领导体制也应该看作是中国政治制度规范性的重要内容。党的规范性领导体制是建立在以下基本原则之上的,这些原则包括了民主集中制原则、群众路线的原则、政治协商原则和依法治国原则等。政治改革中的许多举措实际上是使与基本政治制度规范相去甚远的政治运行体制通过渐进的改革接近基本的制度规范,或通过建立新的运行体制使制度规范进入具体的、可操作的层面。中国实际政治运行体制与政治制度规范之间仍然存在着相当的差距,这种差距为中国的渐进政治改革提供了相当大的政治体制改革的合法性制度空间。

中国进行政治体制改革是以制度化程度非常低为起点的。历次的政治运动和频繁的机构改革使得中国的官僚机构一直处于不稳定的状态,官僚体制的结构性利益许多都没有来得及固化,这大大地削弱了官僚体制对体制改革的抵制能力,使其不得不在改革中增强自身的适应能力,这就使得中国的政治体制具有了相当的灵活性,这种灵活性进而为中国改革领导人提供了推行渐进改革的可能性。制度化程度低这一理论上被视为现代化弱点的因素,在体制转型的现实经验中反而被证明是一个进行低成本的渐进改革的优点。中国二十年的政治改革虽然使政治体制的制度化有了很大的提高,但制度化的任务远没有完成。另外,由于渐进的改革,制度化程度提高了的政治体制在持续的变革的刺激下具有了接受渐进改革的记忆和适应渐进改革的能力。

中国实现民主与法治的政治变革更有可能通过渐进改革的方式实现。具体讲,中国的现行政治制度仍然有很大的空间来包容社会经济结构变化所产生的政治需求。政治体制也依然具有相当的灵活性。例如,中国共产党领导的多党合作制在吸纳非党内政治力量方面仍然有很大的余地。人民代表大会制在反映民意、行使立法权和监督政府及其官员的行为方面仍然有很多的发展的空间。从中共十五大提出"依法治国"的原则以及最近党的领导人提出的"三个代表"的原则表述,也可以看出中国共产党建立制度合法性的决心和治理国家方式上的灵活性。另外,中国政府和领导人在与西方的交往和在西方提出的价值观压力下也表现了灵活和务实的态度。因此可以说,只要前面提到过的渐进政治改革的五个基本条件能够同时满足,渐进政治改革的实践就可能在规范的政治制度的框架中进行下去,直至改革目标的实现。因此,对中国的渐进政治体制改革的前景,我还是比较乐观的,或者说是审慎乐观的。渐进的政治体制改革还可能继续下去,通过这种渐进方式最终有可能建立起一整套完整的法律体制,建立起一个能够长治久安的法治国家。

谢谢大家。

19世纪以来德国学者眼中的中国

赵进中

> 赵进中,北京大学历史学系讲师。天津师范大学历史学学士、硕士,德国柏林洪堡大学历史学博士,研究方向为史学理论和德国近现代史。

今天我讲的题目是19世纪以来德国的部分著名学者怎样看待中国和中国人以及中国的历史,我们中国人自此以来又怎样看待自己的历史这一问题。

大家可以首先设想一个简单的问题,我们现在写字一般已是从左向右,从上至下。但如果我们现在要从右向左,从下至上(这里令人想起西方新社会史学的"from buttom up"),我们就会发现我们书写有困难。如果我们对其进行思考,这究竟是什么原因?是习惯的原因,是文化的原因,也可能真的有思维的科学的原因。如果我们把关于写字模式的问题转换成文化、历史意识和历史哲学问题,这样就出现了如何看待文化、文明的问题。

从黑格尔到马克思再到韦伯,他们都有自己不同的看待自己西方文化的观点,其中又有他们的文化的统一性和连贯性问题,之后他们把这种对西方自己文明的分析和看法放大,来看我们东方社会,把东方文明和中国文明放入西方思维和西方文明的框架之中(an sich fuer uns)。并为自己的理论的成立进行了东西文明的比较。这样,在近代以后,我们中国人在特定的历史背景下把他们建立的这个历史思想框架(简单的理解为有色眼镜)套在我们自己身上来观察我们自己的历史和西方的历史。这样我们就和西方人的观念达成一致。也就是说,西方人看待东方的历史和我们自己看待自己的历史得出的结论是一致的。这就说明了,我们的文化在历史哲学上,在思维观念上,在历史概念上已经相当程度地转到西方文明中的一些思想家的观念上了。

黑格尔有很多这方面的言论。如他在《历史哲学》一书中是这样看待人类历史的：整个历史是一个自由精神和自由意识发展的历史，精神本性的各种抽象的特征——精神是物质的对照——自己包含的生存；它的主要特征就是自由，意识到与人类精神不可分离的自由所经历的前后各个时期；按照他的这个观念把人类历史分为三个时期：东方世界只知道一个人的自由；希腊和罗马人知道少数人是自由的；日耳曼人受基督教的影响知道全体人是自由的。"自由的意志首先出现在希腊人中间，所以他们是自由的；但是他们，还有罗马人也一样，只知道少数人是自由的，而不是人人是自由的。就是柏拉图和亚里士多德也不知道这个。因为这个原因，希腊蓄有奴隶，而他们的整个生活和他们的光辉的自由维持同奴隶制是息息相关的：这个事实，一方面，他们的自由只是昙花一现，另一方面，又使我们人类共有的本性或者人性淹没无余。各日耳曼民族在基督教影响下，首先取得了这个意识，知道人类之所以为人类是自由的：知道精神的自由造成它最本质的特性。……世界历史无非是自由意识的进展，这种进展是我们必须在它的必然性中加以认识的。"① 世界发展最终的原因就是精神认识到它自己的自由。黑格尔看东方，就是基于东方人基本上没有自由观念，东方人并不尊重人的一般意识和个人意识，他们只知道一个人是自由的，即皇帝，而皇帝本身最终也不是自由的。

马克思同样把历史划分为三个阶段：人的依附阶段；物的依附阶段；自由人阶段。在马克思看来，东方古代社会或文明到他们的时代大部分还处于人的依附阶段，不管黑格尔和马克思都认为东方文明是最原始或落后的文明。

黑格尔有许多描述东方落后的话语。他说道，精神之所以为人的本质，因为它是自由的，东方人不知道这一点，所以他们不自由。他们只知道一个人是自由的，而这个人的自由是从放纵、粗野、热情、兽性冲动，或者是热情的一种柔和驯服，而这种柔和驯服也只是一种自然界的偶然现象或一种放肆，所以这个人只是一个专制君主，不是

---

① 黑格尔：《历史哲学》，上海书店出版社，1999年版，第19页。

一个自由人。总的来说,黑格尔认为东方人在文化上没有摆脱自然状态,即德语中的 an sich 状态。不论哲学、文学、其他科学都和自然同一部分,主体精神都没有摆脱自然状态。黑格尔认为中国的最高哲学境界就是"天",这是最表面的自然,它从来都不是精神的东西。中国还从来不知道个人的精神和天是分离的。在社会道德上他们没有自我的个性和独立的人格,个人完全没入家庭和国家之中,其表现特点是家庭精神和东方专制主义。"家庭精神,在这里普及到世界人口最多的国家。在这种发展阶段上,我们从未发现主观因素,这种主观性就是个人一致的自我反省和实体(就是消灭个人一致的权力)成为对峙,即明白认识这种权力同其自身的存在合为一体,在权力里它是自由的。……在中国,'普遍的意志'直接命令人们应该干什么。个人只是服从,没有反省和独立。假如不服从,即等于同自己的实际生命分离,但这种分离不反求他自己的人格,他所受的惩罚也就不至于影响他的内在性,而只影响他的外在的生存。所以这个国家的总体固然缺少主观因素,同时它在臣民的意见里缺乏一种基础。'实体'简直只是皇帝一人,他的法律造成一切意见。……因此,这种关系表现得更加切实而且符合它的观念的,便是家庭关系。中国纯粹建筑在这样一种道德的结合上,国家的特性便是客观的'家庭孝敬'。中国人把自己看成是属于家庭的,而同时又是国家的女儿。在家庭内,他们不是人格,因为他们的生活单位是血统关系和天然的义务。在国家之内,他们一样缺少人格;因为国家内大家长的关系最著名,皇帝犹如严父,为政府的基础,治理国家的一切部门。"[①] 从自由精神的发展上,东方还处于一个低级阶段。关于科学和艺术和日常行为上,黑格尔也认为:"中国人有一种普遍的民族性,就是模仿技术极为高明,这种模仿不但行使于日常生活中,而且也用在艺术方面。……那种崇高的理想和美丽的确不属于它的艺术和技巧的领域之内。并且中国人过于自大,不屑从欧洲人那里学习什么。虽然他们常常承认欧洲人的优越。……中国的民族性格方面,它的显著特色就是,凡是属于'精神'的一切——在实际上和理论上,绝对没有束

---

① 黑格尔:《历史哲学》,上海书店出版社,1999年版,第127页。

缚的伦常,道德,情绪,内在的宗教,科学和真正的艺术——一概都远离他们。……虽然没有因为出身门第的差别,虽然人人都能够得到最高的尊重,但是这种平等是没有内在个人成功的,而只是一种顺从听命的意识——这里意识还没有发展成熟,还认不出各种差别。"①东方人的意识还处于一种朦胧状态,完全和自然混为一体,最高的境界就是天人合一。

马克思认为,在西方有一个善于思辩的人,即黑格尔。他发现了对立统一的规律。在马克思看来,这个对立统一的规律正好适合于东西方,同时,马克思把这个哲学观念转变成分析东西方社会科学的观念,东西方文明分别处在对立统一的两极。马克思认为,西方文明是高等的,东方文明是野蛮的、愚昧的。从马克思的时代意义上说,他继承了黑格尔的观念,即把东方看成是某种同西方生产方式对立的"亚细亚生产方式",一种东方孤立存在的村社的社会。马克思说道:清王朝的声威一遇到不列颠的枪炮就扫地以尽,天朝帝国万世长存的迷信受到了致命的打击,野蛮的、闭关自守的、与文明世界隔绝的状态被打破了,开始建立起联系,这些联系从那时起就在加利福尼亚和澳大利亚黄金的吸引下迅速发展起来。同时,中国的银币——它的血液——也开始流向英属东印度。"所有这些同时影响着中国的财政、社会风尚、工业和政治结构的破坏性因素,到1840年在英国大炮的轰击之下得到了充分的发展;英国的大炮破坏了皇帝的权威,迫使天朝帝国与地上的世界接触。与外界完全隔绝曾是保存旧中国的首要条件,而当这种隔绝状态通过英国而为暴力所打破的时候,接踵而来的必然是解体的过程,正如小心保存在密闭棺木里的木乃伊一接触新鲜空气便必然要解体一样。"② 印度同中国一样,马克思认为,英国在印度要完成双重使命,消灭亚洲式社会,在亚洲建立西方式的社会。马克思这里的"社会"也可以作为"文明"的概念来理解。因为马克思认为,野蛮的征服者总是被那些他们所征服的较高的文

---

① 黑格尔:《历史哲学》,上海书店出版社,1999年版,第142—143页。
② 马克思:《中国革命和欧洲革命》,见《马克思恩格斯选集》第1卷,人民出版社,1995年版,第692页。

明所征服,这是永恒的规律。不列颠人是第一批发展程度高于印度的征服者,因此印度的文明就影响不了他们,他们破坏了本地的工业,夷平了本地社会中伟大和突出的一切,从而消灭了印度的文明。①

到了马克斯·韦伯这一时代,总体上讲,西方人对东方文明和东方人的看法还没有多大改变。如韦伯认为:东方的宗教只是适应社会,而西方的新教强调改变世界。中国文化缺乏对自己文化的信仰,缺乏改造命运的价值观。在思维和观念上,东方的形而上学缺乏西方科学的精确性,容易迷信。中国人只知道顺从家庭道德和国家、天、上帝,不知道改造世界和创造世界。在政治上,东方官员不是专业化的,而是道德化的。中国社会没有法治,而完全是人治,即个人专制。中国没有西方意义的理性化的法律和官僚机构,管理没有抽象化、形式化、非人化和物化,还只是按"人的依附"来管理社会。

讲到这里,大家会想到这样一个问题:我们现在对西方文明的观念和我们对自己东方文明和东方人的观念是否同西方人的这类观念一致?我觉得大部分是一致的。为什么呢?这是值得思考的问题。自1840年,特别五四运动以后,中国人对东方文化就处于一种"自杀"状态,也就是自我革命的状态。这种革命就是希望把自己的东方传统文化杀掉,然后再在这片土地上培育出具有西方精神的文明和文化来。这一点可以从近代以来的思想家和政治活动家的言论和行动得到证明。而培养出的是一种什么文化呢?显而易见,又是值得探讨的。1840年以来,特别是1919年到1949年,以及之后的年代,我们整个哲学思想和意识形态的框架都是以西方的东西文明的对比作为基本框架的。也就是说,我们一提到东方,就马上和西方进行对比。西方有什么好的东西,东方这方面肯定是坏的,而东方有的东西,西方肯定没有。这样我们才能在东西方文明的比较中找出东方或中国为什么没有更早地走上资本主义道路的原因。大家从主体的方面认真想一想,这实际是一种思维模式,即西方人的历史观念。

---

① 参见马克思:《不列颠在印度统治的未来结果》,《马克思恩格斯选集》第2卷,人民出版社,1995年版,第767—773页。

这样，就给我们提出了问题，即历史观念本身的问题。我们看待历史、世界、东西方文化，实际上有两个主导的方面在起作用：一方面是我们对未来社会构建的理想，包括理性的和非理性的；另一方面是我们处理现实日常生活矛盾的主体方式。随着时间的推移，我们在解决具体问题时愈益使用的是西方人的思维框架，一般人很难想象传统中国人的那种思维方式，那时人们看待世界的观念，他们的生活观、价值观、审美观、道德观，等等。我们的历史一步步走到今天，我们的历史思维方式和观念在相当程度上已经西方化了。这就会涉及一个问题，就是说，我们已经把部分西方人的观念框架变成了我们的潜意识，即在我们无意识的情况下，它就决定了我们的思维方式。如果我们不对这一框架进行思考，或有意识地变动这一框架，在我们分析问题时，它就会潜在地决定我们的意识，这样我们就会自然而然地照着这个潜意识去进行思考。文化和思维方式是可以转变的，并且在特定的历史时期和特定的历史条件下其转变方向和质量各不相同。所以在思考问题时应该对自己的潜意识保有意识，这样才能更好地进行意识状态下的自由的创造性的思维。但这是很困难的，因为这是深层次的思维模式并且多是处于无意识状态之中。

从黑格尔到马克思再到韦伯，他们时代的历史和他们的历史观也是变化的，但是仍有一条明显的西方文明和观念发展的线索把他们联系起来。他们的时代间隔大致是50年左右，黑格尔的生命年龄是1770—1831年，马克思是1818—1883年，韦伯是1864—1920年。我觉得他们似乎走的是黑格尔的三段论历程。也就是说，在开始和起点上，着重考察和塑造的是西方文明的精神世界，这在黑格尔达到了顶峰。但是仅有精神世界不行，所以到了马克思的时代就开始注意物质层面的东西，注重物质经济结构的研究。到了韦伯的时期，就把黑格尔的思辨的精神"境界"和马克思对资本主义社会的经济科学分析结合起来，这就出现了韦伯对精神文化和生产方式结合考察的思维角度和模式，当然这是在西方文明中的演变。我们东方的历史意识也在跟着西方走。在我们进行东西文化比较时，假设我们没有接受西方的这些研究成果，我们很可能带着另外一种观念，带着我们自己习惯的观念来看问题，就很可能同带有西方观念的人在观念上发生冲突。这里我们要问,我们的历史思考有没有一种潜意识的历史思维框架在起作用,也就是说这种历史观念给我们造成一种定式,如果不对其进行分析批判,就不可能用其他方式和观念进行思考。那么我们又如何能跳出这一观念呢?实际上我们东方人要分析东方人,即如何看待自己这个世界,我们发现这已经十分困难,除了西方的框架,我们已经很难有另外的独立的思维体系了。也就是说中国近代以来史学观的形成,同西方引进的观念密切相关,这种西方观念是那里的人们在日常生活中从他们的现实遇到的问题中抽象出来的历史观念和社会理想,这被直接地引进到我们的社会中来。这样,我们说,我们的意识等于意识,我们的无意识等于无意识,同时,我们的无意识也是一种意识。也就是说,在我们分析问题的时候,好像带有意识实际上是一种无意识,而对于这种无意识我们又有意识地拿着去判断一个事物,这实际上就是我们遇到的最困难的问题。

马克思1857至1858年《经济学手稿》中关于社会历史三大形态划分的原文,在座的同学会感兴趣,这是有关马克思史学观的重要论述,这里有必要再重复一下:"每个个人以物的形式占有社会权力。如果你从物那里夺去这种社会权力,那就必须赋予人以支配人的这种权力。人的依赖关系(起初完全是自然发生的),是最初的社会形态,在这种形态下,人的生产能力只是在狭窄的范围内和孤立的地点上发展着。以物的依赖性为基础的人的独立性,是第二大形态,在这种形态下,才形成普遍的社会物质变换,全面的关系,多方面的需求以及全面的能力的体系。建立在个人全面发展和他们共同的社会生产能力成为他们的社会财富这一基础上的自由个性,是第三个阶段。第二个阶段为第三个阶段创造条件。因此,家长制的,古代的(以及封建的)状态随着商业、奢侈、货币、交换价值的发展而没落下去,现代社会则随着这些东西一道发展起来。"[①] 根据这些论述可以看出,马克思是从人本主义的史学观出发,他首先按照人本身的自由程度把历史划分为三大阶段,在这三个阶段的基础上和层次上,才有按照

---

① 马克思:《经济学手稿》(1857—1858年),《马克思恩格斯全集》第46卷(上),人民出版社,1995年版,第104页。

社会生产结构和生产方式划分的所谓"五种生产方式"。国内史学界对马克思提出的历史变迁规律有很多讨论,这里不再多谈。

　　这样我们就遇到了很多问题:我们东方的文明是不是就比西方文明低?如果我们不戴西方人的眼镜看问题和塑造社会,文明会不会是另外一个样子?如果我们放弃了黑格尔、马克思、韦伯等西方理论的框架,我们还有什么另外的方式来看待我们的文明和历史,如何看待东西方文明的差异呢?如果我们能在这方面作出某种贡献,那将是一场文化哲学上的革命,就能真正树立起我们自己的新的东方文化观。至少,我们能够同西方的文明观历史观平起平坐,能够同他们进行抗衡。现在我们的文化已经进入了西方文明发展的轨道。传统中国的那些看世界的方式,传统的中国人看世界的视角到底如何?我们现在带着西方人的眼镜。

　　我们不否定文明比较研究的意义,它会使我们看到很多非比较研究看不到和想不到的问题。同时应该对我们的历史意识和潜意识有一个自觉。不要把历史的潜意识和历史理论作为教条,潜意识和理论有时反映真理,但这是在一定的史学意识中反映的真理。世界可能还有很多真理,主体也会有多种的创造。这样我们就不会僵化我们的思维,并且可以有意识地去进行深层思维框架的构建和修正,为我们创造新的思想开拓更为广阔的自由的空间。康德提示我们:我们应该用第一只眼睛去看世界,与此同时应该用第二只眼睛去观察我们是怎样看待世界的。人们的真理的形成和人们的历史主体意识是一个复杂的问题,西方讨论了数百年,我们肯定也会继续讨论下去。

　　谢谢大家!

时代发展与中国特色

薛汉伟

  薛汉伟,北京大学社会发展研究所教授,《北京大学学报》常务副主编,教育部人文社会科学研究专家咨询委员会委员。1960年毕业于中国人民大学经济系。主要著作有:《社会主义社会发展阶段的理论和实践》,《时代发展与中国特色——当代社会主义在中国的兴起》,《社会主义本质及其在初级阶段的体现》(主编),《革命与不断革命研究》。以上著作分别获省部级哲学社会科学优秀成果一等或二等奖。2001年出版《当代中国与邓小平理论》(合著)。有关报告二度获北京市灵山杯优秀报告一等奖。

  很高兴跟人家一起来探讨中国特色社会主义的问题。
  我讲四个问题。
  第一个问题讲苏联社会主义模式的形成。
  我们要了解中国特色社会主义,先要了解苏联模式。苏联模式有两个基本组成部分:一个是体制,一个是发展战略。我们要了解它的体制,首先要了解它的发展战略;要了解它的发展战略,就要了解它所处的那个时代。在战争与革命的时代,一个被资本主义包围的经济落后的社会主义国家,为了求得自己的生存和发展,选择了这样一种发展战略,它有三个特点:第一个特点,把高速度的经济增长作为首要目标。当时的口号是"不是灭亡,就是加速马力前进"。第二个特点是,以重工业为固定的发展重点。在战争与革命的时代,处在资本主义包围之中的社会主义国家,仅仅增加国家的经济实力是不够的,还要迅速增加国家的国防实力,这就要优先发展重工业。第三个特点是,以粗放发展为经济增长的主要手段。经济发展有两种方式,一种主要是靠投入大量的资源来发展经济,这种方式人们称之为粗放发展;另一种主要是靠提高劳动生产率来发展经济,人们称之为集约发展。在一个经济落后的国家,要高速度发展经济,尤其是要高速度地发展重工业,就不得不靠大量投入资源,采取粗放发展的方式。粗放发展跟当代资本主义的集约发展相比,效益是差很多,但是大家千万不要以为这是绝对的坏事。在一个经济落后的国家,在工业化的初期阶段,往往要经历一个粗放发展的阶段,然后转向集约化发展。苏联是一个经济落后的资源大国,粗放发展的潜力很大,粗放发展曾经给它带来了震惊世界的成就。但是,一个国家不管资源多么丰富,资源都是有限的,到一定阶段粗放发展潜力就会耗尽。一旦潜力耗尽,这套发展战略的弊端就明显暴露出来。

跟这套发展战略相对应,形成的体制也有三大特点:

第一个特点是,所有制的高度国有化。

在苏联,国有企业在工业企业总产值中占99%,农业经济是集体农庄,名义上是集体所有,但是实际上没有自主权,也要接受指令性计划。为什么要建立这种高度集中的所有制结构?有人说这是按照马克思的意见建立的,这个说法是不对的。马克思确实说过,无产阶级夺取政权以后,应该用国家的力量改造社会。生产资料通过国家所有逐步过渡到全社会所有。但是马克思有一个条件,这就是:随着生产力的高度发展,随着生产社会化程度的高度发展,才能实现国有化。到什么程度才能收归国有?恩格斯在《反杜林论》中明确指出,只有在生产力发展到连股份制都管不了的时候,国有化才意味着经济上的进步。苏联模式的高度国有化的所有制结构,是不是经济已经发展到了连股份制都管不了的情况下才实行的?恰恰相反,是在生产力极为低下、生产社会化极不发达的情况下实行的。所以,这种国有化就需要有另外的原因来解释。

马克思和恩格斯为什么并不是主张国有化越多越好?一个重要理由是:只要有国家,就有国家机关,国家机关有其特殊的利益,这个利益不仅不等同于全体人民的利益,也不完全等同统治阶级的利益,而是其自身的特殊利益,这个利益就会成为祸害。无产阶级夺取政权以后,也无法完全避免这个祸害,但是必须把这个祸害限制到最小程度。这个观点得到罗斯福时代美国著名经济学家熊彼特的高度评价。他说在马克思以前,人们都将国家看作是代表公共利益的神。马克思第一个将这个问题从云端放到地上来研究。但是非常遗憾,在相当长的时间里,东方和西方的经济学家都把马克思的这个观点忘记了。到了20世纪70年代,西方经济学家才开始重新研究这个问题。西方国家是在自由放任主义理论下实现工业化的,但后来人们发现市场也有管不了、管不好的地方,叫做市场失灵;于是,实行凯恩斯主义。凯恩斯主义给战后的西方带来了几十年的稳定发展,但是到了20世纪70年代出现了滞胀,原因何在?人们发现,原来国家干预过多。第一,国家机关有自己的特殊利益,它在制定宏观政策的时候把它自己的利益考虑进去了;第二,即使是善意的干预,由于信息的局限,也会办坏事。日本在80年代是很有竞争力的,把美国都竞争得喘不过气来,美国人写了一本书叫《日本第一》;到了90年代日本经济陷入疲软,直到今天也没看到复苏的迹象。又是一个美国人,写了另一本书,书中问道:"日本还有竞争力吗?"为什么?一个根本原因就是政府的善意干预太多。社会主义国家也深刻体会到干预过多的弊端。搞计划经济首先要有统计数据吧,但是国家机关的工作人员在报告统计数据的时候,往往把自己的利益也考虑进去了,于是你连准确的统计数据都得不到。当年毛泽东希望农村多打粮食,于是下面投其所好,纷纷放卫星,亩产几千斤甚至几万斤。毛主席后来相信了,提了一个问题:粮食多了怎么办?结果第二年就饿肚皮了。要把这个祸害限制到最小程度,怎么办?马克思当年提出:第一,在政治上要加强监督。巴黎公社采取种种方法对领导人进行监督,马克思对此进行了总结,称之为巴黎公社原则。第二,即使是国家所有的,也要把大部分交给合作社经营。北大社会发展研究所有两位教授在改革初期曾写了一篇引起轰动的文章,叫《国家所有,合作经营》,大量引经据典,说马克思并不主张国家所有,都由国家经营,而是主张国家所有、合作社经营。我并不是说我们现在搞合作经营就能解决我们国有企业的问题,我是说马克思对这个问题深刻的哲学思考,至今对于我们有重要的认识价值。

那么,苏联模式为什么要建立高度国有化的所有制结构呢?苏联模式的发展战略是要高速地优先发展重工业。在经济比较落后的国家,市场的力量比较弱,但可以有一个强有力的国家,可以通过国家的力量集中资源搞建设。苏联和中国就是凭借这种模式迅速成为大国。但是,一旦经济发展到需要转变为集约发展的时候,这种模式就不行了。这种高度国有化的所有制结构曾经给我们带来了工业经济尤其是诱人的重工业的高速发展,于是形成了一个错觉,似乎所有制的国有化与生产力是无关的;于是出现了一种错误的观点,所有制越大越公越纯越好。直到党的十一届三中全会以后,人们才来纠正这个错误观点。

苏联模式的第二个特点是,主要用行政手段来配置资源。

计划经济与市场经济的区别并不在于是否有计划,主要用行政手段来配置资源就是计划经济,主要用市场来配置资源就是市场经济。在轻工业发展起来以前,重工业并不是一个赢利大的部门。为了优先发展重工业,斯大林要让资源流到利润低的重工业部门。靠市场做不到,怎么办?只有靠行政的力量。

第三个特点是,过分集中。

过分集中是一个非常明显的特点,但不是主要的特点。要用行政手段配置资源,就只能有一个指挥中心。权力分散,指挥中心多,就要天下大乱。但是,社会主义国家在开始改革时,总想走一条阻力最小的道路,在不改变前两个特点的前提下来解决过分集中的问题。1957年赫鲁晓夫把中央的权力分到地方,结果一放到地方就天下大乱,迫使赫鲁晓夫很快将权力重新收归中央。中国在1958年也搞了一次这类分权改革,也是一样的结果。1970年又搞了一次,还是这样的结果。所以有个顺口溜:一放就乱,一乱就收,一收就死,一死就嚷,一嚷再放,如此循环。这一招不灵,人们又想到另一种分权的方法,在前两个特点基本不动的前提下,将权力主要放到企业,我们叫扩大企业自主权。这种改革在东欧国家发展起了一整套理论,人们把它叫做东欧的新分权模式。这个模式有两个要点:一是把权力分到企业,二是政府和企业实行分工。例如:政府管扩大再生产,企业管简单再生产。但这只是理论上的一个设想,实际上任何国家都不可能将简单再生产和扩大再生产分别给国家和企业。这种模式也行不通。不动前两个特点,仅仅动第三个特点是不行的;只有动前两个特点才能奏效。但是高度国有化和行政手段配置资源在苏联的政治经济学教科书里是社会主义的基本特征,谁动摇这两条就要挨批判。

在社会主义的框架内得不到解决,人们就要到社会主义框架以外去寻求答案。这是苏东剧变的一个深刻的原因。邓小平的功绩就在于打破这两个教条。公有制是社会主义需要的,但是,社会主义并不要求纯而又纯,在社会主义初级阶段尤其需要以公有制为主体大力发展多种经济成分。计划和市场都是经济手段,都可以用。

第二个问题,苏联模式的历史作用和历史局限。

苏联模式,现在我们要改革它,要批判它;但是不要忘记它有过重要的历史作用。苏联模式有三大历史作用。一是能对付战争和战争威胁。当时法西斯是世界人民面临的主要威胁,苏联的这一模式为反法西斯战争的胜利奠定了物质基础。二是推动了西方国家走向了有宏观调控的市场经济。西方是通过没有宏观调控的市场经济实现工业化的,到19世纪最后30年,发生了1873—1895年的大萧条,宣告了没有宏观调控的市场经济已经过时。但是西方国家不知如何是好。进入20世纪以后又发生了30年代的大危机。当时苏联取得的成就引起了全世界的注意。美国学者建议罗斯福学习苏联的某些做法,罗斯福接受了这些建议,搞了一个"罗斯福新政"。当时人们把计划看作社会主义,所以把"罗斯福新政"称为"渐进的社会主义"。直到改革开放以后,一位美国学者说,罗斯福用社会主义的办法解决了资本主义的问题,邓小平用资本主义的办法解决了社会主义的问题。这个说法并不准确,但意思是明确的。三是曾经推动了苏联和中国的工业化。三次技术革命曾经推动三批国家(或地区)走向现代化。第一批的典范是英、美、法,第二批是德、日、俄(包括苏联),第三批是亚洲四小龙。第一批国家和第二、第三批国家(或地区)的现代化道路有明显区别。第一批国家,英、美、法,经济上先搞自由放任主义,依靠市场的力量自发扩张;政治上是民主化。后发现代化的国家是通过集中的方法走向现代化。二者内部的机制和外部的动力都是不一样的。从内部的机制来讲,西方国家经历了几个世纪市场的自发发展,在工业化时市场的力量是强大的,现代化因素是很多的,所以它可以通过自由放任主义和民主化来走向现代化。后起的国家由于工业化国家的压力,落后就要挨打,是急急忙忙地开展工业化,在经济上市场的力量不够,就要借助国家的力量;在政治上,矛盾重重,往往用集中的办法控制矛盾。外部条件也不一样,第一批走向现代化的国家,可以到处掠夺资源,到处开辟市场,劳动力不够就到非洲去抓黑奴,人口过剩了就向海外移民。后起的国家要面对经济、政治、军事强大得多的对手,需要通过集中的方式迅速增加国家的经济实力和国防实力,以对付外部的挑战。集中的方法在经济上取得了巨大的成绩,在政治上却付出了巨大的代价。德、日走上了法西斯道路,在第二次世界大战中成为战败国。苏联也付出了巨大的代价,但它是反法西斯的主力,第二次世界大战的战胜国。第二次世界大战结束时,苏联是后起而又成功地走向现代化的最杰出的典范。但是,过去人们对苏联模式的历史作用作了非历史的理解。随着时代的发展,粗放发展潜力的耗尽,苏联模式的局限日益明显暴露,经济增长率不断下降,没有能力对新技术革命作出有力反应,没有能力从粗放发展转变为集约发展。进入80年代以后,苏联在同西方的经济竞赛中全面处于劣势。随着苏联模式局限性日益明显地暴露,随着这个模式的衰败,这种模式的危机终于引发了苏东剧变。

第三个问题,苏联模式的危机与中国特色社会主义的兴起。

危机不是绝对的坏事,它在体制转换和理论创新中有不可或缺的作用。体制转换会遇到两方面的障碍:一是陈旧观念的障碍,二是既得利益的障碍。正是危机的出现,强烈的忧患意识的形成,推动人们克服过时的观念和种种既得利益的障碍,去实现观念的更新和体制的转换。西方国家经历了两次世界大战和30年代大危机,才从没有宏观调控的市场经济过渡到有宏观调控市场经济的。社会主义的体制改革也不例外。没有苏联模式的危机,就不可能有中国特色社会主义的兴起。经历了三次危机中国特色社会主义才萌芽、形成和发展起来。第一次危机发生在1956年,苏共召开了二十大,发生了匈牙利、波兰事件,毛主席发表了《论十大关系》和《关于正确处理人民内部问题》,开始探索自己的道路,但没有成功;中国面临的第二场危机是"文化大革命",把苏联模式的弊端推到极端,大量的干部被关进牛棚,大量的专家学者被打成反动学术权威,国民经济走到了破产的边缘。正如邓小平说的,它推动人们进行思考,党的十一届三中全会以来的许多政策就是总结了"文化大革命"的经验教训而提出的,于是逐步形成了有中国特色的社会主义。第三场危机是80年代末90年代初发生的苏东剧变。这时我们自己也遇到了麻烦,经济进入治理整顿;政治上发生了风波。当时争论很激烈。邓小平得出的结论是:不坚持社会主义,不坚持改革开放,不改善人民生活,只能是死路一条。改革要深化,要搞市场经济。于是在十四大明确提出要把建立社会主义市场经济作为经济体制改革的目标模式。中国特色社会主义进入了一个新的发展阶段。

第四个问题,建设中国特色社会主义取得的成就和面临的问题。

中国取得了举世瞩目的巨大成就,但也面临着诸多矛盾、问题。要正确认识这些成就、矛盾和问题,就不能忘记中国正处在两大历史变革的阵痛之中:一个是从农业社会向工业社会转变,一个是从计划经济到社会主义市场经济的转变。无论是资本主义国家,还是社会主义国家,两大变革都没有无痛分娩法。只有同西方国家和东欧在两大历史变革(西方是从没有宏观调控的市场经济转变为有宏观调控的市场经济)中痛苦经历相比较,才能更深刻地认清建设有中国特色社会主义取得的成就多么可贵,也才能有更充分的精神准备面对需要解决的矛盾、问题和危机。有矛盾,有问题,甚至有危机并不可怕;可怕的是不承认,是麻木,是不能激发起强烈的危机意识和坚忍不拔的奋斗精神。改革是逆水行舟,不进则退。我们任重道远。

谢谢!

莱茵资本主义与全球化

张世鹏

张世鹏,北京大学国际关系学院博士生导师。1982 年于北大国际政治系国际共运专业获法学硕士学位,并留校任教。1990 年调入中央编译局世界社会主义研究所,任西欧处处长。1997 年评为研究员,1998 年获国务院特殊专家津贴。2000 年调入北大国际关系学院世界社会主义研究所,2001 年担任博士生导师。主要研究领域包括当代西欧资本主义与西欧政党政治,主持完成国家社科项目两项,主要著作有:《80/90 年代西欧资本主义研究》和《当代西欧工人阶级》,翻译和主持翻译《全球化陷阱》、《竞争的极限》、《全球化时代的资本主义》等有关全球化著作 5 部。

今天讲演的题目是"莱茵资本主义与全球化"。首先要说明,什么是莱茵资本主义?这个概念是从哪里来的?

1991 年,有一位法国经济学家,叫米歇尔·阿尔贝尔,他写了一本书,《资本主义反对资本主义》,这本书在五大洲被翻译成 20 多种文字出版,书中提出了莱茵资本主义的概念。阿尔贝尔早年毕业于巴黎政治学院和法国行政学院,后来在法国国内和国际组织中多年从事财政、金融、计划、保险工作,担任过财政督察、银行行长、公司总裁、研究所所长和经济顾问等职务。他还担任过法国最大的保险公司董事长、大西洋西部地区开发协会主席,既是一位理论家,也是一位实业家。在这部书中他说,资本主义有很多种模式,但是主要有两个,一个是新美国模式,与之相对应的是莱茵资本主义模式。仔细研究这本书,就会发现,他的概念有一点模糊、矛盾。可以说,在这本书里,莱茵资本主义模式具体的涵盖范畴有广义和狭义两种,狭义的是指二次世界大战以后的联邦德国,再扩展一点,包括奥地利、瑞士等莱茵河谷两岸的国家。广义的莱茵资本主义模式包括今日欧元区的大陆欧洲所有的国家,包括斯堪的纳维亚国家。作者甚至认为,日本在某种程度上也属于莱茵资本主义模式。这个概念就过于宽泛了。

因为今天是北京大学德国研究小组活动,所以我们主要讲德国的情况。阿尔贝尔说,联邦德国在二次世界大战以后创建的社会市场经济模式是莱茵资本主义的基础。所以我们集中介绍德国社会市场经济。这不是一个新问题,早在 20 世纪 80 年代初,中国学术界对于德国社会市场经济的讨论就已经相当广泛。当时有两本书在中国比较流行,一本是美国人埃德温·哈特里奇写的《第四帝国》,作者是个记者,曾经在战后德国亲身经历了社会市场经济建设的整个发展进程,作者写自己耳闻目睹亲身经历的事情,很生动。另一本是路德维希·艾哈德写的《来自竞争的繁荣》。艾哈德是创建德国社会市场经济的主要设计师和工程师,被尊称为"社会市场经济之父"。他这本书英文版的名字叫《来自竞争的繁荣》,德文版的名字叫《大众福利》,我们的中文版最初是从英文版翻译过来的,最近我看到武汉有人从德文版再次翻译这本书,书名是《大众福利》。这是一本理论著作,总结德国社会市场经济建设的经验。这两本书当时在中国很畅销,对于我们解放思想,重新认识市场经济,确立有中国特色的社会主义市场经济,发挥了很大影响。中国的很多经济学家,例如吴敬琏、社会科学院的裘元伦、上海的经济研究所的晏小宝和朱正昕等人,都写了不少文章,出版了不少书,谈这个问题。德国的艾哈德基金会特别针对中国出版了一本中文版的《社会市场经济》,没有书号,没有出版单位,就在中国研究德国的学术界圈子里散发。

那么,什么是社会市场经济?哈特利奇在《第四帝国》中说,社会市场经济是有良心的资本主义,在社会上容易得到响应的自由市场经济。我认为,应该加上一句,就是在社会领域能够敏锐作出反应的市场经济。德文的"社会"有两个词,一个是 Gesellschaft,讲的是社会结构,另一个是 Soziale,指的是社会福利方面的事情。我们知道,资本主义制度刚刚建立的时候,第一次工业革命时代,当时最大的社会问题就是无产阶级的贫困化,为了解决这个问题,才产生了社会主义,德文是 Sozialismus。社会主义就是要解决无产阶级贫困化这个资本主义社会最大的社会问题,这是对于社会主义最原始的解释。"社会市场经济"的德文词汇是 Soziale Marktwirtschaft,我所说的能够对于社会问题敏锐地作出反应,实际上也是注意解决下层居民贫困化问题。

对于路德维希·艾哈德这个人物,我先简单介绍一下。他出身贫寒,当兵参加过第一次世界大战,后来进入纽伦堡商学院,主修经济学,在法兰克福大学获得学位。他的导师是弗兰茨·奥本海默教授,这位教授主张把社会主义与资本主义这两种相互冲突的理论协调起来,这种"合二为一"的主张对于艾哈德的影响很大。大学毕业以后,艾哈德在纽伦堡市场研究会工作,他拒绝参加纳粹的各种组织。30年代末期,他与德国弗赖堡经济学派的学者瓦尔特·奥肯建立联系,在纳粹的法西斯专制集权制度下积极研究自由市场经济,创造自己的经济理论,规划设计取代法西斯主义的新的经济制度、经济模式。他的见解引起了当时莱比锡市长卡尔·格德勒的重视,格德勒约请艾哈德起草一份关于取代纳粹的新经济制度的材料。艾哈德写好后,寄出去,这时候格德勒已经被捕了,因为他参加了密谋刺杀希特勒的1944年7月20日政变,刺杀没有成功,所有参加政变的人都被捕杀害。据说是因为一位邮递员好心,说查无此人,把艾哈德的材料退回来了。这样,艾哈德逃过了一场劫难。也正是由于这段历史,二次世界大战结束不久,路德维希·艾哈德被美国占领当局任命为巴伐利亚州经济部长,1947年又被任命为英美双战区的经济事务负责人,这个时候,开始了他在社会市场经济试验。

康拉德·阿登纳也参与了7月20日密谋政变,战后出面主持德国的政治与外交事务。1949年联邦德国建国之后,阿登纳担任总理,艾哈德任经济部长,一个主外,一个主内,一个负责政治外交,一个一心一意抓经济,两个人合作14年,为德国战后经济重建和振兴立下了汗马功劳。

现在还回到莱茵资本主义与社会市场经济这个概念上来。艾哈德在《来自竞争的繁荣》这本书中说:"我的目的是要建立一种经济结构,使愈来愈多的德国人有走向繁荣的可能。我下决心要彻底改革旧的、保守的社会结构,打算在广泛的基础上提高群众的购买力。""旧的阶级组织显然分为两个阶层,一方面是人数很少,什么都买得起的上层社会,一方面是购买力不足的广大下层社会。我们要改造经济组织,必须做到两件事,打破这种阻碍向前发展的阶级界限,从而消除贫富之间的敌意。"他的座右铭是:"为了全体人民的富裕,不能让富人变穷,而是让穷人变富。"所以他提出了"大众福利"(Wohlstand fur Alle)的口号。

我个人认为,不能说路德维希·艾哈德的社会市场经济是社会主义的经济制度模式,但是在这里我们确实看到了社会主义经济制度在西方所产生的影响,起码有一些最原始的社会主义因素,基督教伦理、团结互助的观念在发挥作用。前面说过,艾哈德是要把资本主义与社会主义经济制度合二为一。他本人就说过:"我在事实上不过实践了发展西方各国的现代经济学原理,把漫无限制的自由与残酷无情的政府管制两者之间长期存在着的矛盾予以解决,从而在绝对自由与集权之间寻找一条健全的中间道路。"

如何看待德国社会市场经济的社会主义影响的一面?这和二战以后不仅是德国、欧洲,全世界范围内的政治气候、政治文化气氛密切相关。这个大背景和今天的世界范围内的政治向右转完全不一样,当时是普遍地向左转。那一代人经历了30年代资本主义经济大危机,两次世界大战,到二次世界大战爆发的时候,真正资本主义民主制度国家,没有几个,除了美国、英国以外,不是法西斯上台就是被纳粹占领。那个时候资本主义制度真是到了生死存亡的关键时刻,从那一代人的社会心理来看,绝大多数人对资本主义、对传统的自由主义政策十分绝望,资本主义给我们带来了什么?两次世界大战,30年代大危机、大萧条。所以那个时候,整个社会心理、社会舆论都是向左的。各个阶层不同程度地向左转。比如德国基督教民主联盟,现在是一个中间偏右的政党,而在1947年这个党制定了一个阿伦纲领,提出要摆脱大垄断资本的控制,对于关键产业部门实行国有化。二战以后,在英国、法国普遍实行国有化。国有经济、国有企业是国家进行宏观经济调控的经济基础。我们读霍布斯鲍姆写的《极端年代》,书中说,30年代经济危机爆发以后,很多西方政界、经济界人士到苏联进行考察,当时全世界经济萎缩,唯有苏联持续高速增长,不受世界经济危机影响。现在回过头来,很多西方人说当时苏联的问题很多,强制集体化、大清洗、斯大林主义专政等等,但是当时西方考察者关心的不是这些,他们关心的就是苏联为什么能够在世界经济不景气的时候依然高速发展？他们的结论就是由于苏联实行了计划经济,所以从此以后,计划化在西方成了一个新鲜时髦的词汇。西方人开始思考,如何在资本主义经济制度下实行计划化。霍布斯鲍姆在分析西方决策者在二次世界大战以后的社会心态时说,简单地说,个人的目的虽然有异,但是在战后的政客、官员甚至许多企业家的心目中,重归完全放任的自由市场经济老调,确是断然不可行的。至于在众人眼中列为首要目标的基本政策,如全面就业、遏制共产主义集团、使落后的甚至已遭毁灭的经济迅速现代化等等,则不但具有列为当前第一要务的急迫性,更需要强有力的政府力量存在。在此先决条件下,甚至连一向致力于经济、政治自由主义的国家,也开始实施种种治国手段,这些手段若在以往施展,必定被贴上"社会主义的标签"。

这就是路德维希·艾哈德建立德国社会市场经济的背景。

艾哈德在着手进行改革的时候,德国经济是什么状况？当时,希特勒侵略战争全面失败,有600至700万人在战争或轰炸中死亡,还有150万退伍军人是严重伤残。25％的住房、40％的交通设施、25％的生产设备在战争中被毁,交通中断,生产降至战前几分之一的水平。据艾哈德说,当时有人估计,今后"每个德国人每5年才会有一只盘子、每12年有一双鞋子、每50年有一套衣服,每5个孩子中间只有一个人能够用上自己的尿布,每3个德国人只有一个人能躺在棺材里埋葬。"这个估计是相当悲观的。而社会市场经济的成功建立,打破了这种悲观的预言。

创建社会市场经济的第一步是进行货币改革。这时候德国流通的货币大约有700亿帝国马克,银行存款1500亿,希特勒发行的国债券到战争结束时有4000多亿马克。但是市场上什么东西也没有,什么也买不到,几千亿的纸面财富实际上变成废纸。希特勒时代实行配给制,对于工资、物价实行严厉管制,这些做法被占领当局继承下来。路德维希·艾哈德发行了一种新马克,用新货币取代旧货币。这些新马克是在美国印刷的,颜色和美元比较相似。艾哈德规定,个人和公司手里的全部货币和银行存款都必须登记,这些都以10个旧马克换 1 个新马克的比率换成新货币,开始只允许每个德国人拿 400 个旧马克兑换 40 个新马克,两个月后才允许他们再拿 200 个旧马克兑换 20 个新马克。至此为止,广大群众手里的钱基本上兑换完了。个人与公司的债务也一律以 1 比 10 的比率降低了。希特勒时代发行的 4000 亿国债被一笔勾销,这样,战争结束后德国 93% 的纸面财富被一刀切除,也就是说,减少了 93% 的货币量。当然,仅仅有货币改革还不足以启动经济发展,与此同时,艾哈德宣布废除对于物价和工资的管制,实行市场经济,废除配给制。艾哈德在《来自竞争的繁荣》这部书中说:"事实上,市场经济是以几条法令和不妥协的决心开始的。""1948 年 7 月 7 日发布了《关于货币改革后的经营管理和物价政策原则》的法令,这条法令授予经济署署长有权一下子把上百条物价和管制法令全部投入废纸篓里,我就负起责任,在最短时间内把普遍管制措施和物价管理条例全部予以废除。"

货币改革的风险很大,新马克没有一两黄金储备做后盾,在很大程度上打的是心理战,完全看老百姓的心理,你信它,它就值钱,你不相信它,它就是废纸。比如说,为什么新马克要分两次兑换?就是要有意提高新马克在人们心目中的身价。事实上货币改革是成功的。法国经济学家雅克·吕夫曾经对于货币改革后德国的社会状况作了生动的描述。他说:"黑市突然消失,柜台上的商品琳琅满目,工厂的烟囱青烟缭绕,公路上载重卡车川流不息。不管走到哪里,看到的都是一个景象:死一般沉寂的废墟已经变成热火朝天的工地。这种复兴的规模足以使人吃惊。更使人愕然的是,它是那么突如其来。它在经济生活的各个领域,都是随着货币改革之日的一声钟响而开始启动的。""只有亲身经历者才能感受那种名副其实的瞬间变化,货币改革使货架重新爆满,柜台琳琅满目。一天之间,商店里摆满了商品,工厂重新开始生产。就在前一天晚上,德国人还仅仅为了多搞到一点吃的,在城里四处乱转。第二天,他们就只想着如何生产。前一天晚上,他们一脸晦气,次日,整个民族便都充满希望地展望未来。现在,谁都不怀疑,德国经济决定性的复兴始于货币改革。"艾哈德的社会市场经济成功地建立起来,在他和阿登纳联合掌权的 14 年是德国经济重建时期,也是所谓"经济奇迹"时期。德国从战败国一跃发展成为经济强国、经济巨人。当然也要考虑到美国马歇尔经济援助计划的作用,据说,从战争结束到 1955 年 6 月,美国对联邦德国提供的经济援助达 38.68 亿美元。

现在,人们回过头去对艾哈德的社会市场经济制度作理论总结,有人说,社会市场经济实际上是以自由竞争为基础、国家进行适当调节,并以社会安全为保障的资本主义市场经济。用通俗的公式表示,就是"市场经济 + 总体调节 + 社会保障"。有人说,在社会市场经济体制下,经济政策应该实现的国民经济总目标是:货币稳定、充分就业、国际收支平衡和适度经济增长。这四大目标由于其实现的难度因而被某些经济学家称为"魔鬼四角"。

因为时间的关系,今天我们不能充分展开、详细讲很多方面,为了说明社会市场经济的社会性,这里再举一个例子。1952 年波恩议会通过了一个《平衡负担法案》。当时联邦德国有 1600 万成年人在战争中失去了他们全部财产,除了身上的衬衣,一无所有。其中有 800 万是从东边——民主德国或者东欧其他国家跑过来的德意志民族的难民。颁布这个平衡负担法的时候,德国政府解释说,是谁打败了这场战争?是整个德意志民族,不应当仅仅让这 1600 万人承担战争的损失,人人都应该承担一部分,大家都有份儿,就是说,应该尽可能平均地分摊战争造成的财产物质损失。比如说,一个小业主,他很幸运,战争中他的企业和住宅没有受到丝毫损失,1948 年货币改革的时候,他的财产估定为 35000 德国马克,按照平衡负担法,他就要交纳 50% 的资本税,税金为 17500 马克,可以在 30 年内定时分期缴纳。这样一来,实际上负担并不重。政府收取了这笔税款,转手资助那些在战争中遭受严重损失的人。比如一位肉铺老板在战争轰炸中失去了他的住宅和肉铺,按照平衡负担法,他可以获得 4200 德国马克,相当于战争中损失的 20%,钱虽然不多,但是他就可以重新开张,开始他的小本生意。再比如,一个从波兰跑到联邦德国的德意志民族的老人,全部财产都扔到了波兰,现在一无所有,根据这个法案,可以每月获得 60 马克的养老金。总而言之,在实行《平衡负担法案》的头 20 年内,从联邦德国社会上层三分之二的居民的钱袋中掏出了大约 840 亿德国马克,交给贫困的、受灾的三分之一的下层居民。总之,这个法律抑制了贫富差距,保证了社会的稳定,在一定程度上刺激了经济发展。对于说明社会市场经济制度的社会性,这是一个很典型的例子。

注意抑制贫富分化,这是莱茵资本主义模式的典型特点。欧洲国家都是社会福利国家,包括英国,美国就不是。这是莱茵资本主义与新美国模式的主要区别。我们知道,德国是最早实行社会保险制度的国家,最早是俾斯麦在19世纪80年代就开始推行强制社会保险、伤残保险、退休养老保险、失业保险等等。法律规定工人65岁以后退休,可以领取养老金。当时工人的平均寿命是45岁,所以很少有人能够享受到退休养老金的待遇。但是不管怎么说,这是社会福利制度建设的开端。真正大规模的社会福利国家建设,从整个欧洲来说,是从二次世界大战结束以后开始的。随着经济的发展,社会福利标准不断提高。

社会福利国家建立在一种部分明确、部分隐晦的社会契约基础上。这种契约要确保和促进个人、集体的社会保障、社会公正,确保和促进几代人之间的团结互助。这种社会契约是现代工业社会和民主国家经济、政治和文化发展的基础。它可以使人们付出相对比较低的社会代价,促进经济增长,使本国资本主义得到广泛的认同。这种社会福利国家社会契约有四项基本原则:第一,保证劳动权力。包括实现充分就业、终生就业、改善劳动条件。第二,进行反贫困斗争。包括确定最低收入线,在反贫困、反排挤的斗争中实行各种形式的社会救济。第三,实行风险保护,提供社会福利保障。包括保护雇员和他们的家庭抵御疾病、事故、失业、死亡等风险的保障措施。第四,促进机会平等。包括国家开支资助教育、继续教育、职业教育、职业转换培训,以及资助受歧视的地区和社会集团以及个人的反对社会歧视的各种措施。

这里特别提到教育,特别是大学教育。欧洲很多有识之士都认为,教育是不能推向市场的。比如德裔英籍的自由主义学者拉尔夫·达伦多夫就说过,私有化、市场化都是有极限的。他讽刺那种把私有化扩大到监狱、收税机构的错误做法。他认为教育不能市场化,应该由国家加大投入。所以我说,把教育推向市场,把教育当成经济产业来办,当成赚钱的生意来做的口号是完全错误的。很多人都强调,美国的私立大学收多少钱,他们不说,德国的大学直到今天也是不收学费的。前几年德国政府考虑对于那些在大学呆的时间过长、年龄较大的大学生适当收取一些学费,结果引起了全国教育界的游行示威,校长、教授、大学生上街游行,抗议政府的新自由主义政策,反对欧洲教育美国化。

最近我读到德国学者于尔根·哈贝马斯的《后民族时代》,他说自从1945年以后,直到80年代,影响世界发展的有三件大事,一是冷战,二是发展中国家的非殖民化,三是欧洲的社会福利国家建设。哈贝马斯说,欧洲的社会福利国家建设无论如何是一件毫无疑问的好事。在幸福、和平的西欧民主国家,发展起混合经济,这使他们能够不断扩大公民权利,第一次有效地实行社会基本权利。他认为,经济合作与发展组织国家从两次世界大战的灾难性经验中获益匪浅。他们推行了明智的、注意国内稳定的经济政策,在经济增长比例相对比较高的情况下,建立并扩大了广泛的社会保障体系。在社会福利国家群众民主的形象中,资本主义高度发达的经济形式第一次从社会福利的角度被驯服,同一个民主法制国家规范的自我认识或多或少地相互一致。

你们要是阅读埃利克·霍布斯鲍姆的《极端年代》,就会看到,霍布斯鲍姆对于欧洲社会福利国家建设评价是非常高的,他认为战后这几十年是资本主义的黄金时代。

德国人认为他们的社会市场经济模式是对于资本主义文明的重大贡献。甚至说,英国人的贡献是资本主义的自由,法国人的贡献是民主,德国人的贡献是社会市场经济。应该说这个评价并不过分。在20世纪70年代后期,联邦德国的社会福利开支相当于国民生产总值的30%,这是其他国家所无法比拟的。所以阿尔贝尔在《资本主义反对资本主义》这本书中说,莱茵国家相对比较平等,收入差别明显比盎格鲁萨克逊国家要小。从更广泛的角度来看,莱茵国家的中产阶级从统计数字上现在已经比美国多了。尽管美国号称是中产阶级的国家,如果把收入接近全国平均水平的人总体上定义为中产阶级,那么,中产阶段在美国占50%,在德国占75%,在瑞士或瑞典占80%。

今天还有一个问题是全球化,这是一个讨论得很乱的题目,什么是全球化?没有一个统一的定义。全球化的范围不断扩大。一开始是讲20世纪70年代后期新的科技产业革命,特别是信息技术、通讯交往技术革命以来,世界经济结构的转变,包括世界贸易的自由化、跨国公司的全球化发展战略,在世界范围内优化资源配置,生产和消费的国际化,金融市场的全球化。这是最初讨论的全球化。后来又扩大了,把整个资本主义发展的历史都说成是全球化的历史,就像伊曼纽尔·沃勒斯坦在《现代世界体系》这本书中所说的,资本主义从诞生的第一天起,就是一个世界体系。包括中心区、半边缘区、边缘区。这样,全球化就要从15世纪算起。现在进一步把整个人类历史都说成是全球化的历史,整个人类都起源于非洲,在埃塞俄比亚找到的那个名叫露希的老太太的头盖骨,它是我们人类最早的祖先。后来人类繁衍发展,分布到整个世界范围,这就是全球化。这样一说就热闹了,没有什么东西不能和全球化联系起来。桌椅板凳也全球化,据说,椅子是公元2世纪从欧洲传入中国。就连最不应该全球化的东西也被全球化了。比如宗教,本来具有很强的民族性、地域性的特点,现在也跑遍全球。比如佛教,在柏林也可以看到德国人信奉佛教,一身喇嘛装束,不过袍子是黑的。

全球化最初讨论的是经济问题,现在扩展到政治全球化、文化全球化,各种社会、生态环境问题的全球化,简直漫无边际。我主张还是回到最初讨论的经济全球化这个题目上来。经济全球化的发展动力是资本内在的无限扩张的发展逻辑。经济全球化的前提条件一是新的科技产业革命,主要是信息技术、通讯交往技术的革命,二是里根主义、撒切尔主义的新自由主义政策,放松控制、私有化、自由化的政策。这些都为80至90年代世界经济结构变化创造了前提条件。推动全球化的主要经济活动主体是西方跨国公司,它们是新自由主义政策的最大受益者,也是最坚决的拥护者。

在全球化的冲击下,莱茵资本主义面临危机,首先是新美国模式、新自由主义的冲击。首先在政治文化上,弱肉强食、残酷竞争、激烈淘汰、适者生存、强者获胜、胜者通吃的社会达尔文主义取代了团结互助。社会市场经济是提倡竞争的，而新自由主义把这种竞争推向极端，各个国家都为了增强本国的经济实力而进入一场世界范围的经济战争。什么是新自由主义？用我的话来说，新自由主义就是资本主义的原教旨主义，就是要恢复到资本主义最原始的教义解释，恢复老自由主义那一套。我们知道，在一次世界大战以前实行的老自由主义把人类引入两次世界大战，30年代经济大危机，曾经全面失败，现在把这一套又拿出来，改头换面，企图在世界范围内推广。基辛格就曾经说过，全球化就是世界的美国化，在世界范围内推广美国模式。里根主义、撒切尔注意从根本上改变了战后资本主义的发展方向。在这个背景下，莱茵模式的主要内容，即社会福利国家建设陷入全面危机。

为什么会有这种变化？主要是由于冷战结束，苏联东欧社会主义国家的崩溃，这件事对于西方社会内部产生很大的影响。当年是由于冷战，由于苏联东欧等一系列社会主义国家的国际压力存在，为了与社会主义进行制度竞赛，西欧资产阶级被迫向本国工人阶级实行让步政策，同时也是西欧工人运动多年来斗争的成果。西欧左派经常说，从十月社会主义革命中获取最大好处的是西欧工人阶级。现在情况完全变了，社会主义阵营的国际压力没有了，西方资本主义欢庆自己的全面凯旋的时候，开始向本国工人运动多年来的斗争成果反攻倒算，打击工会，削减社会福利。西欧莱茵资本主义面临美国化的威胁。

从资本主义国家内部来说，战后年代实行的挖掘本国国内市场的潜力，用大规模群众性消费促进流水线大规模群众性生产的发展战略的潜力已经耗尽。过去的高级消费品，例如电视、电冰箱、小汽车现在进入千家万户，但是今天的高级消费品，例如私人飞机再也不可能进入千家万户。物质资源是有限的，物质财富不可能无限增长。70年代中期以后，资本主义国家的滞胀危机，生产停滞，通货膨胀，国内市场购买力不足，需求不足，所以资本要在世界范围内开拓新的市场，所以才会有全球化。

前面说过，老自由主义给资本主义制度带来了两次世界大战的危机，现在新自由主义也带来了一系列的问题，把西方社会一步一步地引入全面危机。首先是发达国家内部以及世界范围的贫富分化已经达到历史上前所未有的地步。130多个最富有的亿万富翁所拥有的财富相当于世界一半人口、30亿居民的财产。欧洲、包括德国的失业率已经达到二次世界大战以前,希特勒上台以前的水平。全世界有10亿人口没有工作,这个数字相当于把美国、欧洲、日本的所有人口加起来。所以现在的问题是非常严重。前几天我们在清华大学国际政治研究所讨论世界政治的向右转,为什么欧洲的右派、极右派,右翼民粹主义、新老法西斯主义重新抬头?奥地利有47%的工人投票选举海德尔,法国的勒庞差一点上台当总统。在奥地利、意大利、丹麦、葡萄牙、比利时、荷兰、挪威右翼民粹主义势力都获得很多的选票,有的在全国议会、有的在地方议会获得相当多的议席,甚至上台参与政府工作。

这是一个很危险的局面。

哈贝马斯曾经说过,具有讽刺意义的是在冷战时代似乎已经解决了的问题,现在又重新绕回来了。这就是如何充分利用市场机制的积极效果,同时通过社会福利国家建设把市场机制所带来的消极后果限制到不致威胁资本主义社会稳定的程度。而现在西方自由主义的市场经济所带来的消极后果已经威胁到资本主义制度的稳定,威胁到西方民主制度的生存。

哈贝马斯的《后民族主义时代》这部书中有一章题目叫做"从灾难中学习什么?"他说,人们从两次世界大战、30年代大危机、大萧条的灾难中学会了如何驯化资本主义,使资本主义变得人道一些,不那么野蛮,创立了莱茵资本主义模式,出现了战后资本主义的黄金发展时期。"但是,至少是在1989年以后,公共舆论已经感觉到这个时代的终结。再回过头来看,在社会福利国家至少应该作为社会政治成果的国家,这个成果已经开始被人们所放弃,在这个世纪末,受到社会福利国家驯化的资本主义出现了结构危险的迹象。"他还说:"短暂的20世纪带着一大堆问题结束,对于这些问题,谁也没有办法解决。处于世纪末的公民透过全球迷雾为自己开辟进入第三个千年道路的时候,他们确切知道的仅仅是,一个历史时代已经结束了,更多的他们就不知道了。""对于战后欧洲出现的政治与社会制度来说,经济全球化构成了一种挑战。"就像历史上曾经发生过的那样,"人类只能够从灾难中学会什么"。

那么,这个未来的灾难是什么?人类又能够学会什么?哈贝马斯没有说,我在这里也不能胡说八道。今天的讲演只好就到此为止。

谢谢大家。

我国社会主义初级阶段的
"多元所有制结构"

赵家祥

> 赵家祥,北京大学哲学系教授,博士生导师,中国历史唯物主义学会顾问。1964年毕业于北京大学。主要研究方向为:历史唯物主义;建设有中国特色社会主义理论。曾被评为全国优秀教师,荣获北京市哲学社会科学优秀成果一等奖和北京市优秀教学成果奖。1979年以来,出版《历史唯物主义原理》等著作近20种,发表《对社会主义本质的哲学思考》、《我国"多元所有制结构"形成的根据》等论文115篇。

经济文化落后的国家,在无产阶级夺取政权、建立无产阶级专政以后,不能直接过渡到马克思、恩格斯设想的完全的或发达的社会主义社会,必须经过一个很长的社会主义初级阶段,才能成长为完全的或发达的社会主义社会。这是邓小平对科学社会主义理论的重大发展。社会主义初级阶段理论包含着十分丰富的内容,全面深入地理解邓小平的社会主义初级阶段理论,特别是关于"多元所有制结构"理论,对我国搞好改革开放和社会主义现代化建设,具有重大的理论和现实意义。下面讲三个问题:(一)经济文化落后的国家向社会主义过渡的特点;(二)我国社会主义初级阶段的基本特征;(三)我国"多元所有制结构"形成的根据。

一、经济文化落后的国家向社会主义过渡的特点

总结我国和中国向社会主义过渡的实践经验,可以把落后国家向社会主义过渡的特点,归纳为以下四个方面:

(一)经济文化落后的国家比经济文化发达的国家向社会主义过渡更加困难

社会主义社会要建立在高度发达的生产力基础之上。没有高度发达的生产力做基础,就没有科学社会主义意义上的社会主义社会。马克思、恩格斯在《德意志意识形态》中说:生产力的巨大增长和高度发展是实现社会主义的实际前提之一。如果没有这个实际前提,就只会有贫穷、极端贫困的普遍化;而在极端贫困的情况下,必然重新开始争夺必需品的斗争,全部陈腐污浊的东西又会死灰复燃。[①] 在发达资本主义国家,由于生产力发展水平比较高,物质技术基础比较雄厚,居民的科学文化素质也比较高,因而在无产阶级夺取政权以后,向社会主义过渡比较容易,即建立社会主义的经济制度和劳动组织比较容易。而在经济文化落后的国家,由于生产力不够发展,物质技术基础比较薄弱,居民的科学文化素质也比较低,因而向社会主义过渡比较困难,即建立社会主义经济制度和新的劳动组织比较困难。列宁指出:"由于历史进程的曲折而不得不开始社会主义革命的那个国家愈落后,它由旧的资本主义关系过渡到社会主义关系就愈困难。这里除破坏的任务以外,还加上了一些空前困难的新任务,即组织任务。"[②] 列宁所说的"组织任务",就是指建立社会主义的经济制度和劳动组织,组织好社会主义生产。我国在20世纪50年代中期以后,党的一些主要领导人,不仅不认为经济落后的国家向社会主义过渡更困难,需要的时间更长,反而认为更容易,需要的时间更短,于是急于完成向社会主义过渡的任务,甚至提出了"跑步进入共产主义"的口号,犯了超越社会发展阶段的错误。

(二)经济文化落后的国家,需要通过国家资本主义这个中间环节向社会主义过渡

列宁在领导俄国人民向社会主义过渡的实践中,多次提出通过国家资本主义向社会主义过渡的问题。国家资本主义就是由国家组织监督,调整、控制的资本主义。有资产阶级专政下的国家资本主义

---

① 参见《马克思恩格斯选集》,人民出版社,1995年版,第86页。
② 《列宁选集》第3卷,人民出版社,1995年版,第436页。

和无产阶级专政下的国家资本主义两种基本类型。他提出了国家资本主义的四种形式,即租让制、租借制、合作制和代购代销制。最重要的是租让制和合作制。租让制是指在机器大工业的基础上,苏维埃政权同国内或国外的资本家签订的一种合同,把国家的生产资料租让给国内或国外的资本家使用。实行租让制的目的,是为了加强大生产反对小生产,加强先进的生产反对小资产阶级的自发势力和无政府状态。合作制是在小生产的基础上把许多分散的小业主联合起来,使他们便于接受苏维埃政权的监督,并与苏维埃政权签订合同。合作社会使小经济得到发展,并且使小生产逐步过渡到社会主义大生产。代购代销制是指国家把作为商人的资本家吸引过来,付给他们一定的佣金,由他们来销售国家的产品和收购小生产者的产品。租借制是把国有的企业或油田、林区、土地等租借给资本家使用,租借合同与租让合同极为相似。[①] 由于俄国反动资产阶级不接受列宁的国家资本主义政策,国家资本主义在俄国实际上并没有真正实行。

中国共产党和毛泽东同志,继承并实行了列宁关于通过国家资本主义向社会主义过渡的理论,完成了社会主义改造,但在社会主义改造后期,出现了"要求过急,工作过粗,改变过快,形式也过于简单划一"的偏差,国家资本主义政策实行的时间很短,其积极作用尚未得到充分发挥。

党的十一届三中全会以后,在改革开放的新的历史条件下,我国实行了以公有制主体、多种所有制经济共同发展的基本经济制度。在公有制以外的经济成分中,有许多仍然属于国家资本主义经济。"三资企业"总的说来属于国家资本主义经济。它们又可以分为两种情况:外商独资企业,如果投资者是国外资本家,企业本身的属性是资本主义性质的,但由于它受我国无产阶级专政国家的领导、监督、控制、调节,因而属于国家资本主义经济,中外合资企业与合作经营企业,企业本身的性质则不完全属于资本主义性质的,其中既有资本主义经济成分,又有社会主义经济成分,属于半资本主义、半社会主

---

① 参见《列宁选集》第4卷,人民出版社,1995年版,第507—509页。

义经济。另外,我国现阶段的私营经济,是具有雇佣劳动性质的经济,其本身属于资本主义性质的经济,但由于它受社会主义公有制经济"普照之光"的影响和无产阶级国家的领导、监督、控制、调节,因而它与资本主义条件下的私营经济有所不同,也属于国家资本主义经济。

(三)在经济文化落后的国家,无产阶级夺取政权以后,应该把发展生产力放在首位

列宁认为:"劳动生产率,归根到底是使新社会制度取得胜利的最重要最主要的东西。资本主义创造了在农奴制度下所没有过的劳动生产率。资本主义可以被最终战胜,而且一定会被最终战胜,因为社会主义能创造新的高得多的劳动生产率。"[①] 在十月革命胜利以后,列宁曾经先后三次在关键时刻提出把工作重心转移到经济建设上来。第一次是在1918年4月,剥夺剥削者的任务刚刚完成的时候。由于发生了国内白匪叛乱和外国帝国主义的武装干涉,工作重点的转移没有实现,被迫投入了自卫战争。第二次是在1919年底,这时红军在各条战线上取得了决定性胜利,列宁抓住这一喘息时机,再次提出把工作重点由战争转移到经济恢复工作。第三次是1920年底和1921年初,外国武装干涉和国内战争结束以后,列宁立即调整政策,采取措施,实现了工作重点的转移。我国在改革开放前最大的失误之一,就在于提出了"以阶级斗争为纲"的错误口号,搞了阶级斗争扩大化,始终没有实现工作重心的转移。在党的十一届三中全会以后,才把经济建设作为中心,把发展生产力作为根本任务。

(四)在经济文化落后的国家,不能直接过渡到完全的或发达的社会主义社会,需要经过一个相当长的社会主义初级阶段,才能过渡到完全的或发达的社会主义社会

社会主义初级阶段理论的提出有一个过程。列宁在1919年12月20日关于星期六义务劳动的报告中,曾经使用社会主义的"初级形式"[②] 的提法,但他是泛指一切国家进入社会主义社会都必然要经历的起始阶段,还不是特指经济文化落后的国家建设社会主义必

---

① 《列宁选集》第4卷,人民出版社,1995年版,第16页。
② 《列宁选集》第4卷,人民出版社,1995年版,第91页。

然要经历的特定阶段,与我们现在所说的社会主义初级阶段不是一回事。

毛泽东在1958年11月郑州会议上,第一次使用"社会主义初级阶段"这个术语。他在1959年11月读苏联《政治经济学教科书》的谈话中又说过:"社会主义这个阶段,又可能分为两个阶段,第一个阶段是不发达的社会主义,第二个阶段是比较发达的社会主义。后一个阶段可能比前一个阶段需要更长的时间。"由于毛泽东在50年代中期以后犯了超越社会发展阶段的错误,他的这些有益的探索没有能够坚持和发扬下去,因而也就没有形成社会主义初级阶段理论。

1981年党的十一届六中全会提出"我们的社会主义还是处于初级的阶段";1982年党的十二大提出"我国社会主义现在还处在初级阶段";1986年十二届六中全会提出"我国还在社会主义的初级阶段"。但这三次都没有赋予社会主义初级阶段确切的涵义。1987年党的十三大是社会主义初级阶段理论形成的标志。十三大报告明确指出,"社会主义初级阶段"不是泛指任何国家进入社会主义都会经历的起始阶段,而是特指我国生产力落后、商品经济不发达条件下建设社会主义必然要经历的特定阶段。

二、我国社会主义初级阶段的基本特征

(一)经济文化落后的国家由于革命前与发达资本主义国家的生产力发展水平相差悬殊,不可在短期内消除这个差距。因此,在社会主义初级阶段,生产力发展水平仍然低于发达的资本主义国家。

(二)在社会主义初级阶段应实行以公有制为主体、多种所有制共同发展的基本经济制度。

(三)在社会主义初级阶段,应实行按劳分配为主体、多种分配方式并存的分配制度,按劳分配和按生产要素分配结合起来,坚持效率优先、兼顾公平的原则。

(四)在社会主义初级阶段,剥削阶级作为一个完整的阶级已经消灭,但阶级斗争还将在一定范围内长期存在,在一定条件下还有可能激化。

（五）在社会主义初级阶段，由于仍然存在着破坏社会主义事业的敌对分子，在国际上还存在着敌视我国社会主义的势力，所以还要坚持无产阶级专政或人民民主专政。

（六）在社会主义初级阶段，应该发展社会主义市场经济，自觉地用价值规律、价格杠杆和竞争的功能。建立社会主义市场经济体制，就是要使市场在国家宏观调控下对资源配置起基础性作用。市场经济的充分发展，是社会经济发展不可逾越的阶段。通过发展和完善市场经济体制，实现生产的商品化，是实现生产的社会化和现代化不可缺少的条件。企图超越市场经济充分发展的阶段，由商品经济不发达、自然经济占主导地位的经济形式，直接过渡到产品经济，是不切实际的幻想。

三、我国"多元所有制结构"形成的根据

党的十五大报告指出："公有制为主体、多种所有制经济共同发展，是我国社会主义初级阶段的一项基本经济制度。"我国社会主义初级阶段实行这种经济制度的理论根据是什么呢？我国理论界长期以来大都用我国生产力总体水平低而又发展不平衡来解释。认为较高生产力水平的采用国有制形式，具有较低生产力水平的采用公有制形式，具有较低生产力水平的采取其他的多种所有制形式，于是"形成公有制为主体，国有经济为主导，其他经济成分作补充的多元所有制结构"。这种解释在改革开放初期还是有说服力的。但改革开放发展到现在，这种解释已经不符合我国变化了的实际，因而没有多大说服力了。北京大学一位教授在《关于我国转轨时期所有制变化的历史"合理性"考察》一文（《北京大学学报》1992年第1期）中，对这种解释提出了质疑。作者指出："如果按生产力水平决定所有制形式及其所有制结构的组织解释，那么，经过改革开放过程发展起来的非国有经济和非公有制经济成分，生产力水平已经远远超过了绝大多数当初起步阶段的水平，相当多的非公有企业的现代化程度、技术装备水平、人力资源素质、管理水平、尤其是综合竞争力甚至超过了绝大多数国有企业和部分公有制企业的水平，一些企业在起步阶

段,就接近或达到超过了国际前沿水平。如果说生产力结构决定所有制结构,较高的生产力水平与国有或公有制相配,较低的生产力水平与其他所有制形式相配,显然难以解释已经变化了的现实。"刘伟教授等提出的这个质疑很中肯,值得在理论上深入探讨。

我认为,我国社会主义初级阶段之所以形成"公有制为主体,国有经济为主导,其他经济成分作补充的多元所有制结构",还是应该用生产力决定生产关系(其基础是所有制形式及其结构)的历史唯物主义基本原理来解释。但是,由于我们长期以来对生产力决定生产关系的原理作了简单片面的理解,所以不能用这个原理很好地解释我国现阶段的所有制形式和所有制结构;如果对这个原理作全面辩证的理解,是可以充分指导我们对现阶段的所有制形式和所有制结构形成的根据作出令人信服的解释的。

我认为,生产力对生产关系的决定作用,既具有绝对性的一面,又具有相对性的一面。长期以来,我们只看到了生产力决定生产关系的绝对性一面,没看到生产力决定生产关系的相对性一面,把生产力对生产关系的决定作用作了机械的理解,因而不能用生产力决定生产关系的原理解释错综复杂、千变万化的现实。

生产力决定生产关系的绝对性主要表现在两个方面:第一,生产力的发展水平决定生产关系的性质;第二,生产力的发展变化决定生产关系的改变。对生产力决定生产关系的绝对性一面,马克思主义经典作家有很多论述。如马克思在《哲学的贫困》一书中说:"手推磨产生的是封建主义的社会,蒸汽磨产生的是工业资本家的社会。"[1]列宁十分赞同这样一句话:"蒸汽时代是资产阶级的时代,电的时代是社会主义的时代。"[2]

从生产力决定生产关系的绝对性,我们可以看出,在较低的生产力发展水平的基础上,建立起来的生产关系也处于较低的阶段;在较高的生产力发展水平的基础上,建立起来的生产关系就处于较高的阶段。在人类历史上,奴隶制的生产关系之所以高于原始公社制的

---

[1] 《马克思恩格斯选集》第1卷,人民出版社,1995年版,第142页。
[2] 《列宁全集》第38卷,人民出版社,1996年版,第117页。

生产关系,就是因为奴隶社会的生产力高于原始社会的生产力;封建主义的生产关系之所以高于奴隶制的生产关系,就是因为封建社会的生产力高于奴隶社会的生产力;资本主义的生产关系之所以高于封建主义的生产关系,就是因为资本主义社会的生产力高于封建社会的生产力;同样,社会主义制度的建立、巩固和发展,也需要以高于资本主义社会的生产力发展水平为基础。

所谓生产力决定生产关系的相对性,不是指生产关系在一定条件下可以决定生产力,而是指生产关系除去受生产力的发展水平决定之外,还受其他多种社会因素的制度和影响。恩格斯在讲到物质生产的"归根结底"的决定作用与政治、法律、哲学、宗教等等的"交互作用"之间的关系时说,如果只承认前一种作用,否认后一种作用,那么,"把理论应用于任何历史时期,就会比解一个最简单的一次方程式更容易了"①。恩格斯讲到这个观点,虽然与生产力决定生产关系的绝对性与相对性及其相互关系不是一回事,但是,他的这个观点对于研究这个问题也具有直接的指导意义。如果认为生产关系只受生产力这个惟一因素的决定,否认社会内部各种因素的"交互作用"对生产关系的制约和影响,就会对生产关系的变革、所有制形式及其结构这一复杂的社会问题的认识,看得"比解一个最简单的一次方程式更容易了"。

从生产力决定生产关系的绝对性一面来看,我国社会主义初级阶段之所以"形成公有制为主体,国有经济为主导,其他经济成分作补充的多元所有制结构",归根结底是由我国生产力总体水平低而又发展不平衡的状况决定的。党的十三大报告指出:"社会主义初级阶段"不是泛指任何国家进入社会主义都会经历的起始阶段,而是特指我国在生产力落后、商品经济不发达条件下建设社会主义必然要经历的特定阶段。在发达资本主义国家,由于生产力发展水平高,不同地区、不同经济部门之间的生产力发展水平相对说来又比较平衡,因此,它们将来在建设社会主义时,就不需要经历一个社会主义初级阶段,当然也就没有必要实行像我国社会主义初级阶段这样的"多元所

---

① 《马克思恩格斯全集》第37卷,人民出版社,1995年版,第460—461页。

有制结构"。

从生产力决定出生产关系的相对性一面来看,就不能仅仅用生产水平和状况作为解释我国形成"多元所有制结构"的原因。我国"多元化所有制结构"的形成,除去生产力总体水平低而又发展不平衡这一根本原因之外,还受其他多种社会因素的制约和影响。那种认为"较高的生产力水平与国有或公有制相配,较低的生产力水平与其他的所有制形式相配"的观点,显然是把复杂的问题简单化了。这些社会因素主要有:

第一,形成"多元所有制结构",是发展社会主义市场经济的客观要求。单一的公有制经济不利于市场经济的发展。只有市场主体分属于不同的所有制经济和不同的财产所有者,才有利于市场经济的发展。改革开放20多年来的实践已经证明,非公有制经济是我国国民经济发展中的一支活跃力量。据国工商局统计,截至1999年底,全国登记注册的个体工商户近3200万户,从业人员6300万人;私营工商户150多万户,从业人员超过了2000万人,注册资本超过了1万亿元;外商投资企业33万家,从业人员2000多万人,直接利用外资3060亿美元。在非公有制企业的从业人员已经超过了1亿。近二三年,这些非公有制经济有了更快的发展。现在,许多集体所有制的乡镇企业,实际上已经变成了私营企业或其他非公有制企业。党的十五大报告提出的关于非公有制经济是社会主义市场经济的重要组成部分的论断是完全正确的,它们的产生和发展,为我国国民经济的市场化、工业化、社会化、现代化做出了重要贡献。

第二,我国"多元所有制结构"的形成,在很大程度上受到当代国际环境的制约和影响。在历史进入"世界历史"以后,一个国家如何发展,包括其所有制形式和结构,除去受本国的生产力发展水平的决定之外,还受到整个国际形势、包括世界范围内的所有制形式和结构的重大影响。在新的经济全球化的形势下更是如此。当代的经济全球化,资本主义占据主导地位,资本主义所有制是所有制的基本形式。我国搞社会主义现代化,不能闭关锁国,必须对外开放,加强对外经济联系,开展国际贸易,进入世界市场。特别在加入WTO以后,更要遵守国际上通行的经济规则。这就要求我们在坚持公有制为主体的前提下,发展多种所有制经济,单一的公有制经济是不利于发展国际经济关系和对外贸易的。

第三,我国"多元所有制结构"的形成,与我国人口多、底子薄、缺乏资金、技术落后、缺少管理社会化生产的经验和人才密切相关。由于人口多,每年新形成的适龄劳动力也就是人口众多,公有制企业所能提供的劳动力就业岗位有限,而非公有制企业恰好可以为劳动力提供就业机会,非公有制企业的规模越大,提供的就业机会就越多。由于底子薄、缺乏资金,国家无力投资兴办更多的企业,这就需要在国内鼓励私人投资,并引进外资。随着私人手中资金的增多,私营企业的规模就必然不断扩大,企业采用的生产力也会越来越先进。而外商投资的企业,有相当一部分是以当代国际先进生产力为基础的。由于技术落后,缺少管理社会化生产的经验和人才,就要引进国外先进技术,吸收国外的管理经验和管理人才,私营企业在这方面可以发挥很好的作用,因而它完全可以接近或达到或超过国际前沿水平。至于外国独资企业与合作经营企业,它的技术和管理一开始就是比较先进的。

第四,由于上述种种社会因素对生产关系的制约和影响,造成了同一种生产关系容纳不同水平的生产力的伸缩性或灵活性。无论在国际范围还是在国内,我们都可以看到这样一种错综复杂的图景:在相同生产力水平的基础上,可能形成不同的所有制形式及其结构;在不同生产力水平的基础上,又可能形成大致相同的所有制形式及其结构;在较高的生产力水平和基础上,形成的所有制形式不一定就处于较高的阶段;在较低的生产力水平的基础上,形成的所有制形式不一定就处于较低的阶段。这里涉及到了历史决定论和主体选择的关系这一基本理论问题。在历史唯物主义的决定论看来,社会规律所揭示的社会过程之间的内在联系,不是单值对应的线性因果关系,即单义决定,而是多值的或然的非线性因果关系,即或然决定。因此,社会规律给人们提供的活动平台并不是一种惟一的现实可能性,而往往是提供一个由多种现实可能性组成的可能性空间。在这一可能性空间中,何种可能性成为现实,取决于人的自觉活动,取决于主体的选择。所以在同一种生产力水平的基础上,由于不同国家、不同民族、不同生产部门、不同地区、乃至不同的个人或群体,可能选择并建立起不同的所有制形式。我国的"多元所有制结构",既是由我国的生产力总体水平低而又发展不平衡的客观情况决定的,又是我国人民在马列主义、毛泽东思想、邓小平理论的指导下,根据我国的具体国情,进行选择的结果。这个结果体现了生产力对所有制形式及其结构的决定作用和我国人民(主体)对所有制形式及其结构进行选择的有机统一。

历史唯物主义关于生产力决定生产关系的原理,同整个马克思主义一样,具有与时俱进的理论品格。生产力决定生产关系的原理,需要随着实践的发展而发展。我们要对它作全面辩证的理解,而不能作简单片面的理解,更不能从一种片面性走向另一种片面性,从一个极端走向另一个极端,在克服对生产力决定生产关系的原理的错误理解时,完全否定这个原理。正像单纯用生产力决定生产关系的原理,不能说明我国"多元所有制结构"形成的原因一样,离开生产力决定生产关系的原理,同样不能说明我国"多元所有制"结构形成的原因。

国企改革

刘 伟

刘伟,北京大学经济学院院长,教授。有影响的中青年经济学家,在社会主义经济理论研究领域,特别是在产权理论和产业结构理论方面有深入而又影响广泛的研究。曾两次获得孙冶方经济学著作奖,获首届全国青年社会科学优秀成果一等奖,北京市哲学社会科学成果一等奖一次、二等奖三次,获教育部第二届人文社会科学成果二等奖。1991年被国务院授予政府特殊津贴。1998年被原国家教委授予"人文社会科学跨世纪人才"入选者称号。主要著作有《工业化加速时期的产业结构研究》等20余部。是共青团中央系统和国家体制改革办公室系统高级学术职称评委,《经济科学》杂志主编,全国青联常委,北京市青联副主席,北京市政协委员,兼任中国市场经济研究会副会长,中国民营经济研究会副会长。

关于国有企业改革我想讲三个问题。第一个问题讲一下有关我国国有企业改革的进展。第二个问题讲一下我国国企改革的现在所面临的主要问题,最后第三个问题讲国有企业的发展前景。

下面我们先讨论**第一个问题,我国国企改革的进展**。

我国国有企业改革从1979年到现在二十多年的时间,大体上可以分为四个阶段。第一个阶段从1979年到1983年。这个阶段国有企业改革的主要内容可以概括为四个字,叫做"放权让利"。在过去中国传统计划经济体制下,国有企业的自主权是非常有限的,它的利润是百分之百全部上缴财政的,它的折旧费也是百分之百全部上缴财政的。从经济学最简单的道理来说,如果利润全部上缴财政,企业本身无权支配利润,说明企业在扩大再生产方面是没有决策权的,因为扩大再生产是来自利润的积累;如果折旧费全部上缴财政,那么说明企业在简单再生产方面也是没有决策权的。因为简单再生产是来自折旧费的补偿。这样对调动企业的积极性不利。所以这次改革一开始我们想到的就是如何调动企业的积极性,就是所谓的给企业松绑,允许企业利润留成。1979 年最初的时候是允许企业留成 3%。这是改革的第一个阶段。

国有企业改革的第二个阶段是从 1983 年至 1987 年。这个阶段,就整个 80 年代中期,国有企业改革主要做了两方面的工作,可以概括为两个三个字:一方面的工作是国有企业和财政之间的利益的分配关系的调整,概括为三个字"利改税"。过去企业要给国家上缴利润,同时要完成一定的税收任务。从 1983 年开始到 1984 年,分别两步利改税,利税合一,按章纳税。把利和税捆在一块儿,然后在财政和企业之间按一定的比例进行分割,规范企业和财政之间的分配关系。另一方面的工作就是改革财政和企业在固定资产的投资关系,过去,国有企业固定资产形成是由财政无偿付出是所谓的财政拨款,这样不利于企业运用资金效率的提高。80 年代中期的改革,我们改变了这种模式,而实行"拨改贷",就是由企业通过对银行的负债形成企业的固定资产。这就是国有企业改革的第二阶段,大体上做了这样两件事。拨改贷这么多年下来,形成的固定资产大体上有 2 万多亿。这就是第二阶段国企改革做的事情。一个是分配关系,一个是投资关系,一个是利改税,一个是拨改贷。

第三阶段从 1987 年开始,一直到 1992 年。这段时间国有企业改革的内容很集中,也很简单,叫做"承包制",1987 年到 1992 年六年的时间,两轮承包,三年一个承包期,至 1992 年年末时,我国当时的大中型国有工业企业,90% 都搞了承包,除了保留了一百家企业,在企业搞承包的同时,我们的微观经济有了这样一个变化。宏观财税体制也有了一个调整,搞了一个包税制。承包制是指企业的,企业的政府承包,包税制是指地方政府对中央政府承包,包的东西都是一个,就是上缴利税,企业向政府承包上缴利税的指标,地方政府向中央政府承包上缴利税的指标,1983 年后分灶吃饭,中央花中央的钱,地方花地方的钱,这是第三阶段。

从 1992 年以来到现在,整个 90 年代是国企改革的第四个阶段。这个阶段的国有企业的改革主要做两方面的工作,一个方面是对那些大型的和特大型的国有企业进行现代企业制度的改造,这种改造的原则、方针和基本政策主要集中在中共十四届三中全会的文件里面,中共十四届三中全会的决议里对现代企业制度的特点做了一个原则性的概括,叫做产权清楚、责任明确、政企分开、管理科学,对现代企业制度在我们国家建设的基本形式也作了一个原则的规定,就是以股份公司改造形式实现现代企业制度建设。这是一个方面的工作。另一方面的工作是针对中小国有企业,特别是一般竞争性领域中的中小国有企业进行大规模的非国有化的改造。那么这种非国有化的原则、方针,主要体现在中共十五大以及十五大以后中央全会的决议里面。提出的基本的指导思想就是国有经济要有进有退,国有经济关键是要提高它的控制力,对国家经济命脉的掌握。在一般不体现国家控制力和命脉的领域中,国企可以进行战略性的转移。这样就为一般竞争性领域里的中小国有企业的退出创造了一个基本的制度环境和社会条件。我们现在国有企业的改革主要在做这两方面的工作,一方面是现代企业制度的改造。主要是针对大型和特大型的国有企业而言的。另一方面就是对中小企业进行大规模的、多样化的非国有化的改造。我们现在实际是镇一级以下,基本没有国有企业了,县一级以下除了道路、水电等等我们经常所说的基础设施和公共设施以外,真正产业领域基本上没有国有企业。这是县级以下。地市级这一块,有,但是已经不多了,现在真正意义上的国有制,主要集中在中央控制的,至少到省这一级管理的一些大型、特大型的企业。这就是我国国企改革二十多年来大致走过的四个阶段。

  回过头看这四个阶段国有企业的改革有两个突出的特点。一个特点就是在改革的内容上,国企改革的四个阶段经历了以主要改革分配关系向主要改变产权关系的转变。四个阶段,第一个阶段放权让利,是企业收入和财政收入关系的一个调整,是一个分配关系的调整,1979年企业留利3%,我们说蛋糕并不大,一刀切下来,给企业多切了一点。马上接下来的问题就是财政,财政开始出现危机,80年代以来我国财政出现了特别的困难。具体的困难更多的我们不去讲了,我只说两个数字,一个在80年代以前,中国的财政是没有赤字的,我们一直讲的四大平衡,首要的一个是财政收支平衡,进入80年代以后呢,我们的财政就开始出现了巨额的赤字,入不敷出。这是一个情况。另外一个情况是80年代以前中国基本上没有举债,不管内债还是外债,1971年还是1972年的元旦社论,非常骄傲地向全世界宣布,中国是世界上惟一一个既无内债,也无外债的国家。以现在的眼光来看,一个国家要是一个钱的债务都没有,这个国家基本上就是无赖国家。没有人敢借你钱,毫无信誉。而在当时在那种特别的国际国内环境下,我们做到这一点是很不容易的。在中国历史上的改革开放之前,我们曾经有过两次国债,这两次国债第一规模不大,加在一起还不到40亿,第二个它是实物公债,是用实物而不是货币来购买。第三没有卖给老百姓,而是卖给民族资本家、公私合营的民族企业,而且很快就偿付了,到60年代中期,已基本偿付完毕。进入80年代以后,国债既有外债也有大量的内债,这两个情况本身就反映出财政有问题,有困难,到了1987年,为了保证财政也给企业加了几个调节税,就是给企业加了几个附加税,财政对企业再多收几个钱,像资源占用税、集体建设税、投资立向税,七七八八加了很多税,什么意思呢,放权让利允许企业留利3%,造成财政收入困难,财政收入困难就再给企业加税,从这里多收一块,那么这样做企业意见就很大了,你是真改革还是假改革,是真调动我们积极性呢还是假调动我们积极性,这样企业困难怎么办,那就只能是一步提高企业利润留成的比例,怎么提高呢? 全国没有统一的规定,没有统一的标准,取决于你这个企业和你主管的政府部门之间的谈判能力,如果你谈判能力强,你留利比例可能高,这样做就等于全国的利润留成没有一个统一的标准,参差不齐,出现苦乐不均、不公平竞争等等现象,这些现象倒在其次,关键是你无论怎么苦乐不均,怎么参差不齐,最后的结果是留成水平普遍提高,每个企业谈判能力不一样,提高的幅度也不一样,但总体上是提高了,提高的结果就是财政紧张、困难更大。没有办法,改革进入第二个阶段,从1993年开始,我呢也不跟你加入这个那个税,你呢也不要跟我谈提高利润留成的比例了,怎么办,利改税,利税合一,按章纳税。利改税的要害是企业要给国家交税的话,你作为一个企业经营有利润要交,你不盈利也要交税。以前不是这样的,上缴利润利润留成的时候,事实上企业先留了自己的,然后才交给财政,我现在让你利改税的话,我是让你先交给财政,剩下的再考虑你自己,我不管你盈利不盈利,你先完税,这样来确保财政。确保财政收入的同时,为了减轻财政发生的压力,又搞了一个"拨改贷",拨改贷等于财政对国有企业固定资产的形成不再投资了,这样减轻财政支出的压力,减轻财政困难,这样企业困难就增大了。为什么说企业困难增大呢?利改税等于财政对企业要求的上缴力度加强了,财政对企业的约束力度加强了。拨改贷意味着企业融资成本产生了。因为拨款是不用还的,贷款无论是什么贷款,总有还本付息这个问题,意味着融资成本产生了,意味着金融对企业的约束加强了。这样,企业就喊了,就是你财政紧我的时候,你金融要放我一条活路;你金融紧我,搞了拨改贷,你财政要放我一条活路,你不能双紧,你不能财政、金融同时紧我,这样企业困难增大。那中央就闷了,你这是条什么活路?企业就纷纷创造了一条活路,叫税前还贷。企业就是一块滚刀肉,我就那么多钱,你让我完税就没有钱还贷,你完税,你看我先给谁。那当然欠债还钱,要先还债务。在给国家完税之前,我先来还本付息,还之后还有所余我就给你完税;没有所余那就对不起了。这样一来,实际上企业把应当交给国家财政入库的钱交给了银行。国家是企业的所有者,是老板,企业上缴利润是天经地义的,银行虽然也是国家的,但这笔钱交给银行是银行的资金回转,是银行的资本金的来源,银行不能把这笔钱交到国库里去,这样财政的困难就进一步增大了。到1987年,改革进入第三阶段,我呢不搞利改税,你呢也不要搞税前还贷啦,咱们就说清楚——承包。企业说清楚了给政府多少钱,每年递增多少;然后地方政府说清楚交给中央财政多少钱,每一年增多少,这样就进入了一个承包的时代。我们讲从1979年到整个80年代到90年代初,这三个阶段整个国有企业改革的矛盾就是企业收入和财政收入在打架,因为那一段时间改革措施主要集中在分配关系上,只有到了90年代以后,国有企业改革才真正涉及到了产权,就是所有制的改革,在此之前只是一个利益分配的关系。城市企业的承包制和农村是不同的。农村改革也是承包,联产承包责任制,农村的承包包的是包括土地在内的生产资料,是产权制度和所有制方面的变化,城市企业承包包的是上缴利税,是分配关系的变化。两者是不一样的,所以,到改革的第四阶段,现代企业制度改造和非国有化改造,才真正开始触及了所有权、所有制。所以我们说国企改革20年来,首先一个特点,从内容上看经历了一个从主要改造分配关系向集中改造产权关系这样的大转变。这是它的一个特点。

第二个特点是改革的方式经历了一个主要由政府行政性的推动到主要由市场自发性的推动这样一个转变。国有企业改革最初肯定是政府行为。为什么这样说?国有企业的老板是谁,是政府,那么让不让你改革,让你朝哪个方向改,让你什么时间改,让你改的力度有多大,这个生杀大权实际是在老板手里。在这里的老板是政府,是政府的权力,所以国企改革一开始,与其说是企业的权力,还不如说是政府的权力。政府的权力是行政权力,行政权力的基本行使规则是下级服从上级,这就使国企改革从一开始就表现出它是政府自上而下这么逐级推动的,这与我国农村改革就构成了一个鲜明的对比。农村改革从一开始就表现出这是农民群众自发的创造,是自下而上,自发的推动过程,这和城市改革不一样。由于改革方式上的差别,在城市经济国有企业改革当中,有好处,稳定,便于控制,不会出大乱子;但有代价,代价是在企业改革的很长一段时间里,企业基层的领导和企业的工人群众对改革既没有多少权力,也没有改革的责任,既没有主动性,没有多强的动力,也没有多少压力。这和农村不一样,农村的家庭联产承包责任制以家庭为单位,以劳动力为基本单位,一开始就把生活的权力和责任交给每户,搞好搞坏你自己看着办,所以,一开始压力就非常大。所以呢,农村改革的群众基础要比国有企业改革,特别是在整个80年代的改革的群众基础要深厚得多。

1988年的时候我当时写一本书《改革思想史》,写到中国农村改革这一段,要查个资料,中国联产承包责任制第一份承包合同到底从哪儿出来,到底写了什么东西?因为当时知道,在中国联产承包责任制是三个省率先搞好的,一个是四川省,一个是安徽省,还有个是内蒙古自治区,这三个省区在全国是走在最前面的。到底具体的第一份承包合同从哪出来的?安徽省的同志告诉我肯定在安徽,是安徽省淮县地区,凤阳县梨园公社小岗生产队。第一份承包合同在这儿。这个生产队是历史上著名的要饭村,每年秋天收获以后,全村男女老少在生产队干部带领下长途跋涉到全国各地去要饭。我们知道,中国的生产队经济是村落经济,自然村落有稳定的地缘关系,带有封闭性,祖祖辈辈积累下来人和人之间的血缘关系,一个村往往都是结亲的。而生产队是一级独立的经济单位,我们过去人民公社体制叫"队为基础,三级核算",生产队、大队、人民公社三级核算,生产队本身是一个独立的核算单位,一级经济单位。那么,以稳定的地缘为基础,以血缘为纽带结成的基本经济单位叫什么?叫家庭。中国的生产队以自然村落为基础,带有浓厚的家庭宗法经济的色彩。如果一个大家庭在一起过日子过不下去,最简单的办法是什么?分家。这个东西都不需要很高的理论水平,很本能的他就知道分家。可是当时要分家的话就等于瓦解社区集体经济,破坏社会制度,这可以打成现行反革命。所以不敢,就请全体社员开了个会,就说这个情况,要不要分家。后来全体社员一致通过要分家,要分家就签订一个协议。这个协议就是中国农村改革史上的第一份承包合同。内容大概是,"日子实在过不下去啦",(笑)"经全体社员商量,决定分田单过"。没有承包这两个字,承包是后来理论家总结的。说你不是分田,如果是分田不就是私有制?你只是承包,这个土地还是集体所有,你们分散管理,分散经营,合同里本身没有承包两个字,就是"决定分田单过。如果上边怪罪下来,(笑)把队长支书抓走了的话,全体村民负责把他们两家的孩子养到十八岁",(笑)然后底下是每家画的押,红红的一片手印,后来队长和支书真被抓走了,隔离审查。当时万里同志在安徽主持工作,是安徽省委书记。这是很重大的事件,你把集体的田分了,你还得了,当时万里同志就有个批示,就是能不能让人家先试一年,反正你原来的体制那么多年都吃不饱饭,干脆试一年看看,死马当活马医。结果一年下来,粮食总产翻了一番,一举扔掉了祖祖辈辈的要饭棍。农民是很朴实的,就这一下,你再说破了天,你是天王老子说不让他承包,也没用了。所以,1979年开始,全国迅速地进入了联产责任承包制的改革。

我讲这个故事的意思是,中国农村的改革是来自农民群众自发的一种创造。党在中间是有引导的,但是党没有给具体的方案,更没有更多的具体的设计。我们这个时候做什么呢?80年代中期,连续五年,每年中央有一个一号文件,《中共中央关于农村工作的意见》,对前一年农村改革的经验进行总结。问题给你提示,怎么办,你自己看着办,没有更多的方案、规划,主要是尊重农民群众自己的选择。而回过头看我们国企改革,我们从中央到地方的各级政府、各个部门,这么多年来长期、中期、短期搞了多少方案、多少设计、多少规划,但相比较,至少在80年代,改革的效果不如农村改革显著。一直到改革的第四个阶段,尤其是90年代中期以后,国有企业改革开始触及到所有制、产权关系,触及到产权关系就意味着要换老板,老板一换,工人的就业关系就要发生本质的变化。在这个时候,所有制一变,才根本上触动每一个人的权、责、利,人们才真正关心改革,真正地投入改革,因为国企改革的风险实际上交给工人去承担了。企业搞不好该下岗、该失业是你的事。工人对改革就会有要求,就要求有权力。企业怎么改,大家都要说话了。这个时候,国企改革才真正找到了它的群众基础,这样改革的广泛性和深入程度跟过去就完全不一样了。在这个时候,从中央政府来说对几十万户国企还像以前一样想给出一个统一方案,统一的企业制度的设计,统一的改革方案的规划几乎是不可能的。一个企业一个样,有自己的利益要求,有一个企业的历史和现实的特点,怎么搞,确实要尊重企业,尊重企业的工人和基层干部的要求。这时,中央提出了一个"大胆试",就是政府是没办法了,你们自个看着办吧,这也是对群众的一种信任。这样使得国企改革从过去的政府行政性的自上而下的逐级推动慢慢变成一种通过市场自发性地来群众性地展开,这是国企改革当中另一个比较突出的特点。一个特点是在改革的内容上,从分配关系为主转向产权关系,另一个特点在改革的方式上,从政府行政性自上而下的推动向市场自发性的推动来逐渐地转变。这是第一个问题,关于国企改革的进展及其特点。

现在我们讲**第二个问题,国企面临的主要的矛盾是什么?**

国企面临的主要矛盾到现在概括起来主要有四个方面的问题,这是就企业本身的改革来说,不包括外部的环境,那问题就多了。我们主要讲制度。国企这个制度变迁现在遇到了一些障碍,障碍简单概括为四个方面,回答四个问题。

第一个问题,是如何真正实现政企分离。

政企分离这个问题我们提出来是比较早的,在1984年十二届三中全会的决议也就是《关于经济体制改革的决定》里就提出了。1984年之前的城市改革是试点阶段,1984年之后是全面展开。在这个决定里就提出,国有企业改革要贯彻政企分开的原则,其实政企分离这个思想提出来更早,1978年11月份十一届三中全会就提出了,在改革开放新的历史时期要以搞好企业为中心,要简政放权等。到1984年进一步明确为政企分离。但是我们二十多年的改革走到今天,国企在体制上很多方面已经发生了深刻的变化。比如用工制、投资融资体制、产供销管理体制等等,都已经发生了极其深刻的变化,但惟独在最早的时候提出来的政企分离这一点上,可以讲举步艰难,基本上没什么变化。作为一个企业来说,它要想适应市场它必须挣钱,要运用市场机制,进入市场,并且在市场当中从制度上能适应市场,能接受市场的硬约束,提高市场竞争力,就必须政企分离。为什么呢?如果企业是政企合一的话就意味着企业首先是作为一个行政单位存在的,它有行政性,它的行为首先要服从行政规则,接受行政规则的约束,行政规则的基本规则是下级服从上级。如果企业带有行政性,作为一个行政单位,这个企业的行为目标就要以满足行政上级指示最大化,而不可能是追求市场利润最大化,它的行政规则就不能贯彻市场的等价交换、公平竞争的规则,而是首先贯彻行政规则。在这种情况下,企业进入市场怎么能赢得市场的竞争呢?所以必须政企分离。

可政企分离在中国为什么这么难呢?这是因为政企分离不仅仅是一个管理方式的变化。对这个问题我一直有疑问,政企分离是一个深刻的事情,为什么在中国改革历史上这么早就提出来了呢?后来想一想可能是因为当时对政企分离的理解浅薄了,没有想到政企分离这么厉害。最初对政企分离只是理解为政府对企业的管理方式和态度的转变的问题,就是少管一点儿,开放一点儿,不要管那么多,所以当时提出来的口号是各级政府对企业要做一个"开明婆婆",总结的经验叫做"无主管企业"。政企分离绝不是政府对企业的管理方式和姿态的转变问题,它涉及到更复杂更深刻的制度问题,涉及到两个方面的制度问题。一个方面是在经济制度上。你对一个国企,你要求它政企分离,在经济制度上你首先要回答这个企业还要不要继续采取国有制,它可不是一个管理方式的变化,它是一个财产制度的选择。在过去传统体制下为什么政企合一？政企合一的经济制度根据是政资合一。这个资产是国家、政府的,它能不管吗？什么叫国有制,就是国家作为老板。什么是老板？就是出资；什么是出资？什么是老板？就是出资之后这个企业搞坏了的话,风险国家承担。现在国有制是什么意思？就是国家出了一笔钱,搞了这么一个企业,搞坏了国家赔。这些给国家打工的企业工作人员呢,现在在搞改革。什么改革？就是让国家从这个企业的权力体系当中退出去。政企分离就是你出钱办了个企业,搞坏了你赔,但是你不要管。这种行为叫什么？很简单,两个字,侵权。人家东西搞坏了人家赔,人家当然要管,你搞什么政企分离,要把老板搞出去,开什么玩笑！政企之所以合一关键是政资合一,资产是国家的。所以在西方,即使在当代西方发达国家,像英国、法国的法律是明确讲国有企业就是政企合一的,法律上明文规定国企的领导人是政府内阁任命的官员,不是企业家。作为官员,不是对市场负责,而是对授权给你的行政上级负责。谁任命你,谁授权给你,就对谁负责。负什么责任,不是一般的财产责任,更不是一般的经济责任,是负行政责任。那么你要搞政企分离可以,基础是政资分离。在西方要是这个企业政府不管了,很简单的方法,卖掉它,非国有化,政府把这个资产出售,那么政府对这个企业将来的风险也不再承担责任了,自然也就失去了权力。所以政企分离的要害在经济制度上不是政府管理方式的转变,是财产制度的改变,是要国有制还是不要国有制。要想要国有制就不可能也不应该政企分离,要是想真正政企分离,就不应该也不可能继续坚持严格的国有制。这是就经济制度而言。

在中国政企分离还涉及一个基本制度,这是西方所没有的。在政治制度上,在中国国企如果你要求政企分离,你首先要处理的另外一个基本制度问题是这个企业要不要党委,这是中国特色的问题。在国外,政治体制是多党制,多党竞争,轮流执政。国家办的企业是属于国家的,不属于任何政党,哪怕是执政党,因为你会不执政,你明天可能就不执政了。任何执政党党内的花销要靠政治募捐,如果政治募捐不够,党可以办经济,党营经济,但是你不能直接到国库里拿。国有企业属于国家,它的钱要交给国库,你直接花国有企业的钱,那叫"窃国",盗窃国家财产,那是丑闻。我们国家情况不同,我们是共产党一党执政,是一个标准的党国体制。执政党就是共产党,民主党派只是参政议政,国家都是共产党领导的,国家办的企业显然是共产党的,所以在中国,政企合一的制度的政治前提是党政合一。

党政合一,然后再政企合一,所以形成事实国企是一个党、政、企三家捆在一起。不仅三家捆在一起,里边党的领导还是核心。过去讲党委一元化领导下的厂长分工负责制,党是领导核心,现在政企分离的话,那就有一个党企关系了。十四届三中全会起草现代企业制改革的决议时,起草小组的同志就遇到了一个问题,就是把国企改造成股份制,党委怎么办?原来国企里有党委,是核心,现在改造成股份公司,股份公司里有股东大会,有职工代表大会,有董事会,有经理领导层,有监事会,党委会算什么?起草小组就把这个难题交给了朱镕基总理。他看了这个问题后,召见了起草小组的同志,讲了两句话,说在中国国企改造成股份公司不写进党委不得了,改来改去是党就从我们的基层经济生活当中被踢出来了。中国这么大,人口这么多,情况这么复杂,中国人又这么富有智慧,国家能基本稳定,除了别的因素之外,非常重要的一个社会组织制度的原因就是支部建在连队上,这是从井冈山上带下来的经验。战争时代证明是相当成功的,但 1949 年之后,全国政权建立后,作为执政党就不仅是支部建在连队上了,而是支部建在学校、街道、企业、事业,反正有人群的地方就有支部。每个中国人从小到大,你只要进入社会就把你放在一个组织里,这个组织直接或间接受党的领导。托儿所、幼儿园不算,动物的一面,吃了睡、睡了吃,(笑)没有社会性,一旦进入社会,小学有少先队,少先队性质是共产主义儿童团,是党在少年儿童中的外围组织,当然是由共产党领导的;再大一点儿,有共青团,共青团是党的助手和后备军;再大一点儿,可以入党,入不了党你是工人有工会,是妇女有妇联,工会、妇联的章程,开宗明义是党的群众组织。人在组织内和组织外是不一样的,中国能稳定,很重要是这一条。在这种情况下，城市企业改革再大张旗鼓地把党组织、党委从国有企业中剔除出去，还有多少人听共产党的话？搞不好就不是一般的政企分开的问题，搞不好是分共产党的江山，确实是不得了。可是他接着说了第二句话，可是股份公司改造写进去党委也不得了，(笑）因为各国法律和经济制度的实践历史，股份公司里哪里有党委，写进去党委就必须在制度上明确它有什么权力、什么责任、什么职能。所以写不得了，不写也不得了，到底写还是不写，没说。（笑）这种问题绝不是一拍脑袋就定的，它要经过艰苦实践来探索的。但是给起草小组的同志的时间是有限的，没办法，他们有他们的智慧，他们在导语里写，我们的改革一定要在党的领导下如何如何，在正文里没有，这等于在文件里抽象地肯定了，但具体上回避了这个问题，文件上你可以回避不写党委，但实践中回避不了，天天有这个问题，现在比较普遍的做法呢是交叉兼职，党委书记兼一个副董事长或副总经理等等，这是一个探索，是进步，但有限。交叉兼职回答了党委书记这个人在公司里干什么，但没有回答党委这个组织在公司里干什么。后一个问题作为制度建设要比前一个问题重要得多，基础得多，这就是国企改革面临的第一个问题，如何实现政企分离？不分不行，作为一个行政约束下的单位，不可能适应市场，要分就要处理这两个问题，一个要不要国有制，一个要不要党委。只要对中国国情稍有了解，对中国的事情稍有历史责任感的人在回答这个问题时，恐怕都不能不表现出少有的谨慎，这不是一般的问题。这两个问题是通过国企改革的深入对中国的根本经济和根本政治制度提出了挑战，这个问题处理起来就很凝重，相当艰难。可是这个问题不解决，国企改革朝着适应市场经济的目标就很难再深入。

国企改革面临的第二个制度性的矛盾，是如何统一企业的权责利。

国企改革总体的思路是分权，基本的方式是委托代理。承包制是委托代理，两权分离，所有权和经营管理权的分离。股份制是三权分离，国家作为所有者把决策权，就是法人产权委托给董事会，董事会作为法人代表代表国家决策支配企业的法人资产，国家作为终极所有者，把法人产权也就是对企业财产的支配权交给董事会、董事长,董事会、董事长再按一定程序把日常管理权委托给总经理或经理层,经理层掌握的是管理经营权,董事会掌握的是法人产权,国家作为所有者掌握的是终极所有权,就是股权。政企分离,也是委托代理,无论是承包制也好,还是股份制也好,形式上都是一定的委托代理制,一定的分权。委托代理有一个前提,我们的东西交给了你支配,本来是我的权力交给你去委托代理,事先一定要说好,搞坏了怎么办,你是负全部无限连带责任呢还是负有限责任?你负有限责任也好,无限连带责任也好,你按什么程序负,先赔谁,后赔谁,都得事先说清楚。否则权力给你,责任没有相应的转移,结果就是导致权力的滥用。人有一种天性是对权力的贪婪,人同时还有一种天性是对责任推卸。所以一个有效的制度一定是要规定好责任和权力,一个权力背后一定要有一定责任去约束它。同样,人们履行了一定的责任,你就必须有一定相应的利益要去刺激他。人家履行了责任给你干了活,你得给人好处,否则人就没有积极性,就没有效率。所以权、责、利必须对称起来,如果一种制度安排使一部分人光有权力,没有责任,制度造就的是疯子,在经济学上光有财产权力而没有相应经济责任去约束,这样的企业制度安排他造就败家子,绝对造就不出企业家。反过来,如果一种制度安排一部分人光有责任而无利益,这样的制度造就傻子。如果社会制度安排权、责、利一旦失衡,一部分人光有权力没有责任,造就一批疯子,同时一部分人光有责任,没有利益,造就一批傻子,这个社会就是一群疯子领导一群傻子,既无效率,也没有秩序。国企改革最大的制度漏洞恰恰在这里,委托代理,权力给下去,但责任没有转移,而且在制度上不可能转移。前些年有一个改革家搞承包的叫步鑫生,80年代中后期成名的,1986年、1988年新华社《半月谈》杂志曾把他评为当年中国十大新闻人物。前些年报纸披露出一段故事,讲他承包一个企业破产了,又承包一个企业,又破产了,连续搞破产了两个国企。给国家造成了损失,那就要给他处分了,给他的处分归纳起来大概三条,第一是撤销厂长职务,这算行政处分;第二,撤销他的党总支副书记的职务,这算一个政治纪律处分;第三,舆论上给他搞臭,批评他,什么改革家、企业家,夸夸其谈干不成事。无论东西方社会,舆论谴责一个人,实际上是在追究一个道义的责任。搞破产两个国有企业,追究了他表面的责任。承包制本身是两权分离,是一种委托代理的制度。两权分离说明所有权不是步鑫生的,他只是经营者,步鑫生拿着不属于他的钱在市场上冒险,在市场上折腾,搞丢了,搞破产了,最应该负的是经济责任,赔。借东西要还,损坏东西要赔,但步鑫生最不可能负的恰恰就是经济责任。现在所有国企的领导者都不是凭个人资产能力和资产责任能力进入的企业,完全是政治的行政的授权。搞坏了你可以追究他各方面的责任,惟独这个最基本的责任你不可能追究他。而我们国有大型企业、特大型企业,我不敢说100%的领导人是党的干部,至少95%以上。那我们的改革就是共和国的资产交给一批根本不可能负财产责任的、可能是好人的人去冒险。我相信他们绝大多数不想搞坏,但是你一旦进入市场,搞好搞坏由不得你的主观愿望,一旦搞坏,又根本负不了这个财产责任。这就是国企改革现在最大的一个制度漏洞。有点类似赌博。共和国的资产交给你,你去折腾,搞坏了也不赔,因为你赔不起,搞好了算我赚到。

1988年的时候,搞了个课题,调查中国的承包制是怎么回事。配合他们做这个工作的是国家体改委和国家经贸委。我当时兼亚行的中国地方项目专家,我就以这个身份来做这个课题。他要找人做中方课题组组长,他不找官员,也不找企业家,找学者。这是一般国外的惯例。他不了解中国的学者。(笑)我也是共产党员嘛!做出来的报告说好极了,你给钱吧,然后向有关部门汇报的时候呢,我就讲,这个承包制长则七八年,短则五六年,一定出问题。为什么?现在企业的领导人基本上都是老同志,这些老同志靠三条克服着企业承包制的缺陷,第一,对企业感情深;第二,受中国传统文化影响深,良心、名誉、责任,文化性格很突出;第三,老同志受党的教育,党的组织纪律观念特别强,听党的话。企业搞坏可以不赔,但老同志凭这三条,他努力去做,争取不把企业搞坏。等这批老同志退了,换成现在这批二三十岁的小年轻,我不是说年轻的不如老一代。一代人有一代人的生活,塑造一代人的性格,就性格来讲没有错过,没有是非,这是生活观的问题,是一个历史性格,历史价值取向的问题。我说,某老,如果把企业交给你,搞坏可以不赔,你根本不可能赔,你怎么说?

你会说,感谢组织的信任。这是多大的信任啊,搞坏了可以不赔,但接着一定会说一句,我一定不辜负组织上的信任,我一定努力工作,好好干,不把它搞坏。绝大多数老同志会这样讲,而且说的是真话、心里话。如果说把企业交给我,说刘伟企业就交给你了,搞坏了可以不赔,我就去处理。你放心,三年之内我一定把它搞坏,三年一个承包期嘛。你现在就可以料理后事,免得到时候发现来不及。我说咱俩谁是谁非呀,我说你更忠实于感情,我刘伟更忠实于制度。既然这个制度是搞坏了可以不赔的制度,我就严格按制度办事,先把它搞坏,然后不赔。(笑)我没错,是制度有毛病,我是按制度办事。所以承包制日子长不了。前些年红塔集团褚时键案子出来后,有人说刘伟说的不对,年轻人要考虑前途、仕途,不得不有所收敛。现在经济犯罪大案要案多为59岁,成为现象了,说明不只一个。我说,这些老同志能有今天的位置、今天的权力,他在这个位置上确实为国家做出了贡献。确实是制度造就人,他们辛辛苦苦做,呕心沥血,什么都付出了,企业搞得不错,也没有什么奖励,到59岁要退休了,发现退休以后组织上没有给他什么安排,退下来以后不要说作为企业家的尊严,作为家长的尊严都缺少起码的经济保证。再说他把企业搞得一塌糊涂,自己吃得脑满肠肥,活得潇潇洒洒也没被追究什么责任,还结交了不少达官显贵,还不断进步,进步后面的政绩就是搞垮了一串企业。到59岁要退休了,比较以后就开始想这个问题了,有紧迫感,才明白一个道理,就是"觉悟"得晚了一点。所以上级不安排,自己要抓紧时间给自己安排一下,所以安排得就仓促了一些。(笑)如果从39、49岁开始给自己安排,历经二十年,已经软着陆了。(笑)这是制度造成的。我不是为这些人辩解。作为一个现象,它不是偶然的,既然带有共性和普遍性,那就不能把发生这种现象的原因全部归结为个人品质的问题,恐怕就有制度原因了。现在国有企业改革如何统一权、责、利?确实是个大问题。搞现代市场经济条件下的委托代理,在权、责、利制度结构问题上不在制度上有一个结束,恐怕给企业改革带来的更多的是混乱,而不是效率。

国企改革面临的第三个问题,是国企改革如何筹集制度变化的费用。

国企改革是一个非常复杂的社会工程。它涉及到我们的历史、现实和未来,涉及到社会的政治、经济、文化的方方面面,涉及到国家政府、企业、居民和家庭。制度变化一定会有摩擦,要缓解和处理这些摩擦,是需要花钱的。我们把这个叫做改革的成本。国有企业改革涉及到复杂的制度变化,多方面制度安排的重新调整,其中就会有一系列转型期的制度摩擦,如何处理?别的不说,国企制度改革,有几大制度要变。一个是离退休制度。过去离退休工人是由国企承担的无限责任。三年前,我问当时劳动部一个副部长,当时一个在职工人负担的离退休工人的比例有多大,他告诉我是1∶0.29也就是差不多三个在职工人负担一个离退休工人。这是平均水平,有的地方还更高,一些老行业、老企业负担更重,所以要把它分离出来。关键是怎么分离、谁出钱。再有医疗制度的改革。过去国企职工的医疗风险是由国家、国企承担的,国家报销职工的医药费,相当于职工工资总额的12%,这些都是要计入成本的。这些钱国企现在承担不了,承担不了就要剥离出来。剥离出来谁花钱?不管你建设商业性医疗保险制度也好,还是大病统筹制度也好,你总得有地方出钱。这都是制度变化的费用。再有用人制度、用工制度。国企改革,用工制度也要改,过去国有制相当于老百姓和政府签订一个生死契约。我们的城市国企的资产,从法律上讲不是国家的,是全民的,国家只是代理的。全民把财产交给国家,国家就要保证全民的充分就业,否则我要吃饭,我怎么办?农民还有块地,我生产资料都给你了,你说全民的又没给我,你拿走了就要保证我的就业,给我一份工作。现在国企改革,不解决你的充分就业了。你把生产资料给我,我占着,但不管你的就业,这恐怕是个问题。现在城市企业有2000多万的富余人员,我们叫隐蔽性失业,还有几百万破产企业公开失业的工人。这些人怎么安置,很难办的。过去低工资高就业,代价很大,对整个社会制度产生一种扭曲。造成隐蔽性失业,比公开失业还可怕,公开失业增加成本但提高效率,隐蔽性失业既增加成本,因为要发工资啊,还损害效率。三个人养活五个人,五个人都人浮于事,人不干正事,就会制造摩擦,矛盾就多,你还得派人去给他做思想工作。(笑)今后三年每年下岗工人的绝对存量在1100万到1300万之间,这都是历史欠账，造成一系列的社会问题，要解决，是要花钱的，不是一天两天的事。国企制度一转型啊，会发现历史形成的条件和现实不相容，有摩擦，那就要花钱去处理它。如果一个社会在它推动社会制度变迁的过程中，它筹措这种成本的能力落后，在没有能力的情况下盲目地加速改革，推进改革，更多的带来的是混乱，而不是效率。

国企改革面临的第四大问题，就是如何处理改革过程中收入分配的差距。

改革不管怎样是提高了效率，把企业推向了市场。经济学上现在讲效率和公平不能兼得。我做过一个有关改革效率的分析，结果证明从 1978 年到 1998 年，改革确实使效率得到提高，但是资本要素效益的提高是劳动要素提高的 900 倍，我当时写完了这篇东西在去年的《经济研究》上发表时，这个数，我是放在这儿啦，但没敢往下写，就是解释了模型的经济学含义，这个数没有再多说。企业改革的市场化进程，我们说效率优先，要尊重高效率，人家有这个贡献就要给人家这个收入。资本效率提高速度是劳动效率提高速度的 900 倍，如果是效率优先，兼顾公平的原则，这就意味着资本持有者或者说控制资本权力的人，他们的收入增长是纯粹的劳动者的收入增长速度的 900 倍，因为效率提升速度是你的 900 倍，那当然所得要比你高出 900 倍，这才叫效率优先呀。如果是这样，伴随着非国有化和市场化进程，握有资本的直接间接控制资本权力的阶层的收入年增长速度是纯粹劳动阶层的 900 倍，那中国的两极分化就很快。怎么去处理？你不能牺牲效率，去劫富济贫，这恐怕大家都没有积极性了，但又不能不顾这个现实。这是个社会问题，不仅是个经济问题。这是个公平问题，搞不好是要酿成大错的。这个落差可能造成新的社会矛盾，将来解决这个社会矛盾时可能要付出更高的代价。

国企改革现在至少有这四大难题，如何实现政企分离，如何统一企业的权、责、利，如何筹集改革的成本，如何处理收入分配的差距。这四大难题说实话不仅是经济问题，它有着更为广泛的、更为复杂的社会、政治、历史、文化、经济的内容。这是今天讲的第二个问题，就是国企改革遇到的障碍。

最后我们讲一下**第三个问题，也就是国企改革的前景**。

我们国家现在的情况是，国有经济总资产13万亿，全社会总资产是30万亿，国有资产占了43%左右。1995年，是占65%，1985年占87%。照现在的速度估计到2010年时，应该在20%左右，比现在要再降低一半。国有经济所占比重在减轻，但国有制不能取消。我们说国有经济是市场经济中的岛屿。市场经济总有失灵的时候，这就需要国有经济的控制调控。我国市场经济发展不完善，失灵的时候更多，失灵的领域更多，所以我们的国有制比例是要比西方高的。这是数量上。另一方面，国有经济未来将主要集中控制经济命脉领域。像现在航空、铁路，国有资产占100%，电信行业1998年以前也是100%，城市公用事业、电力、石油方面，占90%以上，钢铁、煤炭、汽车制造等也是，金融领域包括银行、保险、基金、证券公司占88%以上。到2010年，国有经济对各领域的集中控制只会更明确，而不会分散。国有制真正发展改革的出路，最重要的恐怕是明确为什么要办国有制，在哪些领域办国有制，这才是最根本的。把这个问题明确了，再去谈国有制的管理问题等恐怕逻辑上才成立。昨天是清明，你去上坟，你先认准了坟头再哭，别哭半天发现坟头错了。（笑）你拿着国有制改革加强制度改造，其实这个地方根本就不需要国有制，你搞半天国有制干什么，越搞越差。你先搞清楚哪些地方需要，这样可能才是更简单、更有效率的做法。关于前景我就不谈更多了，至于解决问题的办法我也不谈更多了，因为很复杂。经济学嘛，是社会的解剖学。经济学家不告诉你怎么办，而告诉你问题在哪。说怎么办那是决定权力了，是政府官员的事，我们没有那个决定权说怎么办，生杀大权在你手里，但我们要告诉你毛病出在哪儿，治不治是你的事。学者的任务是发现问题，官员的任务才是运用权力处理问题。

制度变迁的机制研究

刘世定

> 刘世定,北京大学社会学系副系主任,中国社会与发展研究中心主任。主要研究方向为制度结构、宏观和微观经济运行、经济与社会发展。主要学术经历:1982年中国社会科学院研究生院政治经济学专业毕业;1993年5月赴新加坡东亚政治经济研究所参加研讨会;1993年12月赴澳门大学参加研讨会;1995年7月至8月赴法国高等社会科学研究院学术交流;1994年5月赴台湾参加研讨会;1998年2月赴美国未来研究所进行学术交流。

感谢各位同学来听我的讲座,今天讲座的题目是:制度变迁的机制研究。

我想大家都知道中国现在进行着一场巨大的制度变迁,对于做社会科学研究的人而言,这是一个非常难得的机会。这个机会并不是随时都是可以遇到的。我们充分意识到,对于像社会学这样一个面向实际、特别注重现实调查的社会科学学科来说,这个机会所带来的潜在学术收益是很大的。所以我们许多年来一直把社会制度变迁作为我们研究的一个重点。

在研究当中,我们特别注意对社会制度变迁的机制的研究,即研究各种社会制度是如何变迁的,各方面的关系是怎样交织的,人们在变迁中是怎样互动的。这个研究视角和研究制度从什么变到什么,为什么会发生这样的变化的研究是不同的。我们看到,后一方面进行的研究很多。我们则关心的是如何变的,变迁的过程特征如何。这方面的研究在社会学之外的学科中做得还不太多,而社会学重视现实调查的传统恰恰可以在这个方面有所作为。比如说,对乡镇企业产权制度变革的研究,我们特别关注是哪些机制引发了变革,在变革过程中各利益主体是如何互动的,以及为什么会如此互动。比如,对农民工的流动研究,我们特别注意他们是借助于哪些环节和条件,怎样实现流动的,这样的流动,又是通过怎样的机制影响到城乡间的一系列制度安排,引起变迁。概括地说,就是注意"如何"、"怎样"的研究。这样一个视角,说起来很简单,做起来就知道和其他的视角很不同。

大家知道,社会学擅长于经验研究,其中包括案例研究。但是案例研究有多种不同做法。比如,可以采取"白描"式的方法,就像写生一样把调查的变迁过程详细地记述下来。这种做法也是学社会学的人的一项基本功。做"白描"的人头脑中可能有一些理论,但这些理论是隐在描述背后的,并没有拿到"桌面"上来供讨论和检验。这种描述性的做法并不直接追求具有普遍解释力的理论。还有一种做法也是在社会学中不少人采用的,即以某种视角为基点,在这个视角下面来进行案例的调查和分析。这样的视角也常常被称为理论,但它们事实上是粗略的、缺乏条件限制的、具有很强哲学意味的理论。这种方法比面面俱到的白描有更明确的关注点,但是仍然没有进入到寻求有前提的、可检验的、可持续讨论的理论的研究中来。现在,我和其他一些研究者,包括我的学生,正在尝试采用另一种方法论来进行研究,这种方法可以称之为"模型—案例"的方法。由于经济学在发展中对模型的研究已经有很多积累,所以我们在研究中常常以经济学的已有的模型作为对话的起点。我们特别去注意探讨理论模型所隐含的前提条件,同时采用社会学的深入的案例研究的技术和方法来获取经验资料,通过经验资料和理论模型的对比来思考我们所熟知的或者是我们大家所普遍接受的模型的解释边界,在这些案例中发现原来的模型所没有考虑到的因素,考虑如果把这些因素加进来会产生什么样的结果。这样,我们一方面深入了解中国制度变迁的深刻的机制,另一方面也思考如何检验和丰富已有的在一定的前提下具有普遍解释力的模型。我们现在正在朝着这样一个方向努力,当然也还面临着许多问题。

今天我就想用我曾经作过的一项研究来向大家具体说明一下,我们是如何在这个方向上努力的,希望能够引起大家的注意和批评,改进我们的研究。我的这项研究是有关农村实行土地承包制以后对土地进行再调整的一个案例。在实行土地家庭承包制以后,虽然国家强调土地分配的稳定,但是随着一些情况的变化,比如人口变化,在一些村庄中仍然进行了土地分配的调整。可能在很多人看来,这种调整根本谈不上是有深刻意义的制度变迁。的确如此。在我要讲的案例中有制度安排的变化,但却是一种很平淡的变化,甚至不是朝向有效率方向的变化。但我今天要讲的是制度变迁的机制,而不是变迁的方向和深刻性。所以选择一个平淡案例也许更不容易使大家的注意力偏离主题。

在制度如何界定、怎样实现变迁的过程中,有一个人们的公平理念如何互动问题。我的这个研究就是以土地调整为案例讨论村落中人们的公平理念是如何互动的。题目是"公共选择过程中的公平:逻辑与运作",副标题是:"中国农村土地调整的一个案例"。当时在考虑如何对这个问题进行研究的时候,我注意到了一个模型,是公共选择理论的一个重要的代表人物——布坎南教授阐述出来的。他指出在以往的公共选择研究中,通常会引入一个外在的伦理标准,这种做法是脱离当事者的行为来考虑问题。当把公共选择建立在效用最大化的个人行为假设和经济学的交易范式基础来研究时,引入外在伦理标准显然是没有必要的、多余的。这是一个重要的思想,它使人们对公共选择的研究从以往那种外在伦理评价当中脱离出来,而放到当事人的行为基础上来。同时我们也可以看到布坎南教授并没有拒绝任何和伦理有关的讨论。

在这个讨论当中,他提出了在一个高度不确定性帷幕下面所进行的公共选择的公平性问题。他认为人们在参与公共选择的时候,当他们对于自己在各种可供选择的方案中未来所处的位置处在一种高度不确定的认知的情况下,也就是说,不知道自己未来是处在一个什么样的位置上的时候,比较容易达成一致的赞同。在这种情况下所选择的结果可以达到效率和公平的统一,这是他在研究一致赞同时所提出的一个概念。按他的说法,这种一致赞同是帕累托最优标准在公共选择过程中的对应物。设想一下,如果大家都不知道在未来情况下自己所处的位置,那么,大家会比较倾向于选择一种机会平等、公正的规则,以便给自己在未来提供更好的机会。布坎南认为,如果大家都处在这样一种状态下面的话,做出的公共选择结果比较能够使效率和公平达到统一。这当然是一个非常抽象的理论模型。布坎南说,他的探讨和罗尔斯从社会伦理的角度探讨正义问题时提出的在所谓"无知之幕"下来思考,是相通的。事实上,读一读罗尔斯的《正义论》,我们可以看到,罗尔斯的思想和布坎南的思想是存在互动的。

当结合着我的研究工作来考察这个模型时,我感觉到存在几个问题。一个问题是他所说的公平或者正义究竟是指学者的评价还是当事者的评价?从布坎南的研究来看,他追求的是当事者的评价。但是在说那样一种选择结果是效率和公平的统一时,我们如何判断它是当事者的评价?这还有待于经验的进一步研究。我们必须在经验研究中来看,当事人是怎样看待选择的公平性的。

第二个问题更加重要,在高度不确定性帷幕下的公共选择只是一个非常抽象的思想试验,而在现实中,人们在进行公共选择时,不论是制度选择还是某种结果选择,实际上都在考虑对应于特定选择方案他的未来的位置,而且对于他未来的位置是有所知道的,当然也很难完全确知。这就是说,现实中人们总是在有限不确定性下进行公共选择的。如果说我们要更加接近现实地进行研究,这个特点必须考虑。于是,我的问题就是,在人们对于未来不可能完全知道,但也不是完全不知道的条件下,也就是有限不确定条件下,人们在进行公共选择时是如何在公平理念层面上互动的?

另外还有一个问题是,在布坎南的模型中,公共选择似乎是一次完成的,中间没有环节,没有公共选择的更复杂的环节,而在现实当中,我们可以看到,整个公共选择是一个过程,它至少包括选择什么样的目标,以什么样的规则来实现目标,对选择的结果如何评价,以及选择结果如何实施等这样一些环节。简而言之,它包括目标、规则、评价、实施这四个环节,是包括这些环节在内的过程。而在这个过程当中的各个环节上,当事者对公平的认知是否一致?是否遵循同样的准则,我们也需要验证。当然我们也看到布坎南教授的书里也谈到公共选择是一个过程,但是为了简便起见,他把这个过程的各个环节分离开来。我们则要把这些环节放到一个过程中来考虑,要考虑人们在目标、规则、结果、实施诸环节的公平理念是否都是一样的,它们之间的关系如何？对于这个问题,我们也需要通过经验来进一步找到答案,通过经验研究来丰富我们对于公共选择过程当中公平的认识。

我们看到,在目前典型的公共选择理论中,基本上是首先考虑各种选择规则(如一致赞同、少数服从多数)的逻辑后果,然后再对这些后果进行效率评价。但是在现实当中,这是一个复杂的互动过程。在这个互动过程中,既有赤裸裸的个人利益的讨价还价,也有在公平理念的层面上的互动。这种公平理念的互动尽管融入了个人利益,但是和赤裸裸的个人利益的讨价还价是不同的。一旦把公平搬上台面,那么参与互动的当事人就都要准备接受公平所蕴含的社会规范的约束,甚至准备接受虽然损害他的利益但更有道德感召力和逻辑说服力的公平规范的约束。在这里公平被理解为非正式的规范,公平理念的互动被看作是不同的公平逻辑的社会排序的过程,其中包括一些公平逻辑的影响范围扩大而另外一些公平逻辑的影响范围缩小这样一个过程。当然公平理念的互动不一定都能够达成一种在规范上的认同——可能出现合作的结果,也可能出现非合作的结果。但是,只要当事人承认在理念规范上需要合作,那么通过互动便可以实现某种排序。这也就意味着形成公平逻辑的层级结构。在层级顶端,是最具有权威的公平逻辑和理念。

以上就是我在做研究以前所做的一些理论上的准备工作,搜寻了现有的理论模型,考虑理论模型暗含的假设,然后结合自己的经验知识进行一些对照,提出新的假设,这是我们在做实地研究前的准备工作。在进入案例的调查和研究当中,我们还要继续检验这些假设,如果发现事实会证伪最初的假设,就要对原来的理论做出修改。需要说明,我在进行这项研究时所关心的,是在有限不确定性条件下公共选择中公平理念的互动,关心的是不同当事人不同的公平逻辑之间的互动以及选择过程中各个环节上的公平理念的联系。我的研究并不是在非常抽象的理论模型中进行纯逻辑推导,而是通过案例的研究来丰富我们对理论模型的认识并为推进理论模型的建构做准备。

我在研究过程中特别注意的是从当事人他们遵循什么样的规

范,他们提出什么样的理念这样一个角度来进行研究。考虑到这些当事人并不是追求概念清晰的专家学者,所以我把在调查当中所了解到的、所听到的当事人所使用的"公平"、"合理"、"公正"都作为一类概念来处理。也就是理解为本项研究所说的作为非正式规范的,在公共选择中互动的公平理念。

我的调查是1996年冬天在河北的一个村子中做的。之所以选择这个地方是因为我曾经在这一带做过别的一些研究,情况比较熟悉。当得知一个村子正在调整土地时,我就来到了这个村子进行调查。我住在一个农户的家里,作为一个旁观者,看那些干部如何做决定,看那些调地委员会的人如何去丈量土地,看人们如何去抓阄;我也进行访谈,了解村民们怎样看待调地中的公平,怎样运用公平理念互动。这个村子一共有250多户人家,有1000多口人,耕种2100多亩土地,人均收入不足2000元人民币。在80年代初实行土地承包制以后,1987年曾经有过一次土地调整,采用的是按人口平均分配的办法,在各组(小队)范围内进行分配。我1996年调查时的情况是,村民试图改变原来的做法,是要在全村范围内进行分配。在全村的四个队当中,一队的人口相对比较少,人均土地比较多,所以这个队有不少人不愿意在全村范围内分配土地;其他三个队比起一队来,人均土地相对少些。这是一个非常简单的背景。

土地调整牵涉到每个村民的利益,引发了他们的广泛参与。在这个过程中,"公平"、"合理"是使用率很高的字眼,这为我研究这些字眼使用背后的规范、逻辑和策略提供了条件。土地调整的不同方案、不同的实施方式将会给自己的利益带来怎样的影响,村民们有相当程度的了解;同时他们也知道,生活中还有很多情况是没有办法事先把握的,所以很需要维系关系。这种状况也符合我想观察的有限不确定性下的公共事务决策的情况。土地调整是一个包括方案酝酿、目标方案确定、评价、方案实施等环节在内的过程,这对我想研究的多环节过程中的公平问题来说,提供了较理想的条件。

在村里,我注意观察在土地调整过程的各个环节上人们是怎么通过公平理念互动的,他们是怎样运作公平理念的,整个过程由一个环节向另一个环节的推进中公平理念是如何变化的,对各个环节和整个进程发挥着怎样的作用。

我注意到,对于怎样的土地分配方案是公平的,村民在正式场合和非正式场合有不同的表达。在许多场合,我接触到一些村民们非正式表达的公平。事实上对于原来土地的使用格局是否应该调整,如何调整,村民是各有想法的。并且在很多场合,比如通过非正式的聚会、找村领导反映意见以及和我交谈,表达出他们的意向。在他们的想法和意向当中,包含着他们对什么是公平的土地分配方案的认识。

土地的调整会在两个方面影响村民的个人利益。一个是他们耕种的土地数量可能变化,一个是土地质量也可能变化。村民怎样使用、怎样解释公平概念,与他们在土地调整中利益的变化有密切的关系。也就是说,他们对公平合理的解释和使用具有相当强的把个人利益合理化的倾向。他们对符合他们利益的结果做出合理化的解释,强调这种选择的公平性,这就是在非正式场合的表达过程中我所观察到的现象。

刚才提到这个村子一共分了四个小组(小队),有一个组的人总的来说在调地过程中会受损,有三个组的人会受益。第一组的人在私下里表达了很多对调地的不满,而在说明调地之不合理、不公平时,他们采用了不同的逻辑。比如一组有一个姓冯的老头,他跟我讲,一队有很多人对调地有意见,他们地多人少,有个人打比方说,要砍掉你的一个耳朵,你愿意吗?当然不愿意。这个比方中,他说出了一个要求大家共同遵循的规则,这就是个人的既得利益不应被损害,己所不欲,勿施于人。这是一个逻辑。

还有一些人又讲到另外的理由。他们认为,在80年代一开始分地的时候,大家都是一样的,但人口发展不平衡。他们人口和土地关系紧张了,是因为他们违反国家的计划生育政策。这时候实际是拿出国家的计划生育政策作为依据,照此来看,国家是主持公正的,你违背了国家的政策,你就是不公平的。这是第二个逻辑。

还有人提出另外一种逻辑,他说,我辛辛苦苦把土地搞好了,你要来分走,这不公平。这是一种付出和获取的逻辑。认为多劳多得是公平,而不付出就获取是不公平的。这是第三个逻辑。这些都是反对调地的人私下所表达的意见。

那么,支持调地的人呢,又有他们的逻辑。举例说,一家有5口人,却只有3口人的地,除了交公粮外,所剩无几,难以生存。这就是不公平。这里提出了生存合理性作为他的一个根据。当时村主任跟我讲:要当干部就要争取大多数人的支持,但说老实话,我要是一队的人,我也反对调地。但从人们生存的角度来看,我认为按人口重新平均分配是公平的。事实上与这种生存逻辑相联系的还有村民所理解的公有产权的问题。在土地私有条件下,如果一个地少收入困难的人向土地较多的人要求分配土地,一般来说不会被认为是公平合理的。但是在土地公有的条件下,这种要求可以被认为是公平合理的。村民的理解是人人都有权依靠土地来生存,这是他们最基本的逻辑。

在非正式的场合除了听到这种把个人利益合理化、公平化言论之外,也听到一些或多或少超越个人利益的有关公平的说法。这些当事人可以超越当时的利害关系和我来谈论一些比较超脱的话,当然和我的身份有关。我曾私下问村支书,如果不考虑现在村民的利益状况,你觉得怎么调地是公平合理的?他回答说,说老实话,要真正按照公平合理的做法,是使每人都分点口粮地,然后把剩下的承包出去,现在这种分法,土地发挥不了作用。这个答案和他在村民面前强调的按人口分配是公平的形成了对照。他的这种回答的逻辑事实上是兼顾生存和效率。

除了私下的表达外,还有正式场合的表达。我注意到,在方案形成过程中正式表达的公平和私下表达的并不完全一样。值得注意的是,虽然村民在是否应该调地、如何调地的问题上存在着利益冲突,也摆出了与他们的利益相联系不同的公平理念,但是在正式场合却有一个非常奇怪的现象:没有发现公开的争论和冲突。村民对于按人口平均重新分配土地这样一个方案,在形式上表现出了一致认可的态度。这和他们私下的态度之间存在反差。这里面就出现了村民在公共场合对方案的策略性认可,以及对公平的一种策略性表达。

事实上,当人们把符合个人利益的结果公平化、合理化时,通常总会或多或少考虑到他所讲的理由被他人所理解和接受的可能性。

在这个意义上,非正式表达的公平当中已经包涵策略性。不过这种策略性和在正式的公共场合上的策略性还有程度上的差别。通常在私下场合策略性是比较低的,而在公开场合人们会更慎重考虑自己的主张会引起其他人怎样的反应,而这种反应对今后会产生怎样的影响。这样的考虑会使他们的表达更具有策略性。比如,一队那些不愿在全村范围内平均调地的人在公开场合却对平均调地的方案持一种认可的态度。有一个一队的村民跟我讲:"老百姓愿意各队分各队的,村里书记也是知道的,但是提出来也白搭,为什么呢?农村都有个情面,不好意思。"那么村里为什么会讲情面?他说,"老住在一起,抬头不见低头见。村里有矛盾后不说话,但不撕破脸。"这里的"不好意思"就说明了公开态度有策略性。而这种策略性是由于碍于村里的情面,根源在于,在一个低流动的社区中,要减少未来可能出现的矛盾。

当然这种策略性认可有时候不涉及公平概念,但是有时对公平概念有人也会采取策略性的态度。我曾问一个一队的村民:"你们家有几口人?"他回答说:"有7口人,种7口人的地,调地以后还是这样。"因此他实际上是一个调地前后利益中性的人。我说:"一队是不是有些人会觉得分地后会有损失?"他说:"那也不能说是损失啊,因为得公平啊,土地是公家的,人人都得吃饭,不能说不给饭吃。"事实上他作为一个利益中性者他可以赞成不愿意调地的人的意见,也可以赞成愿意调地的人的意见。而他向我表达的公平逻辑和主张按人口平均分配土地的人们是相同的。当然这也许是他的看法,但是他连他们本队的损失他都不愿意谈,我多少感觉到这其中还是有策略性的。事实上这种策略性态度不仅在村民中存在,在村领导中也存在。

这种公共场合表达的一致性态度是不够坦白的,它和布坎南所谓的高度不确定性帷幕下的一致赞同显然不是一回事,与高度不确定性帷幕下一致赞同所蕴涵效率和公正的统一不是一回事。调地中公开表现出来的一致是以某些人的损失为前提的,所以不是帕累托改进。事实上某些村民认为他们的利益受损是不公平的,这种不公平在整个调地过程的后面的环节中还会显示出来。

抽象一点思考，我们会理解到，村民对公平的私下表达和正式场合的表达，是在有限的不确定条件下来进行的。他们对于在一个方案确定以后，自己占有的位置是有一定程度的明确认识的。也就是说，他们对于在按人口调地以后，自己占有的土地数量、质量上是大致知道的。从这点来看，他对未来是有确定认识的。但是，他们也意识到在一个村子中将来还要和其他人长期相处，而且可能发生一些意料不到的事情，这种事情发生后常常需要大家的合作。如果在调地的问题上伤了和气，将来长期的相处就会不愉快，未来合作的链条就会断裂。他能够比较确定的是调地后自己土地的质量和数量，但不确定的是未来还可能有很多意想不到的事情发生。这种确定性和不确定性的综合使得一些村民采取了既不真正认可又不公开反对的策略性的态度，这种态度影响着他们对公平理念的运作。这是有限不确定性下特有的一种现象。

从公平理念的私下表达和正式表达中还体现出，在一个世代相处、流动性很低的农村社区当中，人们在从事一项公共事务选择的时候十分习惯的把两个后果合在一起考虑，一个是由选择目标带来的后果，一个是如何进行选择带来的后果。就如何选择而言，可以看到，那种策略性认可的态度是和农民之间讲情面密切联系的。讲情面并不是农民在土地调整当中偶然采取的一种行为方式，而是长期存在的一种行为准则或规则，在这个意义上我们可以说它是情面规则。在公共事物决策当中，这种情面规则作为一种人际关系规则，和在公共选择理论当中理论家通常谈论的决策通过规则——比如是一致通过还是多数通过——是不同的，但是相互影响。村民对于调地可以有不同的主张，但一旦面临正式的表达，就不能不考虑情面规则。情面具有场合效应，也就是说同样的话、同样的举动在某种场合下不伤情面，在另一种场合就会伤和气。

在我调查的这个案例当中，可以看到决策的做出和不伤情面是村民们同时兼顾的两个目标。由于情面具有场合效应，而在方案形成的重要场合引起争端和冲突会被认为是有伤情面的，因此在调查当中就看到了一个现象：追求无争。就是在公开场合追求一种没有争论的状态，这是他们在公共领域活动中的一个基本指向。在公开场合,村领导和村民都表现出非常谨慎的态度。村领导力求避免出现公开的否决意见使自己丢面子,也避免村民之间出现公开的争执;有不同意见的村民也避免在这样的场合发难,避免撕破脸面。既要在村民的对立意见当中做出选择,又要追求关键场合的无争,这是非常微妙的。调查中,通过看他们怎么制定一套调整方案的形成程序,了解到他们特别追求这样一种无争的结果,力求保证最后场合的无争的局面。

前面讲到,情面规则使一部分村民采取策略性认可态度,并导致仪式性场合的无争,但是我在调查当中感觉到问题仅仅理解到这一步是不够的。因为问题存在着相互性。为什么一队的村民会遵循情面规则来服从其他队的意见?而不是其他各队遵循情面规则来服从一队的意见?这样就要去调查在背后还存在着一些什么因素在发生作用。

一个因素就是,公平的不同内在逻辑当中哪一种更具有逻辑和道义上的说服力,哪一种具有更强的社会道德的感召力。在我调查的村子中,要求按人口重新调地的人打出的公平逻辑是,公有产权下的生存逻辑。土地是公有的,你总要让我们大家生存吧!一旦到了这个层次,有一些感觉到自己利益受损的人,他们所理解的公平合理的逻辑,就不太拿得上台面,也不好意思拿上台面。

除了公平逻辑的互动以外,村民所公认的公共决策通过规则也在发挥作用。比如说在调地方案选择当中,哪些人给哪些人面子,如何讲情面这些问题上,我看到多数的作用是不容忽略的。虽然多数和表决结果有关系,但我也注意到村民理解的多数和我们通常将少数服从多数时理解的多数并不完全一样。这里的多数还包括着人际关系和利益结成的群体强势。这种强势并不需要表决来实现。

由于社区狭小,村民在调地问题上的利益和意愿高度透明,因此在村民认可多数规则在公共选择中有重要作用的条件下,方案的结果是明朗的。这种明朗化的结果会影响到他们的行为,对于要求按人口调地的多数村民来说,如果采取策略性认可态度,会使他们丧失调地带来的利益。所以他们不会在他们的主张和情面之间采取一种用情面来代替主张的方式。而对于不愿意调地的少说村民来说,情况就不一样了。无论他们公开坚持还是不坚持反对调地的主张,结果对他们来说都是一样的。因为土地还会按人口来平均分配。不过他们公开坚持不调地的主张会得罪多数村民,如果策略性的认可对方的主张,至少可以和多数村民保持一个和谐的面子。正是在这种多数规则起作用的条件下,再加上选择结果的高度明朗,决定了少数群体采取策略性的妥协来执行情面规则。

现在我们转到调地方案的实施环节。在实施环节,可以看到一个重要现象:实施当中的干预。村民在调地问题上虽然有不同主张,但并没有试图用规则的选择作为武器来实现他的目的,前面讲到,在正式场合也没有出现争论。然而值得注意的是,村民虽然认可多数力量,甚至认可少数服从多数的规则,遵守情面规则,但是并不都愿意接受由此带来的决策后果。他们仍保持着不满。在他们长期生活的制度和文化条件下,对于既成的决策规则是难以提出异议的,可一旦决策结果对他们的利益造成损害并和他们的公平观念相违背的时候,他们虽然表面上接受,内心是不情愿的。也就是说我们不能从对规则的认可直接推导出对结果的认可。这种状况的产生不能简单归结于村民对选择过程缺乏参与。在有限不确定条件下,由于人们对选择结果当中自身的位置有比较明确的认知,因此可以说即使人们有更充分的参与,甚至对选择过程也是认可的,他们也未必会对选择结果满意。这种不满和不公平感积累下来,影响到过程的其他环节,特别在方案的实施过程中,表现出来,我把这叫做"转移干预"。

在实施过程中,公平仍然是一个重要的话题,但对公平概念的理解有着和前面环节不同的内容。村支书的一段话,表明实施过程中的公平涵义,他说:"平心而论,这次调地是绝对公平,绝对合理,没有黑的白的。"他说的"黑的白的",就是实施方案的人利用操作之便为自己谋取特殊利益。在调查中看到,为了避免调地方案的决策中积累下来的某些村民的不公平感、积累的矛盾转移到实施过程中来,调地小组做了很多技术性的工作。比如说在量地过程中,考虑到可能引发矛盾的各个环节。由于时间关系,就不多介绍了。

现在,我来做几点总结。

第一,我们讨论了一个很不起眼的改变土地制度安排的案例,这个改变是通过一个有许多人参与的公共选择过程实现的,这个过程中的一个重要机制是人们之间公平理念的互动。在有限不确定性条件下,公平理念是和人们的利益联系在一起的。人们在将其利益合理化、公平化的过程中,所依据的逻辑是多种多样的。这些逻辑中隐含着规范。各种不同的公平逻辑的道德感召力和说服力常常是不同的。公平理念的互动导致了一种排序,排序结果影响着制度的选择。

第二,土地调整的案例向我们展示了一个公共选择的多环节过程,在这个过程中,当事者的公平理念在从一个环节向另一个环节推移过程当中有不同含义,而公平理念的互动影响着各个环节之间的关联。我们看到,初始的公平理念在选择的互动当中经历了一种排序,排序的结果和其他规则共同作用,形成了公共选择的方案;对方案的评价中蕴含着特殊的公平观念,而这种观念又影响着村民的决议执行。

第三,在公共选择当中,公平通过表达来发挥人们之间的互动作用。在有限不确定性的条件下,非正式表达和正式表达之间的关系值得注意。在我们的这个案例中,二者的策略性程度是不同的,后者高于前者。造成这种差异的因素是多种多样的,一方面和不同的公平逻辑的说服力和道德感召力的差异有关系,另一方面,还受影响于通行的决策规则。而决策规则有决策的人际规则和决策通过规则之分。在案例中我们看到,人们对决策的人际规则给予高度重视。

第四,案例展示的一个重要现象是在决策重要场合的无争和在实施过程中的"转移干预"。这有可能形成一种"递推-补偿机制",即把一个环节积累的问题推移到下一个环节中去解决。公平理念的含义在这种递推机制中发生变化,不同含义的公平通过这种递推机制被联系起来。

第五,我们这个研究是从对"高度不确定性帷幕"下的公共选择的抽象模型思考进到十分具体的案例分析。谨慎地将案例中展示的关系和抽象的理论模型进行对话,可以看到这样一种状况:在"高度不确定性帷幕"下,由于任何当事者都不能看到公共选择的结果带给自己的利益和带给其他人的利益有何差异,因此,人们将具有把自己与他人放在相同位置上的倾向。在这种情况下,公平将很少具有为自身利益试图影响他人、或为自己利益寻找社会公认的根据的特点。而在有限不确定性的条件下则有所不同。一方面，当事者对自己在不同选择方案下的利益得失有一定程度的确知，人们将努力实现对其最有利的结果，从而倾向于将自身利益公平化，并以此影响他人的选择。由此将出现不同的公平逻辑间的互动。另一方面，一定程度的不确定性使当事者知道，仅仅追求可确知利益是不够的，必须顾及可减少未来不确定性的规则和他人的反应。这使他们有可能接受其他人力主的公平逻辑，不论他们情愿还是不那么情愿的。

在模型和案例的对话当中，我没有建立抽象的理论模型，只是通过案例的分析来对原有模型所存在的一些问题，它所包含的假设和可能的理论生长点进行了一些讨论。希望听到大家的意见。

谢谢各位。

入世与我国政府管理改革

周志忍

> 周志忍,北京大学政治学与行政管理系教授、博士生导师、副系主任。1978年于北京大学国际政治学专业本科毕业,1988年于北京大学国际政治系硕士研究生毕业,1993年获英国利兹大学公共行政学博士学位。学科专长为:行政管理学、公共管理学、中国政府与政治。研究方向为:比较行政学、公共政策、行政评估学、行政学研究方法论。主编或参加撰写的主要著作有《现代培训评估》、《当代国外行政改革比较研究》、《自律与他律:第三部门监督机制个案研究》(与陈庆云共同主编)、《中国政府形象战略》、《行政管理学概论》(第2版);合作翻译的著作有:《新兴现代化国家行政改革研究》、《西方国家行政改革述评》、《民营化:公共与私人部门伙伴关系》。1993年以来发表论文30余篇。

题目很大,需要有所选择。主要讨论三个问题:
第一,为什么要关注入世后政府管理改革?
第二,迎接入世挑战政府面临的迫切任务;
第三,实现上述任务需要哪些深层次的改革?

一、为什么要关注入世后政府管理改革问题?

入世首先而且主要是政府入世,入世带来的最大的挑战是对政府管理的挑战,迎接挑战的核心是政府管理改革,对政府管理改革必须给予高度重视。这一论点可从四个方面来看:

(一)从世贸协议内容看,其核心是规范和约束政府行为

世贸协议主要是针对政府的。中国加入WTO,与其说是中国的企业加入WTO,倒不如说是中国的政府加入WTO。WTO的23个协议、492页纸,只有两个条款提到企业,其他都是规范政府的行

为。

第一个例子。对企业的低价倾销行为,WTO协议承认倾销的危害,授权各国政府采取行动,但其关注的焦点是约束政府的反倾销行为。这包括反倾销的实体性规定、实施程序、其他补充规定。仅从实体性规定看,就包括了四方面的内容:(1)实施要件——倾销、损害、倾销和损害之间有明显的因果关系。(2)反倾销措施,包括临时性措施和最终性措施。(3)反倾销税的征收,包括征收的幅度(不得超过裁定的倾销幅度);纳税义务(进口商业交纳,不得由出口商代交);有效时间(5年——除非重新调查)。(4)价格承诺。仅实施要件中的倾销的确定,又包括了正常价值(确定的具体方法和例外)、出口价值的确定、倾销幅度的确定(三种具体方法)等非常严格具体的规定。损害确定也是同样。毫无疑问,所有规定都是约束政府行为的。

第二个例子。对企业低报进口货物价格逃避关税的行为,WTO协议也没有进行正面的谴责,但对政府如何惩罚这些行为,却作了具体明确的规定:《海关估价协议》分4个部分,24个条款和3个附件,涉及到适用范围、估价方法、海关估价的司法复议、发展中成员的特殊和差别待遇、争端解决等多项内容。仅估价方法,就涉及到"以成交价为首要依据"的原则,无法使用成交价时规定了其他5种方法"相同货物的成交价格、类似货物的成交价格、倒扣价格、计算价格、回顾"等方法。更具体说,如果海关接受了相同货物的两个以上的成交价格,应选用其中"最低的一个作为完税价格"。

因此可以说,不论WTO的原则和适用领域是什么,这些规则都属于政府间协议,其核心是通过约束政府行为来促进贸易自由。

(二)从现实来看,入世后面临最大挑战的是政府

这应该是上面一条的逻辑结论:既然世贸协议主要是针对政府和约束政府行为的,那么需要调适的主体自然是政府。换言之,入世后面临最大挑战的也就是政府。

耶鲁大学管理学院院长加尔滕曾把中国入世后政府面临的挑战总结为四条:

● 做出的巨大让步引起国内的激烈反应(低于所有其他发展中

国家的海关税率；放弃 WTO 通常允许使用的主要补贴；允许外国政府采取非常措施限制中国产品，其采取措施的理由低于现行国际法规的要求；允许外国在很长的期限内对中国的纺织和服装产品实施进口限制。）
- 法律修改与执行方面的挑战。
- 吸引外资和出口能力的巨大扩张会导致贸易摩擦（长远来看）。
- 改变世界贸易中的政治格局。（北京希望的不仅是一个席位，而且是一个讲台：以发展中国家领袖的身份否定富人俱乐部的幕后协议，从而改变世界贸易的政治格局。）

我个人认为，我国政府的不适应表现在多个方面，这些构成了对政府的严峻挑战。这些第二部分再详细谈论。

（三）从迎接挑战的动力和自觉性上看，较差的是政府

从理论上来分析，政府动力和自觉性差有两个主要原因：
- 第一是企业如果适应不了，它可能亏损、破产、被取代，而政府是不可能被取代的；
- 第二个原因是如果私营企业决策失误，投资者的利益受损；而政府决策失误，损失承担者多是老百姓。

缺乏竞争压力和决策权与损益的脱节可能使政府迎接挑战的动力和自觉性不足。实践中是否会这样，我们还需要看一看。但一些做法令人有理由怀疑：
- 例一：中美谈判结束后一个多月，美国派出一个专家代表团来华了解中国国内各界对协议的反应和中国贯彻协议的准备情况。当时找了中国几个顶尖的法律专家了解法律界的准备情况，结果令美国人吃惊：中国专家不知道谈判结果和协议的内容！其中有的专家是全国人大法律委员会成员，负有按照 WTO 协议修改大量法规的责任。不了解协议内容如何准备？
- 整个入世谈判过程没有体现公开与透明度。人民代表大会批准时并不知道内容。主管部门的回答是：中文翻译需要很长的时间（至今翻译没有完成）；中美协议内容透露会影响到与

欧盟的谈判。这种理由有点滑稽:第一,谈判文件需要高级领导批准,我不相信呈交给领导的都是英文文件,既然呈交的是中文文件,那么翻译会有多大问题? 第二,中美协议的内容美国政府已放在网上,中国有的学者都知道,欧盟就不知道? 欧洲是看美国的英文文件方便,还是看中国的中文文件方便? 英文文件已经公开了,公开中文文件怎么就会影响到与欧盟的谈判? 我根本就想不出其中的道理。
- 宣布入世后,许多地方政府继续出台关于定点饭店和文具供应商的规定,这是政府采购的形式,垄断谋利的实质,把国外行之有效的东西拿来,阉割其精神。

(四)从目前的研究来看,对政府管理变革研究不足
- 以政府为主的研究——关注政府的应战策略,包括转变政府职能,行政体制改革,管理手段和政府行为方面的调整和改革等。问题一是脱离背景:讨论多年来的老问题,没有真正放在入世后的环境要求上;二是没有以问题为导向。
- 以企业为主体的研究——关注焦点是企业的应战策略和内部环境的改善。这一研究角度的局限性是脱离政府改革和治理方式的转变来讨论企业的应战策略。
- 政企关系角度的研究——有些研究从政企关系着手,从而克服了脱离制度环境讨论企业应战策略的缺陷。但是,这些研究具有明显的政府主导倾向,过分强调政府指导、政策扶持、产业政策等。

以上从四个方面阐释了为什么应关注入世后的政府管理改革问题:世贸协议主要是针对政府的;入世后面临最大挑战的是政府;我国政府迎接挑战的动力和自觉性并不令人满意;有关研究缺乏针对性和深度。

二、迎接入世挑战政府面临的迫切任务

我国经济管理与 WTO 原则和规则的不适应表现在两个层次:一是规则层次,即有关法律、政策、规则和做法和 WTO 的要求不适

应;二是体制层次,不适应涉及到经济体制和政府管理的理念、体制和管理方式。这些是第一层次不适应产生的根源,比第一层次更重要,改革也更为艰巨复杂。

所以,政府管理面临的主要问题可以从两方面来谈:首先是我国目前经济管理实践中哪些不适应 WTO 的原则和要求?第二是从长远和深层次看,我国不适应背后的体制因素是什么?本部分集中讨论入世环境变化后政府面临的紧迫任务。下一部分再谈体制方面的深层次改革。

(一) WTO 原则和规则的适应问题——法律、政策、规则调整,与承诺 WTO 要求一致

我国许多现行的贸易法律、政策、规则和做法和 WTO 的原则和要求不适应。比如特区优惠政策、进口配额、国产化要求等涉外贸易领域;法律政策过程透明度不够——真正起作用的内部文件秘而不宣;国内市场管理从规则到方式不符合国际惯例 WTO 要求;还有法律政策相互矛盾(包括法律与国际协议不一致;中央各部门之间的政策不一致;中央地方政策不一致;地方之间的政策不一致)。这些大家比较熟悉。

要履行 WTO 的承诺,首先有一个现有法规政策的清理工作——已有法规的修改调整以适应 WTO 要求。这一工作难度多大,这里举一些简单数据:

- 仅海关程序方面就涉及 170 项法规的调整;
- 中央层次需要修改 570 个法律,1000 多个部门规章和规范性文件;
- 地方性法规和规范性文件需要修改的不计其数。

除了现有法规的修改,还有根据 WTO 要求制定新法规的问题:有效的知识产权保护法规的建立与完善;对电信等行业的独立的管制机构;现代化的金融法律体系;反垄断法规体系等。按照耶鲁大学管理学院院长加尔滕的说法,美国用了 50 年才基本完成了这些方面的法制建设。

不论修改现有法规还是制定新法规,首先需要一个参照系的问题,即我们在协议中作出了哪些承诺,然后才根据这些承诺进行修改

和创设新法规。任务如此艰巨,我们的准备工作怎么样?值得担忧。

(二) 新法规和政策的贯彻落实问题

对我国,WTO协议特别强调执行统一的原则——中央政府有义务保证和承诺新法规在全国范围内得到落实。法规政策的修改和调整很艰巨,但把新的法规政策付诸实施更为艰巨。这既有我国法制不足和法制观念淡薄的问题,但更重要的是地方利益和地方保护主义。下面主要谈地方保护主义及其影响。

我国地方保护主义的表现可谓五花八门,涉及到几乎所有的贸易领域,什么稀奇的招数都有。这里仅举几个例子,说明地方保护带来了什么结果:

- 《远东经济评论》:跨省贸易量减少,从1985年占全国零售贸易量的37%到今天的25%;
- 一瓶燕京啤酒北京价格等于18美分,到四川销售价等于1美元;
- 据调查,居民使用产品中外地产品数量1980年代是34,1990年代为21;
- 虽然全国交通设施扩张,但运输工具平均行驶距离减少:1978年395公里,2000年200多;(其原因之一是许多地方要求,长途货运公司必须同意到辖区后获取转到本地车上,才能领取执照——《福布斯》杂志)
- 国际著名的麦肯锡咨询公司亚太地区主任:由于运输、转运和储存等环节的地方保护限制,企业供应链成本比率国内比美国高出2到6倍。

总结一下外国专家和公司对中国的评价:

- 《国际金融法评论》:与人们心中的印象不同,当今中国在许多方面更像欧洲的封建领地,而不是通常理解的集权主义国家;
- 迪洛特国际咨询公司大中华地区主任:中国远不是一个铁板一块的国家。表面上看它高度集权,但中央行使权力时阻力重重。中国可谓万皇之土。中央政策到县乡一级,完全取决于这些地方皇帝。
- 《远东经济评论》:在上海获取的营业执照到广州销售产品时毫无用处,每个省就像一个国家,每个部门都希望你上门获得

批准,外国公司希冀的 13 亿人的大市场是一场美梦;
- 《远东经济评论》:地方保护导致市场分割,20 多年来改革的结果依然形不成统一市场:国际开放的同时国内在分割。

那么,入世以后会有什么变化?
- 《华尔街日报》评论员:与法律修改、制定新法律和完善立法程序等方面的任务相比,法规的落实是最大的挑战,这比 15 年谈判更艰巨;
- 耶鲁大学管理学院院长加尔滕:由于地方的抵制,全部履行不可能;
- 《福布斯》杂志评论员:入世不会使中国成为自由贸易的天堂;
- 《远东经济评论》:地方保护措施可能成为中国和 WTO 成员国之间摩擦的根源,中国的地方当局的行为可能使中国进入黑名单。

克服地方保护主义,履行承诺涉及的问题比较复杂,后面再谈。

(三) 履行承诺的同时最大限度地争取国家利益

这一意义上的适应应该说最关键。入世面临的挑战可以归结为两条:负责地履行协议中所承担的义务,充分地利用协议中赋予的权力。如果履行了义务(适应 WTO 对我们的要求)就算大功告成,这是天大的误会。因为承担义务的目的是获取权利,以义务换取权利只是第一步。充分而创造性地利用权力谋国家利益才是真正的考验。在这方面,国家需要像高明的律师一样找到并利用法律的空间为老百姓和企业谋取利益,否则就会吃亏。

这里首先有一个政府利用 WTO 赋予的权力谋取国家利益的必要性问题。
- 从长期看,中国吸引外资的良好势头和出口扩张会导致贸易摩擦,其他国家采取各种手段进行报复是难以避免的。
- 我国企业在资本规模、信息资源和处理贸易摩擦方面的国际经验远远不能和国际大企业相比,需要政府提供指导和帮助。
- 发达国家频繁采用单边报复或制裁,加强对相对薄弱产业的贸易保护。典型的例子有:发达国家针对多种纤维产品的配额制、欧盟各成员国对农产品的补贴、日本相关产品市场准入的限制等。更为严重的是,长期以来,发达国家习惯于将国际贸易争端的解决纳入其国内程序，动辄进行单边报复或制裁。例如，美国贸易法"301条款"导致的单边制裁措施等。此外，从世界贸易组织成立到2000年底，成员方发起反倾销案件调查1441起。其中，绝大部分由发达成员发起，发展中成员的产品是这些反倾销的主要对象。这就需要我国政府利用自己的权力，在不违反WTO规则和承诺的条件下，最大限度地为企业争取利益。

- WTO提出了"差别和更优惠待遇"思想，并在相关协议中得到反映。发展中成员国被授予的特别权利可分为五类：在一个较长的宽限期中背离WTO法律体系框架所确定的相关义务；在某些承诺中享受更优惠的上限或下限要求；在确定义务和执行方面享有更大的灵活性；针对发展中成员国的"尽最大努力条款"；针对发展中成员国的技术援助规定。显然，如何利用这些优惠和差别待遇为我国企业谋权利和利益，政府还有许多事情要做。

了解了政府利用WTO赋予的权力为企业谋利益的必要性之后，再来看一看我国目前的情况。这点上目前准备更不足，甚至没有进入许多政府官员的视野。

- 管理体制上，多头管理导致利益的丧失：例子一：前几年澳大利亚与新西兰羊毛进口配额要求。例子二：我国的进出口分头管理，在谈判中丧失了集中和连带优势。比如，从美国进口价值几十亿的飞机，不能以此压外方在出口方面让步，迫使飞机公司去游说政府有关部门。
- 在具体政策上，国有垄断经营领域先让民营资本进入，迫使国有企业与其竞争，在竞争中民营和国有企业的竞争力同时获得提高，然后再与国外企业竞争。这种近乎常识性的政策，在我国竟然长期难以付诸实践。结果是民营资本进不去，国有企业受垄断保护而没有竞争力。
- 更有甚者，我们的政策居然有对我国的民营企业的倒歧视。前一时期有关部门发布的市场准入规定，对外资企业开放的达到60多项，而国内民营企业准入的仅40多项。明显地不是扶持我国企业,而是设置障碍。难道国外的资本家就比国内商人更值得信赖? 政府做不到同等对待国内企业,何谈在国际舞台上为国内的企业争取利益?

总之,入世后我国政府面临三个方面紧迫的任务:WTO原则和规则的适应问题;新法规政策和规则的贯彻落实问题;充分利用WTO赋予的权力谋取国家利益。一个比一个难,一个比一个更重要。但是,似乎有关准备工作达不到要求。适应和调整将是一个长期、艰巨甚至痛苦的过程。

三、实现上述任务需要哪些深层次的改革?

上面讲的都是有关经济和贸易法规、政策等方面的适应问题。适应艰巨的主要原因又是政府管理的理念、体制和经济体制的问题。这些问题是不适应的根源。这里讲两个方面的改革:政府管理观念;经济体制和经济管理方式的转变。主要问题有:

(一) 政府观念变革

政府改革和治理方式的转变涉及到诸多方面,首先需要的是政府部门和政府官员观念的转变。

第一,要牢固树立市场观念。这包括:(1) 系统市场观念,即市场经济是由一系列要素、机制和条件组成的大系统。我们乐于承认市场体制是由价格机制、供求机制和竞争机制构成的系统,但往往忽略了这些机制发挥作用的基础和必要条件。这就是人格自由、契约自由、民主政治和法治(其核心是对公共权力的制约)为必要条件。在实践中,不论是对经济主体经营行为的不当干预,还是忽视制度建设而依靠领导者的开明来推进市场化,都反映了市场认识的不完整性。不完整的市场观念必然阻碍成熟市场的发育(许多行之有效的市场机制在我国"逾淮之桔变为枳"的命运可为例证)。(2) 市场优位观念,即承认市场机制在稀缺资源的有效配置上具有无与伦比的优越性,政府干预要遵循审慎和有效的原则。政府干预的目的并不是由政府替代市场,而是通过干预为市场机制运行创造一个良好的环境,保证市场机制发挥作用;政府对市场的干预要有一个效果评价和中止机制,当干预的效果事与愿违或者干预的成本大于其收益时,存在一种外部力量或内部程序能及时矫正或中止这些干预措施。

其次,要树立正确的利益观。(1)要敢于承认政府部门存在自身利益。从理论上说,马克思明确提出"政府不存在自身利益"的前提条件是个人之间的利益差别和利益对立基本消失,"利益共同已经成为基本原则",而我国目前还处在社会主义的初级阶段,利益差别、利益分化甚至利益冲突还普遍存在。从实践角度看,任何约束求利行为的制度设计都是以承认利益的客观存在为前提的,否认政府自身利益的存在,也就否认了约束政府部门求利行为的制度设计的必要性。(2)要积极推进求利方式的规范化。目前政府求利方式失范的突出表现是滥收费和"准利润"收入——强制性税费之外的各种变相的利润上缴。税外费已引起关注并导致了一些矫正措施,但追求"准利润收入"的危害性还没有引起足够的注意。政府部门追求"准利润收入"最大化的最有效方式,无疑是默许、鼓励甚至利用行政手段直接从事竞争性行业的垄断性经营,或者在传统垄断性行业中对国际上普遍实施的竞争机制的排斥。从提高企业竞争力上看,"准利润收入"无疑比滥收费的危害更大。(3)要树立长远利益观念。当税收成为占绝对主导地位的财政收入来源时,就出现了一个税收的限度问题。政府税收最大化有两种途径,一是不顾客观情况增加税种或提高税率;二是藏富于民,藏富于企业,靠经济总量的增长而获得税收总量的增加。缺乏长远利益观念既表现为急功近利、杀鸡取卵,也表现为不顾国情、脱离政府支出结构而简单化地比较税收在国民总收入中的比重。

这里特别要强调一下,目前政府迷信十分普遍,典型的是主张政府主导,像日本一样。问题是,日本的模式已经过时,日本指导过程中出现过大的失误——模拟高清晰度彩电的开发,且日本也在进行市场化改革。我国公务员素质能比日本高多少? 中原药厂等教训还少吗?

第三,要培育和树立服务观念。在市场经济和全球竞争条件下,为企业服务应该成为政府部门的基本理念和主要职责。政府服务既包括提供有效的制度规则,建立和维护良好的市场秩序,在国际谈判中为国内企业争取有利的条件等间接形式,也包括提供信息、信贷优惠等直接形式。服务观念要求政府部门和官员放下架子,摆正位子,乐于承担服务者的角色,善于为企业提供服务。首先必须明白一个道理:政府为企业服务,"为你也就是为自己"。

(二) 国有企业地位的再审视

国企主导地位被认为是社会主义市场经济区别于资本主义市场经济的一个主要特征,将有可能是不适应的重要根源之一。

国企制度本身的内在缺陷众所周知:目标多元;激励不足;长链代理产生的失控;低效率;漠视消费者;低效率的资源配置等。国企为什么会导致不适应,因为父爱主义?我国应强调质量上而非数量上的主导地位。

(三) 经济管理方式

日本的政府主导型模式特点是市场为基础,政府行政指导(产业政策)。我国的特点在于政府宏观管理就是定指标、压任务;定计划、下任务的结果是层层经济目标责任制,经济增长指标实际上成为衡量地方政府工作绩效的主要甚至惟一刚性指标。

结果是什么?是诸侯经济。封锁市场,保护本地企业(山东叫市场环境委员会);忽视其他社会效益,如保护污染;助长政企不分,不控制、不保护不能完成指标,强化控制必然是政企不分,而加强保护只会削弱企业竞争力。层层经济目标责任制在很大程度上形成了经济体制转轨和政府职能优化的障碍,也会是未来适应 WTO 规则的主要障碍之一。

(四) 税收制度改革

出路之一地方税制改革:地方政府依赖所属企业的税收,当然要保护财神;

此外,物品税收从货物出厂征,而非销售点征等。

总之,政府管理体制和经济体制最关键,适应 WTO 规则并充分利用权力促进国民经济和社会发展,取决于体制改革的进展。体制改革需要统筹规划,所以改革本身需要改革。

我国的金融发展与融资政策

陈 元

> 陈元，国家开发银行行长、党委书记，研究员。1978年毕业于清华大学，1981年毕业于中国社会科学院，获硕士学位。曾任北京市委常委、商贸工作部部长，中国人民银行副行长、党组副书记。兼任中国人民银行研究生部硕士研究生导师，美国国际经济研究所理事，国际清算银行稳定金融学院顾问委员会成员，荷兰国际集团顾问委员会成员等。长期从事金融工作，对宏观经济理论和国际金融有深刻的了解和研究，发表过《我国经济的深层次问题和选择（纲要）》、《加强宏观调控是深化改革的需要》等重要文章，主要论著有：《陈元集：运行·调控·发展》、《香港金融体制与1997》、《美国银行监管》等。

很高兴来到北大。我今天讲的主要内容是我国金融发展与融资政策问题。这个问题涉及的面很广，有过去，也有现在；有理论，也涉及实际工作，还有国际金融体制。简单说来，既有货币市场、资本市场，更多的是信贷市场等的特殊作用。正确认识这些问题，是了解当前的形势，以及下一步金融发展可能存在问题的一个切入点。

21世纪是经济全球化迅猛发展的时代，其特点是知识和金融的结合日益密切、高新技术发展日新月异。格林斯潘经常提到新经济，新经济的核心就是信息技术、高新技术，而信息技术对当前的经济发展具有显著的作用，现在国内外对此都非常瞩目。我认为，支持经济发展全球化、支持金融结合、支持高新技术发展新格局的核心力量，是高效率的金融体系和融资方式。这就是小平同志讲的"金融是现代经济的核心"的含义。一个时期以来，特别是亚洲金融危机以来，人们对亚洲经济出现的问题作出种种评价，实质问题都是金融体系是否健全、是否高效以及融资方式是否先进。

我国加入世贸组织后，将会进一步融入到经济全球化的大趋势当中，在参与国际分工与合作、加快引进国外资金技术和管理的同时,必将面临空前激烈的国际竞争和金融风险。这些问题都同样重要地提到了我们面前。因此,探讨如何促进我国融资市场的改革和发展,建设一个强大稳健高效的金融体系,在经济全球化的过程当中能够做到趋利避害,显然具有十分重要的意义。人们对金融体系的掌握和了解的程度,决定了我们能否成功,是继续犯新的错误,还是以较少的代价取得更大的成绩,建立强大稳健高效的金融体系是至关重要的。

我要讲的**第一点是,金融发展与融资方式的演变**。金融是现代经济的核心,也是生产力,它最主要的功能是融资,包括财政融资、信贷融资和证券融资。同时,金融特殊的经济功能在于它是整个社会体系中的重要组成部分,是生产力的重要组成部分。严格的信用责权约束机制、高效率和低体制成本的优化资源分配,是金融最基本的经济功能,这使它的融资在整个经济发展当中体现为一种独特的不能取代的地位。过去,由于融资长期被混同于没有任何约束的财政拨款而被忽视了。正因为我们对这个问题认识不够,才导致了种种问题,包括亚洲金融危机。

但并不是认识到了有信贷融资、证券融资,金融体制就自然而然地好了,这中间还有很大的距离。过去我们经常把科学技术现代化、工业现代化看成国家发展的目标,特别是在 50 年代末到 60 年代中期,强调四个现代化建设,认为四个现代化的核心是科学技术现代化。当时没有把金融现代化当作目标,而仅仅是把它看作一种服务手段,这个看法到现在也没有完全改变。我觉得这种认识是片面的,没有金融的现代化,其他的现代化也搞不好,可以发展到一定程度,但是不可能到最佳状态。

一些经济学家把金融体系的功能分为五项:一是动员居民储蓄,为经济发展筹集资金。这主要是指银行,这个功能在发达的资本市场经济体制中发生了一些转变,现在主要是为经济发展筹集资金,但也有动员居民储蓄的作用。二是发挥资源配置功能,为生产率最高的企业或者项目提供资金,就是筹集资金后用在最稀缺的部门。三是提供资金,支付新的投入。这个功能现在基本上也是由银行来承担的,银行支付体系提供客户对客户的服务,从下到上,从客户到中央银行、信贷,形成了整个社会的资金流动网络,是便利于商品交易和资金流动的基础平台。四是集中管理风险为其他经济服务,为之提供防范金融风险的手段。不管是银行,还是证券,其作用都是管理、控制企业,根据各自的能力承担社会风险,使风险变得可以控制,这是金融体系的一个重要功能,即风险再分配的过程。五是提供一种有效的约束机制,保证借款人有效地使用借款并信守承诺、及时履行还款的职责。既有储蓄存款按期兑付(保证支付),又有银行贷款按期归还(本息安全),还有投资资金问题,比如说如何最大限度地减少市场波动对单个人的影响。这五项功能进一步说明金融体系在经济发展中的核心作用,归根结底,金融是用金融方法来高效率地对资金加以分配、运转,以支持经济的发展。

现在很多人都说要发展金融体系,但是对于这个体系到底是干什么的,却不太了解。举一个简单的例子,人们对银行的看法,都觉得银行行长就是大老板。他们弄错了,企业个体支配的资金跟作为银行管理公众的资金完全是两回事,银行只能在一个受到严格约束的范围内支配资金,决不同于其他的资金支配方式,更不是单个企业的资金支配。他们都把钱看成是银行和其他金融机构的基本特征,认为我们应该积极出资,支持地方事业的发展。这种看法对不对呢?对了一半。因为银行和金融机构的确拥有资金支配权,但必须按照一定的规则,以这个规则的效益来支持经济发展,而不是简单地投入资金。如果仅仅是以钱来支持经济,那银行就跟财政没有区别了,就没有金融了。金融是靠一种资金运行的安全和高效来支持经济发展,这是金融同其他行业最大的区别。

所以,衡量一个国家的经济是不是高效、能不能持续发展,要看金融体系的发展程度。这其中包括了产业发展问题,工农业发展要平衡、适当,如果光搞工业而不管农业,粮食产量不够,会导致资源缺乏,从而约束工业的发展;工业发展也不能竭泽而渔、搞重复建设,要防止通货膨胀。这些都是我们过去就有的经验,但都没有切中问题的要害。健康的金融体系既包括中央银行合适的货币政策、金融监管,又包括高水平的税收、合理的税收运用(是用财政政策,还是公众融资),还有良好的证券体系建设。所有这些综合作用,才能使国家经济走上持续、高效的发展轨道,我们现在离这个目标还有一定的距离。

可见,物质资料的生产固然重要,但是起举足轻重和核心作用的,还是金融体系。一个好的金融体系是一国经济发展的支柱,办好金融和建设一个强大高效稳健的金融体系是推进经济持续、稳定增长的关键,它本身就是综合国力的组成部分。衡量国力不能光看物质资料的生产,如果单从物质生产上看,中国在若干重要指标上已经达到了世界第一。但是从整体上看,我们国家在产品的科技水平、企业的效率、金融体系的健全、货币政策的监管和资本市场等诸多方面,与世界先进国家还有一段差距。

世界银行的专题研究组曾经组织一些经济学家,以80个国家为样本进行了实证研究。他们发现,如果以银行和非银行金融机构的流动负债来表示金融体系的规模,在人均收入最高的20个国家中,金融体系的流动负债与GDP的比率大概是2/3左右;而在收入最低的20个国家中,金融流动负债仅占GDP的1/4,金融规模和经济发展的相关系数达到1/2。所以,看一个国家的经济发展状况不能只看其经济规模,还要看金融声望和深度等一系列表征指标,即使一个国家在物质生产上居世界第一,它的金融效率未必很高,这也是一个差距。

历史经验证明,要想成为经济强国、政治大国,如果没有强健的金融支撑,不是金融强国,就很难实现,即使实现了也很难巩固。从很多例子中都可以看出,一个不健全或者落后的金融体系对经济的破坏作用。比如说,苏联为什么会解体?我认为金融落后是一个很重要的原因:软弱的金融体系(weak financial system)是苏联经济中存在的一个基本问题(substantial problem),促成了它的解体。尽管苏联曾经在钢铁、能源、交通和军事技术等诸多方面达到了很高的水平,在物质资料的生产上取得了不少成绩,但它落后的金融体系不能有效地动员社会资源,也不能使社会全体成员积极地参与经济发展的过程,所以整个经济发展效率低下。先不说里根政府怎么通过使苏联向欧洲国家出口天然气、减少苏联的硬通货收入来制约其经济发展,并在其他方面设法瓦解苏维埃共和国联盟,单苏联自己的经济体制,特别是金融体制度的落后就是解体的一个重要原因。

20世纪80年代拉丁美洲国家的金融危机,尤其是1997年以来亚洲的金融危机,都使得长期的经济增长被摧毁,经济发展受到很大的制约。这个过程在经济实力比较强的国家表现为银行倒闭和巨额的不良资产,在很多发展中国家以及在几乎所有的亚洲国家都出现过同样的问题,如在拉美国家这些问题非常明显和严重,日本、韩国、中国和东南亚国家的不良资产问题也都大同小异。而在经济实力较弱的国家,可能会导致政治危机,甚至政府倒台,使国家经济、代表国家经济的货币币值以及整个金融体系都出现了巨大的创伤。究其原因,就是金融制度不完善,金融体系不健全。

由此可见,现代经济的竞争除了科学技术和物质生产能力之外,更实质、更核心的是金融体系、金融制度的竞争。谁的金融体制更完善,更能稳定经济,更能高效地支持经济发展,更有承受和分散、化解风险的能力,谁就更有竞争力。

金融体系是否发达不仅表现为是否具有一定的规模,而且表现为财政融资、信贷融资、证券融资三种融资方式能否协调配合。这三种融资方式具有不同的功能和规则,其发展有一定的历史顺序,每一种方式的发展都是对前一种方式当中缺点的否定,是新的发展,而三种方式之间具有很强的内在的统一性和关联性,有一定的一致性,也有很明显的差别。但是它们不是互相重复的,有相同的基础,也有完全不同的一面,是相对独立的,是三种不同的形态。要获得经济发展的高效率,需要在三种融资方式之间取得协调配合,使它们能充分发挥各自的功能而不是相互取代,更不是相互损害。

下面我就来具体地介绍这三种融资方式。财政融资是最早的一种融资方式,它是随着国家这种组织形式的出现而出现的,有国家就有了税收,所以最初出现的融资是财政融资。财政融资是政府信用的主要表现形式,它是以政府意志为基础的,换句话说,政府可以决定财政支出,但是政府并没有更多的约束条件(obligation)来限制财政支出具体用在某些方面,其结果是在某种程度上财政有比较宽泛的自主决定的自由。这是财政融资的一个特点,即以政府意志为基础。另外一个特点就是通过货币信用制度平台发挥作用。一方面,政府信用来源于税收;另一方面,政府信用发展和变成政府发行钞票、创造一种中央银行对全国人民的负债,即货币供应量、流通中的货币。这个负债是一种以将来经济发展的前景作为兑付和实现的条件来发行的货币,换句话说,这种货币永远是预备的,只要经济有一定的规模和前景,负债就永远不会兑付,不会有人拿着100元的钞票到银行要求支付价值100元的其他资产。理论上讲这是可以的,因为负债是中央银行对个人的一种债务,但实际上这是不可能的,因为货币一旦发行就会沉淀在经济当中,并不停地流动。每个人拿到钞票后所想到的,决不会是要去银行拿回别的形式的资产,而是认为它可以购买其他一些商品,所以货币变成交易的工具了。政府还认为货币有支持经济发展的作用,所以美国政府不停地发行国债。克林顿政府后期为追求财政盈余,消除财政赤字,使美国国债发行越来越少。美国人认为国债和货币之间的差别很小,这也说明财政信用与政府信用具有很强的内在的一致性。

二者有一致的地方,但表现形式确实不一样。政府信用就是使用预算和政府的信用融资,比如说用国债的方法来筹集资金,并且把整个社会经济发展的潜力、税收能力,即将来经济发展的前途,现在当作债券出售。也就是将来的前景现在卖出去,变成政府的收入,政府现在就可以分配国债,这就是当前财政拉动的一个特点。

政府分配资源的实现是从财政政策的角度 这一点与信贷融资和证券融资有根本的区别。财政政策是不以资产安全为前提的,它是无偿的,是直接垄断的初级形式,或者说是原始的。财政政策不会要求回报,它回报的是整个经济的发展。全国人民可以说是全体经营参与者、受益者,他们都不会直接地回报财政,因此财政政策受的约束也很少,这就解释了为什么它以政府经济为基础。过去我们的计划经济之所以可以实行,也是因为当时经济是以财政政策为基础的,政府可以决定一切经济事务,可以搞工业,可以搞投资建设,可以搞相应的水利工程等,只要政府觉得有能力和有必要就行,而没有资产安全问题。很多国家的资产安全都不是单个的微观的安全问题,政府信用发展起来以后,就会推动和发展市场信用、企业信用和个人信用。我刚才已经说过,首先推动的是它自己的政府信用,就是政府融资、国库券，同时还推动着货币信用，由于政府有财政融资，也推动货币的出现。实际上，这个信用如果继续发展下去，就成了一个整体的市场信用，也会带动企业信用、个人信用的发展。现在看来，后面几个方面在我们国家都还远远没有发展起来。但确实从一开始，从信用的性质来说，政府信用、财政信用都是同一个来源，都有同样的性质，尽管它们的表现形式和功能有巨大的差别，它们都是一种信用。然而，在发展过程中，不同的对象、不同的主体具有不同的信用。

总的说来，财政融资是社会融资和直接融资的初级阶段，它不讲求经济安全，具有无偿性。当计划经济国家，特别是落后国家开始使用这种方法的时候，其实质更多的是使用财政融资的方式。而在发达的市场经济中，财政融资的作用则开始减退，信贷融资和证券融资地位逐渐上升，所起的作用越来越大，但是财政融资在整个融资体系中发挥基础性的作用，只是它的主要角色不再覆盖整个经济发展的每一个方面，现在主要是提供一些公共产品，为社会基础设施、金融基础设施的建设和发展做贡献。

信贷融资萌芽于古代很早的西方文明当中。巴比伦时代它主要表现为代人保管金银、收取保管费用，这是早期信贷融资的萌芽。到了中世纪的时候，意大利和英国出现了现代意义上的银行，可以提供存款、代理支付和贷款，即存、贷、汇这三项业务，这标志着规范的信贷融资已经有了比较明显的发展。信贷融资是以银行为中介，按信贷的规则运作，它要求资产的安全和资金的回流，这是其不同于财政融资的最根本的特点。

信贷融资有很强的财政融资"脱胎"的特征，尽管仍然要求安全，已经属于市场经济的组成部分，融入了市场原则，责任明确。但是，由于信贷融资仍然是一个过渡时期，或者说还处于"脱胎"的过程当中，由于"货币幻觉"的影响，产品容易受到财政融资观念或方法的侵蚀。而且信贷融资的责任链条和追索期限都过长，必定造成市场的各个主体之间信息的不对称，没有人愿意无偿地把自己的信息拿出来与大家共享，总会有一些商业秘密，总要利用一些别人不知道的信息来保证各自的利益，这是很自然的。这种信息的不对称是始终存在的一个问题，不可能得到根本解决，问题是怎样将不对称减少到最低限度。

另一方面，银行是由少数人决定大范围资源分配的，普遍存在用短期资金发放长期贷款的现象，又会落入一个"流动性陷阱"。本来以为自己可以长期这样滚动下去而不出现问题，实际上不可避免地会遇到难题。由于银行、财政融资遗留的这些特点，风险积累被推往将来，银行的风险约束和化解能力也都只是很初级的，这都是一个很大的弱点。各国的银行对这个问题都没有解决好，虽然现在比过去好了很多，但还是有问题。

拿最发达的美国来看。80年代到90年代初，它也在学用住房贷款的一种合作社制度，吸收大量存款用于盖房，但实际上并没有都用在居民住房上，而是搞了很多商业性住房，除了房地产之外，大量投资被用于其他行业，造成了很多问题。90年代初美国下决心解决储贷协会问题，处置了2000多亿的问题资产，把它们从全国经济中排除出去。因为美国有明确的目标：世界最好的金融体系，它容不得自己的金融体系里头遗留一些招致全世界指责的、往美国人脸上抹黑的屋顶，所以它下决心要除掉它们。

欧洲的很多银行则仍然在经济发展中起着决定性的作用，证券融资没有很好地发展起来。这个问题在英国不是特别明显，可能因为英国是融资的发源地，他们对规则的遵守和资产的安全都比较认真，所以没有出现明显的金融危机。历史上曾经有过英镑和欧洲货币体系脱钩的事情，欧洲各国的汇率机制，大家都承诺汇率的波动不会超出一定的比数，英国从自身的经济利益出发，决定退出波动货币体系。所以到现在英国还没有参与欧元的发行与发展过程，虽然很多欧元的交易、资本市场、债券等业务都是在伦敦进行，伦敦仅仅是作为欧洲的金融中心，欧元并不是伦敦的法定货币。

亚洲就更明显了，日本、韩国、香港等的金融体系都存在银行不良资产的问题。实际上亚洲国家和地区对金融问题的认识程度都有问题。比如说日本，我想可能明治维新以后它总想建立工业、建立知识体系，还曾经有过侵略周边国家、参与世界大战的历史，那是一段被工业化冲昏头脑的经历。而日本政府可能没有认识到金融问题会导致它的经济发展现在面临这样的困境。

总之，银行的这种弱点是天生带来的，它自然会给经济发展带来一些问题。过去人们把融资所存在的问题看得过于简单化，没有把体制的高效率、体制的完善、资源分配的优化当作经济发展中的首要目标，这是一个基本问题。

下面来说证券融资。证券融资主要包括股票和债券，它出现的时间最早，从12世纪热那亚人为筹集资金征服塞浦路斯岛就已经开始了，当时出现了一个叫"莫那"的股份信托公司，以经济利益来吸引人们为战争投资并承担风险，这就是比较原始的证券融资。债券的发行开始完全由政府垄断，并且作为财政融资的工具的证券融资，在文件中记载的是12世纪末意大利的佛罗伦萨政府曾经向当地的货币经营商发行过政府债券，这是相当于国债性质的债券。真正意义上服务于企业的企业债券是在19世纪产业革命后才有所发展。从政府信用到企业信用，再到个人信用，这是一个很长的历史过程，每一步都要达到相当发达的程度才能进入下一阶段。

与信贷融资不同的是，证券融资是由众多的市场参与者参与决策的。银行和财政融资都是由少数人来决定大多数人的前途，而证券融资则由众多的市场参与者共同决策，这是证券融资的一个明显特征。其结果就是，将来的风险现在就暴露，现在就定价，现在就分担，所以证券融资是责成、约束最严格的融资方式。将来可能发展前景好，收益会增加，各方面都好，现在就定价，可以让大多数人获益，同时，市场参与者要一起承担风险。因此，证券融资也代表了一种融资的发展方向，它的基本原理经历了一个从财政到信贷，再到证券的发展过程。

经济发展都是在这三种融资的演变当中实现的，但是在不同的国家和地区各有的侧重，代表了不同的经济发展水平。在西方，这三种融资都有几百年的历史，而近几十年证券融资在欧美发展非常迅速，资本市场增长很快。资本市场日趋发达的经济融资效果和风险承受能力也显著增强，从而保证了金融体系的安全、稳定，也以经济发展的高效率促成经济增长。相比之下，经济落后和后起的市场经济国家起步比较晚。大多数都是从财政融资开始，现在都是以信贷融资为主，证券融资则不够发达，而且信贷融资不完善，往往受到财政融资的观念和方法的侵蚀。证券融资也是如此,比如企业总想借钱,不管编造什么故事,先拿到钱再说。这实际上是一种不承担社会责任的作法,他们没有认识到金融体制发展的过程中还有诸多的约束,结果是使银行超过了自身能力的投资功能。特别是日、韩等亚洲国家,信贷融资受政府干预的程度较大。

我国国有商业银行储蓄历史包袱很重,主要原因就是政府干预以及人情贷款过多。这两种方法都是以牺牲资产价值为代价来分配资源,给整个经济体系带来很大的问题,使经济结构调整很困难,导致金融危机等一系列严重后果。

第二个大问题是,我国融资政策的转变和当前存在的问题。

这三种融资方式在我国的经济发展当中也经历了一个演变过程,大致可以分成两个阶段。70年代以前是第一个阶段,当时我国的基本建设处在高度集中的计划控制之下,财政融资几乎是惟一的融资方式,这是历史的产物,也是在当时的历史条件下一个必经的阶段。那时候银行的作用十分有限,信贷资金数量很少,都是由政府部门按财政融资的方式加以分配,这就是过去一直延续的政府分配贷款。我们没有意识到政府分配贷款会带来的严重后果,觉得这些都是资金,凡是资金就应该由政府来分配。

当时我国工业基础几乎空白,经济基础十分薄弱,刚刚从战争年代走到恢复和发展的初期。为了加快经济恢复和加强大规模的经济建设,实行高度集中的金融政策、利用政府信用筹集和分配资金,这在当时条件下具有不可低估的积极作用。这种政策的主要成就不仅表现为工业基础的建立和经济的发展,而且表现为国家信用的确立和发展。我们往往对后一点认识不足,实际上这种政策为以后的信用体系多元化和向市场经济过渡打下了基础,而没有政府信用平台,就没有经济发展的基础。但是这种财政融资主导的体制也存在很多弊端,最突出的一个问题就是企业在资金使用上缺少风险,使企业资金使用效率低下,风险都集中于政府。

1978年以后是第二阶段,这一时期财政融资的主体地位逐渐让位于信贷融资。随着我国经济体制改革的深入,国民收入分配的格局发生了显著的变化,财政收入所占的比重急剧下降,已经没有能力再支撑全部的基本建设,而同期居民收入所占的比重在迅速上升,资金开始逐渐向银行集中。1979年,政府开始推行投资体制改革,实行"拨改贷",把基建投资由财政拨款改为银行贷款,逐步形成了以信贷融资为主的融资体系。90年代中期,随着信贷融资的发展,政策金融和商业金融发生分离,中央银行和商业银行功能的进一步明确使得信贷融资得以发展。

政策金融和商业金融在信贷融资的领域里都属于同一分支,但是二者已逐渐分离。政策金融只能代融资或到市场发债,而且要求市场的安全、项目贷款资金回流等。在这一阶段,财政融资的功能被进一步分解为三个部分。一个是国家以预算或准预算的形式为企业注入资本金,也就是国家把预算变成了一种本金投入,同时财政融资要支持信贷融资,因为信贷融资需要一定的资本金来运作,并控制在资本金承受范围之内。第二是扩大国债发行,利用国家信用向公众举债、发新还旧。国债后来成为资本市场的一个重要组成部分,对我国资本市场的完善和发展起到了一定的推动作用。第三是完善了中央银行制度,建立了中央银行的货币信用体系,以及国有银行为主体,其他银行、合作金融机构和非银行金融机构为补充的一个银行体系,而证券融资在我国现阶段所占的比重是十分有限的。

经过二十多年的演变,我国形成了以信贷融资为主,财政融资和证券融资为辅的金融体系,金融体系有了很大的发展。从总量上看,银行体系的流动负债占GDP的60%左右,与发达国家相近。从金融格局上看,信贷融资占主导地位,国家每年的税收大约是1万多亿元,股市的币值是4万多亿元,其中流通股约有1万多亿元,而银行存款为13万亿元,贷款11万亿元,这种格局支撑了中国经济的持续增长。同时,我们也为此付出了高昂的代价——造出了大量盲目的重复建设,牺牲了银行的资产质量和效率,导致社会风险向银行集中和沉淀,银行处于市场和政府中间的夹缝里。如果银行资产优良,就能进一步增强公众信心,提高企业效率,银行也会稳健、健康发展;如果银行资产质量低、积有大量不良资产,信贷融资所造成的负担就不能被证券融资这种更发达的形式所消化和承受,而会退回到财政融资,成为政府财政的负担,只能在经济的长期发展中逐渐被消化。

当前我国金融体系所存在的问题有哪些呢？我认为第一个问题就是信用体系的缺乏，信用转换。只有国家信用，没有企业信用和个人信用，整个社会缺乏基本合格的信用体系，其结果是摊薄了国家信用，人人都认为自己是国家信用的原身，都享受国家信用而没有为它作出贡献，没有用业绩证明企业信用，这样一来，三种融资就变成了财政融资不同的变形和游戏而已，后果是非常严重的。一个发达金融体系的基础就是信用体系，是靠一个健全的信用体系来支撑，通过严格的信用约束机制来配置资源。在经济发展中如果没有完善的社会信用体系，金融体系就不可能稳定和发展，经济也不可能有效率。

第二，没有形成三种融资协调配合的机制。这个问题我刚才已经说过了，如果人人都不管三七二十一，先把钱拿来用了再说而不讲求信用的话，三种融资方式就会变成财政融资的简单变形和一种游戏。在当前震荡的情况下，加上信贷融资的比重受到财政融资观念和方法的侵蚀，经济的发展会不断地受到制约，会不断地出现新的不良资产，给经济发展造成严重困难。

第三，财政融资资金使用效率低下。积极的财政政策在一定意义上可以弥补市场的失效，政府在强调积极财政政策的宏观效应的同时，也不能忽视国债投资的微观效应，不能忽视钱被挪用或建设项目质量过低等现象。忽视市场规则、忽视财政资金的监督是一个很大的问题。

第四，未能把长短期资金分开，忽视银行资产和负债期限的匹配，短期资金长期使用，隐含着严重的风险。根据统计，目前四家国有商业银行的中长期贷款占贷款余额比重的 40%，占新增贷款的 60%。商业银行的资金主要来自于居民储蓄，它受到零售、不良贷款以及集中资金能力的限制，过多地涉足长期的信贷融资会扩大支付压力，堕入一个流动性陷阱，就是把当前矛盾推到将来，增加全球性的风险隐患，东南亚金融危机就是个前车之鉴。现在我们商业银行的存款期限越来越短，而贷款期限却越来越长，这就隐含了相当的风险。一旦将来市场发生变化，利率回升，就会出现流动性无法支付的困难。

第五，商业银行改革滞后，内控不严，导致关系贷款、人情贷款。

现行的银行体制是一个过于庞大的官僚体制,效率低下,分为总行、分行、支行、分理处、基层储蓄所五个层次。中间环节太多,信息难以沟通而且极不对称,降低了决策效率,而且由于责任链太长,管理半径过大,监督和风险控制都难以到位。

我讲的**最后一个内容是,如何办好银行,完善信贷融资**。

要建设一个强大的金融体系,关键是要认清信用体系缺损带来的危害,提高对金融的认知,遵循三大融资发展的规律,明确办好金融的目标。在现阶段的中国,就是要发挥财政融资的作用,在推进资本市场发展的同时,要完善信贷融资,以持续地支持经济的发展。我们对这些都还没有现成的答案,银行融资占很大比重,而且缺乏信用观念,这会带来很大的矛盾。所以我们需要对以下几个问题有正确的认识:

首先,要明确以发达的金融体系支持经济发展的目标。金融是通过信用的权责约束机制、靠安全和高效的资金循环来优化资源配置,它是经济发展和综合国力的重要组成部分。衡量经济发展的程度,不仅要看物质生产力的发展,还要看金融体制的发展,两者缺一不可。一个健全的金融体系是经济发展的重要支柱。世界银行曾经发表过一本书,标题叫"finance for growth"(为增长融资),该书总结了七八十年代以来各国的金融危机,特别是亚洲金融危机,讨论了如何为增长而融资。

其次,要杜绝财政融资的观念和方法对信贷融资的侵蚀。财政融资的方法侵蚀信贷融资的实质是以牺牲银行资产质量为代价的,使人们不相信信贷融资和证券融资能更高效地配置资源,总想无偿地拿到资金。相当一部分政府部门和企业都是这样,不肯承担风险,表现在银行是奉命贷款,表现在地方政府就是有关部门换取短期经济目标,表现在企业是换取自身利益,而信贷资金则成了圈钱的目标、赌博的筹码,结果是带来了金融风险,破坏了社会经济体系的发展。很多企业的思维方式,还没有从财政融资向银行、信贷融资转变过来,对于它必须承担的责任、为高效率必须付出的代价以及需要建立的一整套社会体制,都没有足够的认识,没有足够的思想准备。

再次,要认清存款银行和债券银行的本质区别。二者资金来源不同,中国的银行有两类,以存款为基础的商业银行和以发展为基础的债券银行,比如开发银行就是一个债券银行。它们同属信贷融资,但业务领域和功能不同,存款银行主要从事柜台存款、短期资金、流动资金、消费贷款、结算和支付服务等,债券银行则是从事长期融资的批发银行,通过发债把短期的临时资金转化为长期资金,弥补商业银行在长期融资领域的缺陷,在基础设施的长期融资领域发挥一个主力银行的作用。这也是国际上一种成熟的机制。

最后,就是要缩短风险控制半径。在管理上要通过加快改革完善机制,重点解决管理半径过大、责任链太长、监管和风险控制难以到位的问题。在风险控制上,要加强资产负债管理,重点要解决短期资金过多进入长期贷款领域的问题,避免堕入流动性陷阱,导致系统性风险。还要看到,在资本市场里,银行信息不对称的天然缺陷使银行的控制能力极其有限,需要引进一些资本市场的原理和方法建立企业风险分散机制来控制风险。

总的来看,中国的金融体制改革、融资市场都在进一步发展当中,许多问题还有待于深入探讨和实践。只要顺应形势、明确目标、趋利避害、善于学习和借鉴国际先进经验,就一定能够建设起一个强大、稳定的金融体系。当然,现在看来这并不是一项容易的任务,需要一步步慢慢来。实现推动国家经济持续增长的目标,以一个发达的金融体系来支持经济的发展,这是世界各国共同的目标,我们也必须在这一点上取得成绩,只有这样,才能促进经济的持续发展。

高级管理人员的选拔问题

徐联仓

> 徐联仓,著名心理学家,原中国科学院心理所所长,国际应用心理科学联合会执委,博士生导师。

高级管理人员的选拔是全世界关注的问题,在新世纪中在对高级人员的要求方面也有了很多变化,因而在选拔工作中也应有相应的要求。据美国 Fortune 杂志 1989 年刊登的一篇文章中提出,与上一世纪 90 年代相比,21 世纪对管理人员在管理理念以及各种技能的要求都有所不同。

(1) 在管理理念方面:

	重要性比重变化
战略形成	68%→78%
重视远景	75%→98%
管理计划继承性	56%→85%
国际政经问题	10%→19%

(2) 在人际关系方面

伦理行为	74%→85%
人力资源管理	41%→53%

(3) 在技术方面

计算机知识	3%→7%
市场与销售技能	50%→48%
生产管理	21%→9%

(4) 在沟通方面

经常与顾客联系	41%→78%
经常与雇员联系	59%→89%
掌握媒体与公共关系	16%→13%
对不同文化中个体的敏感性	10%→40%

从上表可见在新时期中对管理者的技能的要求有了不少变化，这种变化势必影响到对他们的选拔要求。

对高级管理人员选拔是每个组织企业的人力资源流动中的重要一环。

下面是一个现代管理系统中对人力资源流动的构想表。表中可见，在考虑人力资源开发时，不能单纯从人才流动出发，而是要从流入后如何保持、内部流动以及如何流出全面安排，而且在所有环节都不能忽视环境的变化。

表1　现代管理系统人力资源流动构想表

```
┌──────────────────┐          ┌──────────────────┐
│   组织要求       │          │   个人的需要     │
│ 企业目标和计划   │          │ 个人目标和生活/  │
│ 人力资源流动计划 │          │ 职业计划         │
│                  │          │ 个人职业发展计划 │
└────────┬─────────┘          └────────┬─────────┘
         │                             │
         │     ┌───────────────────┐   │
         └────→│ 流动政策体系和实践 │←──┘
               │      流入         │
               │ 招聘              │
               │ 评估和选择        │
               │ 定向和社会化      │
               │      内部流动     │
               │ 对表现和潜力的评估│
               │ 职业发展          │
               │ 内部安排、提升和降级│
               │ 教育和培训        │
               │      流出         │
               │ 开除、解雇和退休  │
               └─────────▲─────────┘
                         │
               ┌─────────┴─────────┐
               │    社会机构       │
               │ 政府法规          │
               │ 政府管制机构      │
               │ 教育机构          │
               │ 工会              │
               │ 社会价值观        │
               │ 公共政策          │
               └───────────────────┘
```

资料来源：基于詹姆士·沃克的思想，《人力资源计划》(纽约：麦格劳-希尔出版公司)

在如何流入人才方面，目前国内流行的做法是"人才交流会"，把用人单位、求职者汇集在大型交流会上，供需见面，这是一种很方便的办法，但是非常原始，科学性、效果性都较差。尤其是高级管理人员的供与求都不大会在这种场合进行。有人称之为"骡马大会"，高级管理人员是不会参加的。更多的渠道是各种人才公司、猎头公司或用人单位利用媒体直接与求职者联系。这样的问题是联系面不够宽广，秘密性较差，费用高等。随着网络技术的发展，近年来网上招聘已取得相当好的效果，出现了 ATS 系统(Applicant Tracking System)，即申请者追踪系统。据国外报道，《财富》杂志评出的 500 强企业全部利用网络招聘。预计到 2002 年会有更大的发展，在线招聘的经费将从现在的 1.2 亿美元增加到五年后的 7 亿，公司在今后三年中将增加 59% 的开支用于网上招聘，据统计在中国有 37% 的招聘职位是通过互联网发布的，95% 的以员工技能为基础的企业愿意接受网络招聘形式。

美国从事人力资源工作的公司，如 Work Force.com、Web Feet.com 等调查了一些知名大公司，发现它们都希望利用网上追踪系统来筛选、评估、聘用人员。应当注意 ATS 系统的强大的功能为招聘过程带来好处，但是单位用 ATS 系统不能包括选拔人才的全过程，在技术上、方法上还需要更多的研究与完善。

目前 ATS 还主要是用于发布招聘信息，并在网页上随着每一次张贴对信息更新，而且把网上申请职位的应聘者资料自动放入有关栏目中去，其次在招聘数据库的支持下与申请者联系，对整个过程记录存档，在此基础上，ATS 根据制定的目标软件进行筛选，并做出反应，对申请者回复。

ATS 的进一步的发展与完善应包括能对申请者进行电脑辅助测试，把已经成熟的各种测试手段通过电脑网络与申请者对话，显示测试题目，申请者在网上应答，结果在网上传回 ATS 自动评分、存档，与用人单位协同录取工作。考虑到委托选人公司的特定要求，可以采用专用的测评方法，包括面试在内。

不论采用多么先进的电子方法与手段，其基础仍不能脱离各种心理、能力的测评方法与技术。

表 2

选拔方法	评价标准			
	效度	公平性	适用程度	费用(美元/候选人)
职能测验	21—40	中等	高	21 以下
性格与能力测验	21—40	高	中等	20 以下
人格与兴趣测试	21—40	高	低	20—50
访谈法	00—20	中等	高	20—50
工作样本法	40 以上	高	低	50 以上
情境练习法	21—40	不详	低	20—50
个人履历法	40 以上	中等	高	20 以下
同行评价法	40 以上	中等	低	20 以下
自我评价法	00—20	高	中等	20 以下
推荐信法	00—20	不详	高	20 以下
评价中心法	40 以上	高	低	高

表 2 的结果是 1954 年至 1984 年 31 年间各类研究结果的综合。

表 3 心理测评在各人才资源管理领域中运用的频率表

人才资源管理的各个领域	运用心理测评的频率
最终的选拔决策	83%
提 升	76%
职员发展	67%
职业咨询	66%
成功计划	47%
最初的应聘筛选	42%
人员安置咨询	30%

(资料来源：Conad, K. A. ed, 1991, The psychological assessment of middle managers, in Hansen, C. P., Conrad, K. A. ed, A handbook of psychological assessment in business, QuorumBooks)

表 4 面试分类

按具体形式分			按提问方式分	
个别面试	成组面试	会议型面试	结构化面试	非结构化面试
一个应聘者与一个面试人员面对面地交谈。有利于双方相互了解，但由于只有一个面试人员，从多种角度对应招者进行考察，提高判断的准确性，克服免有的个人偏见。一般以决策用于招聘规模较低的招聘职位员工的招聘。	由面试小组对几个应聘者同时进行面试。在面试人员的引导下，完成制定的测试和练习。目的是考察个人在群体中的表现，其对达成组织目标起促进作用还是阻碍作用，同时还能了解应聘者的逻辑思维能力，解决实际问题的能力，人际交往能力，领导能力等。多用于人数较多的情况下。	由若干位企业代表会见一位候选人。虽然对求职者的考察十分可信，但受试者的紧张程度很高。	为求公正、客观评价候选人所需的信息，面试者必须遵循一个结构化、系统化的面试程序，并向申请人提出一系列设计好应聘工作相关的问题，并按设定的评判标准现场记录并打分。使用结构化面试的主观性，从而提高了面试的可靠性和准确性。但是，如果气氛过于正式，有时会影响候选人回答问题的能力和愿望。	面试者提出探索、无限制的问题。这种面试是综合性的，鼓励求职者多谈。一般随谈话进行。该发展自然进行。该方式有助于营造轻松气氛，让应试者在较小压力下表现自己。但一般耗时更多，不同的候选人会获得不同的信息，结果不容易控制，随意性、主观性都较大。

面试比一般的测评方法复杂而且有其特殊的效果，是各种公司、企业、政府机构选拔高级管理人员的一种重要方法。一般来说，按具体面试形式来分，可以有个别面试、成组面试和会议型面试，从提问方式来分，可以有结构化面试和非专业化面试。在我国应用个别面试较多，即人事部门与申请者谈话方式。近年来在一些政府机关采用考试方法较多，一般设七位考官，由一位主考官提问，其他考官评分，这种方式可克服一位考官的评分主观性，而且多采用结构化面试方法，即事先把问题设计好，而且各位考官也先经过一定的培训，使大家对面试要求有统一的了解，但是为了保密，各考官事先并不知道考题。考题是由用人单位专门从组织部门的题库中选购的。外资企业和中外合作经营的企业在选人时多采用非结构化面试，由主试者根据情况临时提出问题，问题多样化，有时也没有标准答案，评分也是由主试者的经验来判断的，这种方式很灵活，但是对主试者的各方面要求较高。他也必须熟悉用人单位的要求，要有丰富的用人、了解人的经验，而且能体现公平、不搞走后门、照顾关系等不良作风。

近年来我多次应邀参加北京市及一些国家机关选拔高级管理人员的工作，一般是先进行各种考核，背景材料了解，专业考试或者能力测试之后，从中选出少量优秀者进行面试，面试的结果对能否录用有关键作用。采用的是考试团方法，由七位考官组成，一位为主考官负责提问，其余六人与主考官共同评分。其考核的项目因用人单位的情况不同而有所区别，大体上可以分为应试者的仪表气质、责任感、决策能力、创新能力等，还有一些与其将要从事的工作有关的特殊行业的胜任能力等。在这种结构化面试的评分表中还应填入评审要点、应注意观察的要点，并结合以评分标准，在评分时还要考虑工作要求不同而有一定的加权系数。在每位应试者面试回答之后，当场即时打分，全部结果由工作组织者立即取回，输入计算机处理，交由主管部门审核，整个过程十分注意保密及公平性，应该说采用这种方法可以杜绝人情关系、走后门等不正之风，因而受到社会上的支持，申请者也认为公平公正公开，从实际效果看，几年来的结果也说明通过这种方法录用的人才在工作中表现等方面都比较成功，可以说这种公开面试的效率效度是很高的。

在具体操作实施中还有一些方法技术问题有待于进一步的改善和提高,例如:

(1) 可以采用个别面试等多种方法,不一定局限于考试团面试法,在结构化面试之外,也可以适当加入一些灵活提出的非结构化面试的问题。

(2) 在结构化面试的考题方面应更注意与用人单位工作任务的结合。目前使用的考题由全国(或全市)人事部门建立统一题库提供,办法保密性、公平性较好,但与评分表中所列举的评分要素的结合方面往往配合不准,难以正确评分,而且也可能与用人单位的工作任务关系不密切,题库可以分类,在选用题目是可以有所选择(不是挑具体题目,而是选种类,以避免不公正)。

(3) 评分中的"优、良、中、差"过于抽象,不好掌握,最好能有进一步解释,如"优"代表什么。共同加强对各考官的评审培训,增加不同考官评分的信度。

(4) 对每次面试结果进行总结,为今后的工作打好基础,同时通过实际应用逐步完善题库的质量,改良题库的结构。

(5) 逐步形成一支考官的专业队伍,提高效度。

信用与道德风险

陈少峰

陈少峰,北京大学哲学系教授、博士生导师。1980年起先后就读于福建师范大学政教系、南京大学哲学系、北京大学哲学系、日本早稻田大学文学部,1991年获北京大学哲学博士学位。1991年至1993年在北京大学社会学人类学研究所做博士后研究。1993年至2000年任北京大学哲学系副教授。2000年起任北京大学哲学系教授。曾先后赴日本九州大学和日本国文学研究资料馆进行访问研究。从1994年起先后发表《生命的尊严——中国近代人道主义研究》(上海人民出版社)、《中国伦理学史》上下册(北京大学出版社)、(《中华文化通志》系列之一)、《德育志》(上海人民出版社)、《伦理学的意蕴》(中国人民大学出版社)和《宋明理学与道家哲学》(上海文化出版社)等专著,以及在国内外发表论文20几篇,翻译论文近20篇,主编《原学》学术辑刊第一至第六辑。1996年获霍英东教育基金。主要研究领域为中国伦理学史、儒家哲学与道家哲学比较研究、管理哲学与企业伦理、文化产业。

大家好。我想"信用"这个讲座的题目是很俗气的,在此我们将从一个学术角度来看待这个问题,看大家是否能获得一种新的启发。大家都知道,如果人与人之间都讲信用,这个社会就会减少很多成本,增加很多收益。那么信用是什么?我们就从这里谈起。

一、信用的机制

(一) 品质个性与信用

我们把"知识"提升为资本,那么我们可不可以把"信用"也提升为一种资本呢?答案是肯定的。那么所有的社会活动首先取决于道德机制还是取决于才能和知识呢?我认为信用和才能相比是具有优先地位的。"911"事件造成的直接后果是美国社会的恐慌,美国的航空业收益大幅下降——反过来讲,信用也会造成一连串的连锁反应,南京冠生园月饼事件也使中国今年月饼销售额大幅下降了。可以说,信用像一种机制,只要这个机制发生危机,就会涉及到一系列的连锁反应。

那么,信用到底是什么呢?

信用首先是一种品质。在我们传统伦理中讲:"人无信不立。"这种品质取决于人的修养,这点是因人而异的。但是我们同时要知道,信用是一种关系,这是我们要探讨的最根本的东西。这种"关系"表明信用是一种相互依存的机制,如果这个关系一旦受到冲击,就会带来很多负面的影响。所以我们需要考察什么样的人有信用,以及怎样才能建立起一个信用的机制。有修养和没有修养的人在很多行为上是一致的,就是不会去违背社会的伦理,因为他怕受到谴责,他怕别人不信任他,怕舆论的批评,也可以说他遵守道德获得的好处比他违背道德信用带来的好处要大。我们可以这样定义信用:

信用是人与人之间稳定的真诚的社会关系(伦理关系)。信用的特点是诚实可靠的品德和持续稳定的承诺关系。

那么,哪一类人会维护信用呢?第一类人就是品德修养好的人,他把信用当成是人格的特征。第二类人是懂得真正"自利"的人,因为从长远来讲,建立信用无论对人还是对企业都是有好处的,这一点可以从博弈论等经济学说得到验证——一个人如果能够合理审慎地判断维护信用到底会造成什么后果的话,他就有积极性去维护信用;相反,如果不懂自利的人,往往会做出"损人不利己"的事情。所以从这个角度讲,"聪明"的人往往会维护信用。当然,聪明人往往分为两类,一类是耍小聪明的人,一类是有智慧的人。耍小聪明的人看重的是眼前的利益,这一类人不大会维护信用,因为维护信用需要付出成本;而大智慧的人把长期利益与短期利益结合起来,他会看到维护信用带来的好处大于付出的成本。第三类人是自信的人,他对建立自己的信用和履行承诺有足够的信心,这一类人大体上也是讲信用的人。第四类人是目光远大的人,他有远大目标,宽广的胸怀,也会维护信用。总之,我们可以看到有两类人,一类是有道德的人,一类是考虑计较好坏的,不论哪类人,只要有足够清醒认识的话,就会维护信用。

可是这个社会的信用为什么还是这么差呢?这是因为信用的连锁性,只要有人对信用进行破坏,就会对所有对信用有信心的人造成负面影响。在一个社会系统中,如果我们知道某些人不讲信用,这个信用链条就会断了,大家也会纷纷断掉这个链条,恶性连锁反应足以影响全局。所以我们可以得出几个结论:

第一,个人的信用是由个人来维护的。

第二,群体的信用是由管理来维护的。

第三,社会的信用责任主要在政府。社会的链条对所有人维护信用的冲击是最大的。打个比方,一个人的品格有缺陷的话,不会对社会有多大的消极影响;而一个对社会影响大的人譬如官员品格有缺陷的话,他就会对社会造成很大的消极影响。建立个人信用是为个人修养考虑,而维护社会信用必须基于一个系统的考虑。

大家可以想一想你们所知道的人中,哪一个是最有信用的呢?我想最有信用的人可能是莫泊桑的小说《项链》中的女主人公,这是一种最顶级的信用,只是为了履行自己的义务,没有任何为自己打算的想法。可以说,作为个人来讲,信用是一种道德的义务,这个义务是由于我们作为社会一分子,相互之间具有依存关系。这个社会道德系统是我们得到安全保障的第一步。刚才我讲过,懂得信用的人必须懂得自利,这点与我们过去的看法有很大的不同。好多人其实不知道什么东西是对自己有好处的——这种"自利"和我们说的"自私自利"不同,如果人们缺乏自利的能力的话,我们的社会道德、人权、财产根本不可能得到保障。所以我们每个人都应该懂得合理的自利,在不损害他人的情况下,最大限度地自利。这种自利其实在许多情况下可能比利他的效果要好,因为你并不了解他人的需要,也不知道怎么利他,却知道怎么自利。考察一个人是否真正懂得自利,并不是看他是不是总是得到好处,而是看他能否平衡短期利益和长期利益。从这个意义上说,真正懂得自利的人是要维护自己信用的。

在市场经济条件下,信用是一种无形资产。举个简单的例子,假定两个人同时去企业应聘,在才能差不多的情况下,信用高的人报酬肯定更高——因为信用可以减少交易和管理成本。所以信用本身应该是一种资本,有信用的人,身价也应该增值。各位就业的时候,如果本身品行好的话,可以要求比别人更高的工资,你也可以为自己建立一个信用评估体系。我们常说"德才兼备",事实上这样的人在社会上非常少,北大的同学一般都有才,如果再有德的话,完全可以把它作为资本——我们应该懂得把我们的品德作为自利的一种资本。

可是为什么很多人还是不愿讲信用呢?第一个原因是,信用是一种投资,就要付出代价——这种投资的成本是很高的,就是说你要一直投资下去。这就好比为什么没人愿意种树,为什么我们中国的信用就有点像西北的沙漠化呢?反过来讲,你的投资是有回报的,大家都愿意给讲信用的人打工,与讲信用的人合作。但是另一个问题,当讲信用的人和不讲信用的人打交道时,短期内是不讲信用的人占了上风,为此有人在不断地摧残信用,这就是信用难以建立起来的第二个原因。如果我们从自己修养着眼的话,我们个人大多会有积极性培养信用,可是当我们考虑到讲信用是会吃亏的话,我们的信心就会受到打击,就没有维护信用的激励。

基于这种状况,我们认为,这个社会需要增强道德激励。过去强调自主的道德,我们称为自律道德,这是靠自我约束的;而怕惩罚或为获得好处的道德,称为他律道德。自律行为是一种很高尚的行为,但是如果不断受到摧残,这个自律的链条就会不断松垮下去。如果某个人的道德信心受到摧残,并不可怕,可怕的是社会信用受到摧残。而真正使社会信用受到摧残的原因,是不守信用的人没有受到惩罚,反而得到好处——这会鼓励更多的人去违背信用。我们的上市公司,有很多是做假账的,所以才有了朱镕基总理为会计学院题的"不做假账"的校训。上市公司刚开始时,并没有人对它的信用产生疑问,很长时间以后我们却发现,很多上市公司没有信用。事实上,这么长的时间里,信用的链条在不断的被默许下受到摧毁。因此在今天,当很多人想维护这个信用的时候,也觉得维护起来非常难,这个维护成本比原来人在淳朴状态下维护信用的成本要大得多。

还有一个问题,出于品德修养而去维护信用的人,往往会受到欺骗,因为他不怀疑别人。因此,有道德的人,如果没有智慧的话,往往会上当受骗。所以我们的信用行为,要结合我们的智力考虑,才能得到维护。这就是古人讲的"仁"和"智"的结合,既要维护信用,又要让别人不破坏信用。

从这个角度讲,如果一个人很轻易上当受骗,那么他对信用的建立是不利的。所以,我们可以难得糊涂,但也千万不要去相信那些随便就对你许诺的人,因为社会道德还没有到这样的层次,这样的人是不可靠的,往往出于欺骗的目的。相反的,只要一个人和你斤斤计较,这个人的信用度就是比较可靠的。我们常说有些人太精明,斤斤计较,但是生意谈判上斤斤计较的人属于信用比较高的一类,至少比轻易许诺的人来得可靠。再举一个反例,一个代理商,他先到各个厂家建立自己的信用度,别人要什么价,他就给什么价,三五次后别人对他都很信任了。这时他提出现金周转不灵,要求对方把货先发过来,厂家对他深信不疑,发过来的货比以前三五次加在一起还要多,由原来几十万的交易发展为几百万的交易,结果这一次,他拿了货就走了。他利用建立起来的表面的信用,获取更大的好处。我们今天的信用和道德信任难以建立,不是因为我们大家动机都不好,而是因为这个社会有许多人的文化素质低,自利水平弱。为什么赌博的人那么多,为什么买彩票的人明知道机会是万分之一还是买,为什么买彩票的人都是收入不高的人?因为大家都相信"运气"。真正聪明的人是不信运气的,他认为所有的东西需要自己创造,只有笨的人才相信运气,认为大家都是靠运气。我说的这几类人希望对大家有启发。

(二)信用的机制

那么信用是怎么来的呢?

一类的信用属于社会正常的伦理关系,是相互依存的社会契约。你到医院去,医生肯定要为你看病,这就是一种契约;你坐车,司机要保证你的安全。还有一类的信用属于受托关系。所谓受托,就是我委托你办事,我付给你报酬,你应承担受托职责的交易关系。当老板聘用员工时,付给每月 2000 元的报酬,他们之间既是一种关于劳动力的契约,又是一种受托关系。这时要求托付方对受托人的人格判断必须很准确,否则会带来经济损失及其他不好的后果。这种受托有大有小,比如公务员就是社会公仆,我们委托办事的人——事实上他们与我们的关系是一种受托关系,我们付给他们报酬,他们必须忠诚于我们委托的责任,这个责任就是职业道德。

委托也是一种伦理和情感上的契约关系。当你的朋友欺骗了你的时候,你会觉得他不够朋友,这是因为你们之间是有这样一种托付关系,使你们之间能够保持双方的信任。在中国历史上最可靠的人并不遵循交易关系的契约,而是基于一种情感。这就是中国古代把朋友之"信"作为五伦的一个重要原因,它是一种很重要的伦理关系。我们交易的时候为什么都喜欢找熟人呢?因为熟人可靠,这里面的道德风险会比较少。

二、信用与职业道德

(一)职业道德

无论是契约还是受托,人们都必须履行某种责任。比如员工和老板之间的合同,要规定双方的权利和义务。员工要承担的具体事务,也就是他的职业和职责。这时,任何人都必须符合他所从事的事情的职业道德,并保障履行职业道德。没有职业道德的话,他就没有资格去从事这个职业。你也可以欺骗地找到一个并不打算履行职业道德的职业,但是很快就会失去。

职业道德就是我们在生活中所碰到的最重要的道德。我们今天所碰到的许多问题,都是职业道德的问题。比方说,贪污腐败是违背了我们托付给他们的责任,不具有作为公务员的职业道德:"勤勉奉公"。又比如,我们去医院的话,往往有很多不满意,因为医生没有遵守他们的职业道德,不把你当成需要帮助的人来看,事实上他根本就不想帮助你。我在国外时总是很高兴的去看病,因为他们总是很认真负责的关怀你的病情;在国内却最怕去医院,因为心不在焉的大夫很难让人产生信任。其实,一个人履行职业道德,并不是对别人的恩赐,而是他的义务——事实上,他已经得到了他的报酬了。

(二)受托责任

职业既然决定于受托,因此,受托责任越大,职业道德的要求就越高。这里的职业道德也可大可小,比如扫地偷懒一点,影响不大;

但是医生和法官的职业道德就很重要;还有飞行员的职业道德不好的话,就非常可怕了。所以一个人的职业所涉及的关系生命财产越高,他的职业道德就越重要。我们怎么判断一个人是否符合他的职业道德呢? 比如医生,要看他是否符合医生从业的品格要求,还要提高医术——也就是说职业道德还有一个要求,就是每个人要努力提高他所从事的职业技能。否则医生不知该开什么药,同样是缺乏职业道德的。所以教师必须一辈子保持好学不倦,其他职业也是这样,自我提高是职业道德的要求。

那么契约和受托关系有什么区别呢? 契约是互惠互利的,受托有时候则是没有直接利益关系的。我们每个人的工作需要职业道德,但是这没有和任何人签订契约,作为社会工作的一分子,职业报酬取决于社会总收入和纳税人收入。我们今天简单的把职业道德理解为服务,又把服务简单的理解为替别人干活,这些概念都是错的。事实上,无论是服务还是职业道德,都是维系社会最重要的品质。我们讲很多理想,实际上这些理想都不发挥作用,我们真正需要的是很好的职业道德。一旦不履行职业道德,就会带来很严重的后果,所以我们应该鼓励那些重要岗位上的人,要求他们讲职业道德,同样,我们对他的品格要求也会很高。

三、信用与道德风险

(一) 道德风险

不管你和任何人签订契约或有受托关系,这里都存在一种风险。第一个风险就是你判断失误,你找来一个人为你做事,可是他根本没有这个能力。那么看花了眼的责任由谁来承担? 这就要看你们之间的契约。如果你是老板,同时聘用两个人,签了一年的合同,过了一段时间,一个人的才能和道德得到发挥,创造了 80% 的价值,这时他提出要涨工资,那么你将面临的问题是:要不要解雇另一个人? 是否该给这个人涨工资? 由于你已经和这两个人都签了协议,这时就要考验你的信用。如果你要维护你的信用,在一年内就既不能解雇另一人,也不能给这个人涨工资。问题是当初在协议里,你并没有说明要求一个人的信用和品德,这其实是已经假定的前提或者说其中已经根据约定俗成来规定了——这完全是一种信用关系,而这种信用关系就会带来很多风险。

除了判断失误,还有能力不足的风险。聘来的人做不好工作,你也要承担损失,今天有很多企业都在发生这样的事。此外,品德缺陷是最大的风险,如果他卷走了你的钱,或出卖了你的情报,这些都是风险。我们以前总在讨论企业里是否存在剥削,其实我们可以把剥削看成是对风险的"预付"。校办企业创造了利润要上缴一部分给北大,因为北大为此支付了风险。风险在事实上是会转嫁的,一个企业办不好,很多员工都有责任,但是大家都会来找老板,追老板的债务,所有的风险都到老板或企业身上去了。同样的,一小部分人所造成的信用风险都转到社会上去了。最简单的一个例子是,我们为什么现在都很难彼此信任,连钱拿到手里都要看看是不是假的,这不是因为某个人的行为造成的,也不是因为他不信任某人,而是因为他只相信有很多不好的人——这些不好的人的不讲信用转移到了大家的身上,责任就转到了社会上来了。东南亚金融危机后,大家就学会了一个词:"道德风险"。同样,一部分官员的腐败使我们丧失了对其他许多官员的信心。

正因为此,我们要小心和别人签订任何契约。委托的时候,要做出很好的判断。这就是为什么企业要对所有员工负责,学校要对所有的老师和学生负责。这种负责,并不一定是出于关心。风险可以无限的转嫁。职业越重要,契约关系越重要,我们越不能掉以轻心,否则风险很可能会转到你身上来。

(二) 如何辨别道德风险

第一,信用关系差的地方,风险就大。风险与信用成反比。国外成立资信调查机构,就是要考察企业或个人信用程度的等级,有经济和伦理双重的标准。

第二,缺乏公共维护秩序的地方,风险大。在社会里,大家来来往往,今天他在这里,明天可能就到了另一个地方。假如我们可以随便移动的话,这种流动的社会秩序下,大家建立信用的信心就比较弱。一个同学想在北大里连续骗人是不可能的,但是由于没有一个共同的监控体系,如果他分别到北大、清华、复旦等大学去骗,他完全有这个机会。还有一些看起来监督很严的地方,也存在严重的道德风险,因为实际上那里并没有真的监督。比如过去有一个上市公司伪造政府的批文,根本就没事,顶多批评一下就完了。所以必须要有监督,监督越严,对信用的支持度就越大。

第三,个人的信用是可以测试出来的,比如人力资源中的心理测试和品德测试。这样的测试一般以心理学为主,主要测试心理素质和心理特征。但是企业真正需要的有职业道德的素质,这些测试还远远不够。我们可以为自己建立一个信用标准,以此要求自己,以后工作也可以用它来测评你的部下。

第四,能力强的人比较有自信心来维护信用。我们现在很流行的说法是"知识经济",我觉得说"能力经济"更恰当。知识要转化为能力,需要一个长期的功夫。北大的学生都很有知识,但是真正出去做事,创新、组织、领导的能力都有所欠缺,甚至不知道要做什么,怎样才能使自己得到提升。这是因为我们没有一套机制把知识转化为能力。所以,凭北大学生的素质和聪明,两年就能做到部门经理,但再往上就很难了,这时就需要你的能力。有些人在第一天上班时和老板谈话的应对技巧都没有,给人的印象是一片空白。

(三) 如何克服风险

第一,不要人为地掩盖风险。无论和任何人建立契约,都不要认为有百分百的保障。过去外国人为我们某一个地方的投资信托有限公司投资了几百亿美元,现在都破产了,政府说这是地方政府的事情,地方政府说是企业的事情,所以不负责赔偿损失。可是当初外国贷款是因为政府总是给下面做担保。这件事不了了之,而我们的信用度一下子就降低了。我们有许多人做事的时候就像想中六合彩的赌徒一样,只想着成功的一面,而把风险人为地掩盖了。为什么发生许多问题的时候,我们那么仓促被动?是因为风险都被一层层地掩盖住了。

第二,要做好承担风险的准备。每个人的行为都有风险,我们承担风险的意识非常弱,总往好处看。最好的方法是你事先判断风险。

第三,要做风险评估和监督的工作。道德风险造成的损失可能比事业风险的损失大。很多事情本来是可以避免的。比如巴林银行的破产,在整整几年的时间内都没有对它的业务进行督察,其实只要核查它的业务往来,就可以发现它已经亏了。银行的负责人实际上是一种投机心理,一下子亏了以后就想用更多的钱来堵。在巴林银行之前,日本有个银行在美国损失了10亿美元,与巴林的情况非常类似。由于道德风险是可以转嫁的,所以它比经济风险更无处不在,所以更需要评估。

第四,建立信用约束机制。这是最主要的。比如学生助学贷款好长时间都没有开,因为学生毕业以后,有些同学出国,钱很难找回来。这个助学贷款又需要老师做担保,这些都不是很好的管理体系。信用诈骗最常见的一种是保险,而保险都可以防范,学生欠款为什么不好防范呢?因为一些银行根本不想付出,他只想贷款,收钱。其实要监督他,建立一个约束机制,肯定有很多办法:可以做保险,毕业后跟公司签订担保责任。这个责任不应转让给老师。

第五,防止及消除欺诈。这一点非常重要。欺诈是一种欺负"弱智"的现象——当受欺诈的时候,这个人往往是瞬间的弱智。一个人的智慧为什么会降低呢?要知道现在很多都是没有知识的人欺骗有知识的人。有两个原因,一个原因是不要认为有知识的人就是聪明的,如果一个人没有关于社会的基本知识就是"弱智";还有一个原因是贪小便宜。其实很多人欺骗的水平一点都不高明,可是受骗者利令智昏,识别能力一下子就减弱了。

四、个人行为及其伦理决策

(一) 个人信用得失

下面我们从个人的角度来谈谈信用。信用是为人之本,这些我们不用多说。从长远利益来看,信用的价值远大于没有信用,这是不言而喻的。但是从短期利益来讲,维持信用的利益结果得失参半。维持信用一方面可以带来好处,另一方面却是要承担很大的风险,容易造成不平等交易。

（二）利益决策与伦理决策

在与别人建立信用关系的时候，要考虑比如说别人给你带来好处的动机是什么。天下没有白吃的午餐，不要轻易接受不明不白的好处，这样可以避免被欺骗——如果一个人常常被欺骗，那么他一定不可能去维护信用的，因为他对人已经没有信心了。

不要轻易许诺。许诺了又没有实现的话，你的信用就会受损。宁愿做的多承诺的少。

要学会拒绝别人的请求。有一些人脸皮很厚，总想从别人那里获得好处，这个好处是建立在你的贡献上，而不是他自己的。一旦承诺的话，你就不得不维护你的信用，可事实上你并不想帮这种人的忙。所以要懂得拒绝别人无礼的请求。

无论社会的信用有多差，你一定要相信人，否则将一事无成。当然不是盲目地信任人，相信人要有分寸，应该在战略上相信人，在战术上小心人。信用要建筑在互利的基础上。

做大事业的人一定要建立信用。我们看到一些历史上的皇帝不讲信用地杀人，但是他是在建立大事业以后才不讲信用的，在争夺皇位的过程中他是非常讲信用的——我们不是要学习他的狡诈，而是说没有信用的人不可能会有人信赖你，你就不可能通过群体的力量做成大事。

不要利用别人的仁慈占便宜。利用别人对你的同情或仁慈做坏事，这个破坏性是最大的。别人本来愿意帮助你，但是当知道真相时，他再也不会伸出援手了。现在大家都不愿意给乞丐钱，不是因为我们没有仁慈心，而是因为我们知道大部分乞丐是假的。这时真正的受害者是那些真乞丐。

五、社会管理与政府的职责

维护信用不是搞精神文明建设，光是念一些口号，而是需要投资——社会的信用需要政府来投资，也就是管理。怎么管理呢？很简单，就是鼓励有信用的人，惩罚没有信用的人，这需要在现有的法律框架里进行。

中国自古无论是法治还是德治，都是尊崇仁治的。即使是法家，也是追求仁治的：法家要求皇帝以身作则，然后才能层层贯彻下去，而这个过程，是需要有道德的人来监督的。为什么会这样？因为我们的社会体系一直是垂直型的，而不是牵制型的，缺乏管理。比如我们坐公共汽车一直很挤，其实解决这个问题有个简单的办法，就是多开公共汽车——更好的办法是把公交业务承包给企业，不需要政府掏钱——这就是一个简单的管理，政府不能什么事都自己干。管理使人们互相约束，不敢乱来。大部分的人并不是德才兼备的。不提倡管理，只提倡奉献，是不实际的做法。我们北大历来倡导民主，其实很多人根本不知道民主是什么。民主需要一个制度，需要有程序，每个人都乱发言并不是民主，管理后的民主才是真正的民主。

现在管理架构已经有了，只是还没有实施真正的管理。各行各业都有自己的管理系统，只是管理的人太多，出主意的人太多，做事的人太少。我们这些年来社会资源特别是人才资源都掉进了政府部门的窟窿里面，其中很少有人能发挥真正的作用——这是我们社会资源最大的浪费。事实上真正的问题不是明面上的贪污腐败，而是没有效率，而且还因为一些人渎职阻碍了我们的效率。这是人才机制不合理的问题，而不是政治体制的问题。

另外，信用意味着要承担责任，一个人承担的责任越多，越应该给予爱护、支持和回馈。

社会的责任是不明晰的，因为社会没有一个实体，而是由许多人构成的。所以追究社会责任的时候首先要找政府，政府通过管理发挥公民的积极性，让公民履行其职责。因此，政府有义务建立和维护信用系统。当然，主要是通过法律制度和公共管理来实现的。

我最后想讲两个问题。第一，现在社会的信用是比较低的。究竟现在是不是信用最低的时候呢？我想是的。那么我们就应该充满信心，因为以后一定会比现在好。但是必须说明的是，这需要我们大家来共同维护信用，不能指望别人，也不能完全依靠政府。

第二是能力的问题，我们同学都有很好的天分，却很少在北大有能力的训练。不要瞧不起竞争，为什么不拿你的本事让别人心服口服呢？让他觉得这样比勾心斗角更高明。我觉得很多人都怕风险，想转嫁风险——做复杂的事情时,说我不屑于跟你争,事实上你没有信心争得人家心服口服,所以就选择了逃避和傲慢。这不是解决问题的办法,我们要有能力把讲信用和不讲信用的人都组织到一起做事,让不讲信用的人知道维护信用的好处。

现在整个社会都关注信用,我们应当从信用体系上做更深入的研究。北大人应当做出表率。

我就讲到这里,谢谢大家!

信用制度是现代人成功的阶梯

夏 学 銮

　　夏学銮,北京大学社会学系教授,北京市社会心理学会理事,北京市心理卫生学会理事,北京市社会学会理论组负责人,《中华工商时报》专栏主持人。主要研究方向为社会组织管理、社会心理学、群体动力学、社会政策分析、项目评估可行性研究、企业发展设计、科学决策、战略规划等。学术经历:1970 年北京大学哲学系学习;1988 年 12 月至 1990 年 9 月美国马里兰大学访问学者;1992 年 2 月至 3 月英国诺丁汉大学与香港理工学院学术考察;1993 年 2 月至 3 月英国诺丁汉大学考察。

一、信用制度和现代社会

　　信用制度是现代社会具有区别性的基本制度 可以毫不夸张地说,现代社会就是建立在信用制度之上,并且是在信用机制的基础上运作的。

　　虽然古代人也讲"信"字,但在他们那里,"信"只不过是做人的道理,属于伦理道德范畴,还算不上具有经济和法律涵义的"信用制度"。

　　例如,古人常说"人无信不立","人而无信,不知其可!"被称为中国"圣人"的孔子是讲"信"字最多的了。在讲到"仁"的内涵时,他用"宽、恭、信、敏、惠"来概括之;在讲到治国之道时,他这样说:"道千乘之国,敬事而信,节用而爱人";他还谆谆告诫弟子要"入则孝,出则悌,谨而信,泛爱众,而亲仁"。由此可见,孔子是把恭敬事业、办事谨慎、说话信实、遵守诺言作为"信"的基本内核的,并没有超出哲学伦理范畴,顶多具有治国方略的性质。当然,对于古代人来说,能够"言而有信"或"信守诺言"已经是很不错的事了,即使不是"圣人",也是"贤人"了。但是,这种"信诺"还远远不是现代人所讲的信用制度。

现代"信用"制度和古代"信诺"哲学的区别,关键在于一个"用"字。在现代社会,"信"不是道学家用来把玩的或炫耀的,而是用来"使用"的。这就是说,"信"在现代社会具有了使用价值。"信"一定是要拿来"用"的,在不断用"信"的基础上来发展出"信用"。有"信用"你就能贷到款,没有"信用"你就贷不到款。在这里"信"具有其真正的使用价值。

虽然现代信用制度是在古代信诺哲学以及由此产生的民俗、民德的基础上发展出来的,但是它和古代人所讲的信诺有着本质的不同,概括起来,其区别如下:

第一,从它们的性质上讲,古代人的信诺是一种人格操守,是由自然经济和人身依附关系所决定的一种个人道德品质;而现代人的信用制度则是一种契约关系,是由工商经济和相互依存关系所决定的一种互惠制度安排。

第二,从它们的适用范围上讲,古代的信诺只是涉及到少数人的事情,因为孟子曾这样说过:"民之为道也,有恒产者有恒心,无恒产者无恒心;苟无恒心,放辟邪侈,无不为之。"而现代信用制度则涉及到现代社会每一个人,换句话说,每一个人都有权享受现代信用制度,关键在于你愿意不愿意享用它。

第三,从使用它们的结果上讲,古代人守信诺,就会受到夸奖,不守信诺,就会受到批评或指责,其后果只不过是道德上的益或损;而现代人在"信"的基础上使用"信用",其结果是越来越有信用,与之相伴随的是在其手中流通资金的增多和财富的增长。当然,现代人不遵守信用制度所遭受的惩罚也是严重的,其后果主要不是道德上的,而是经济上的和法律上的。

虽然现代信用制度涉及到经济、政治、金融、财政、教育、文化、科技、运动和家庭等广泛的社会生活领域,但是,从实质上讲,它是一种准法律制度。说它是准法律制度,这是因为:第一,信用在这里依然起着主导作用,法律只起辅助作用。但是一旦信用的底线被打破,它就会进入法律程序或法律领域;第二,信用之所以能在这里起主导作用,因为它有法律制度的保障,这和个人人格似乎没有多大的关系。在普遍不遵守信用而又不受法律制裁的社会环境氛围中,人格高尚的人也会变得人格低下。

为什么说现代社会能在、并且只能在信用制度上运作呢？这是因为现代社会和古代社会的组织机制不同：古代社会流行的是共有关系，适用的是机械整合机制；现代社会盛行的是交换关系，实行的是有机整合机制。

古代社会是以血缘关系和人身依附关系来组织它的子民的，血缘关系和人身依附关系实际上是一种共有关系，它是排除了交换关系的一种亲密无间的首属关系，义务和贡献是这种关系的实质。绝对的首脑权威和内在化的集体良心是其社会整合的基础，社会学家迪尔凯姆把这种团结称作机械团结。

现代社会是以地缘和相互依存关系来组织其公民的，这种关系实质上是一种交换关系，互惠和利益是处于交换关系中的人首先要考虑的。在这种交换关系中，人与人的地位是平等的，没有绝对权威或绝对道德能够改变这种人际关系中的利益取向；同时，绝对的自私自利也是为这种关系所不容的。只有承认对方的存在权利和合法利益，才能保证己方的存在权利和合法利益，这就是现代社会赖以整合的基础，迪尔凯姆把这种团结叫做有机团结。

在机械团结的古代社会，由于人际关系是共有的、首属的，自然控制主导一切，所以只有"信"而没有"用"，即没有以社会交换为基础的信用制度，因为在那里并不存在信用制度产生和发展的经济、社会、金融和法律基础。在有机团结的现代社会，由于社会关系是交换的、次属的，人性中自然秩序的东西如同情心、互助性、正义感和面子意识等等在调节人际关系、维持社会秩序中已不再发挥作用，所以在这里是社会控制统治一切，于是信用制度就成为现代社会人人都必须遵守的交换行为信用法则。

没有信用制度，现代社会就无法运转；打破信用制度，就等于打破现代人日常互动的基本背景假设，就会使现代社会的沟通互动无法进行，整个社会就会乱作一团，说得严重一点，就会导致现代社会的崩溃。可以这样说，信用制度是现代社会的心脏，没有信用制度，现代社会就等于没有了心脏；没有心脏，它就无法呼吸，无法完成血液循环，这样它就会窒息而死。因此，对现代社会最严重的、最致命的打击就是对其信用制度的打击;现代社会最应该加以保护的不是别的,而是它的信用制度。

现代社会是一个到处充满信用关系和信用制度的社会。虽然我们的社会还有这样那样的缺陷,但是今天晚上大家之所以能够毫无顾虑地到这个大教室里来,专心致志地听我的演讲,就是因为我们没有天花板会掉下来之虞,隐藏在我们这种行为背后的是我们对这座建筑的设计师、工程师的信任关系;我们之所以敢坐飞机上蓝天,敢乘轮船下碧海,敢把自己的钱存进银行,就是因为我们对我们的交通制度、金融制度抱有基本的信任态度。

就拿我们最熟悉的现代教育制度来说吧,它实行的也是信用制度。例如,在美国上大学,现在一般分为信用注册和非信用注册两种类别。在信用注册的情况下,你必须完成一定数量的信用分数 credit points,即我们所说的学分,然后才能取得相应的学位。在这里,credit point 是用美元计算的,也就是说它是有价值的。过去,美国和西方大学之所以不承认我们大学的学位,就是因为我们没有实行教育信用制度,我们的学分是不计算价值的,我们的学位是免费赠送的。他们认为这在现代社会是不可思议的,要么就是你们的教育水平不够高,要么就是你们学生的质量没有达到相应的水平,不然你们怎么会把学位白送呢?不可理解! 其实呢,我们的基础教育,包括一些大学的教育质量是世界一流的,就是因为我们过去没有实行信用制度,才引起人家这么大的误解!

现在,上大学、选学分要花钱了,虽然这暂时增加了我们上大学的负担,但是从根本上说这是一件好事。我们在教育制度中实行信用制度,不仅会增加我们的学位价值和毕业生在就业市场上的竞争力,而且也会提高国外大学对中国大学的信任度。最近我从一位准备去澳大利亚留学的杭州大学生那里听说,澳大利亚的一些大学允许国内留学的学生转学分,这的确是一个令人振奋的好消息。说它是好消息,不仅因这件事方便了大家的留学,而且因为它表明了中国信用水平在国际上的提高。

你们的父母为什么含辛茹苦地供你们上大学、上研究生? 就是因为他们相信,经过若干年,在大学、研究生毕业后你们能够在社会上找一个好工作,有一份好报酬。不管自觉与否,你们的家庭和我们的学校,乃至我们这个社会就建立了一种信用关系。

与此同时,学校为了让贫穷的学生和家庭经济条件变化的学生能上得起大学,积极发展和华夏银行的信用伙伴关系,正式推出各种类型的信用贷款制度。这标志着信用制度已经正式进入我们的大学校园。严格来讲,信用制度主要是指金融信贷制度,能够维持现代教育制度正常运转的正是这种信用关系和信用制度。

作为现代人的代表,当代大学生要积极运用信用制度,并且要像爱护眼珠一样爱护现代信用制度,因为它向我们提供了信用渠道和信用机遇,并为我们打开了通往成功的大门。

二、信用制度是现代人成功的阶梯

现代人要想获得事业成功,建立在自信基础上的个人奋斗是一个必要条件,发展机遇是一个充分条件。许多年轻人经常埋怨自己缺乏发展机遇,现在发展机遇就摆在我们面前,这就用信用制度,而且它是一种制度化的发展机遇,关键就在于我们用它不用它。

什么是机遇?机遇就是机会,是有利的境遇、际会。我们常说机遇是可遇而不可求的,在这里机遇又指那种非常规的具有概率性质的偶然际会。常常有人把机遇理解为机缘,是的,机缘是机遇的一种。但是仅仅把机遇理解为机缘是片面的,不利于自己的健康成长的。试想一个人整天什么正事也不干,总幻想着能遇到一位贵人来突然改变自己的命运,长此以往身心能健康吗?这种情况在现实生活中不能说没有,但是非常罕见,因为机缘比机遇更难求。话又说回来,机缘也好,机遇也好,总是为那些准备好的人准备的。平时不准备,机遇到来了的时候你也抓不住,只能与你擦肩而过,这是非常可惜的事情。

就信用制度进大学而言,当代大学生知道不知道这也是一种发展机遇呢?到底抓住没抓住这种发展机遇呢?很可惜,许多家庭经济困难的学生并没有抓住这个发展机遇。据悉,目前在助学贷款上的情况是这样的:一方面助学贷款的需求很大,另一方面大批信贷资金找不到"婆家"。

根据一篇新闻报导,北京大学今年的信贷工作搞得不错,新生有1000多人办理了助学贷款,占新生总数的1/3以上。按照全国高校中家庭有经济困难的学生约占在校生20%～30%的比例,北大新生中有经济困难的人基本上都使用了信贷制度。这说明北大新生的信用意识是很高的。

但是在相当一些地区,仍有绝大部分助学贷款贷不出去,躺在专门账户里"睡大觉"。到底怎样来解释这种矛盾的现象呢?这里有各种各样的原因,就大学生自己的观念而言,许多人还没有作好接受这种崭新信用制度的思想准备,缺乏信用观念,恐怕这是主要的原因。我认为信用制度在大学校园受阻的原因表现为三个方面:

第一,就学生家长而言,由小农经济决定的自给自足的小农观念是推广信贷消费的最大思想障碍。信用贷款,即使是采用国家贴息的形式,在一些学生家长看来也是"寅吃卯粮",超前消费,这是为自给自足的小农经济所不允许的,可以说是犯了小农经济的大忌。因为它打破了小农经济以季、年为基础的自然平衡原则,自然被家在农村的学生家长视为畏途。他们宁愿拼死拼活、苦心拔力地去挣,节衣缩食、一分一分地去攒,依靠自己的老脸向亲朋好友去借,也不愿让孩子去借贷。根据他们先辈的经验,借贷在他们眼中具有完全消极的意义。

第二,就学生而言,"未工作,先负债"是与他们所受到的传统家庭教育相矛盾的。虽然大学教育使他们发展了现代消费观念,认识到信贷消费在完成经济大循环、实现购买长周期转换中的重要作用,即对宏观经济的促进作用,但是鉴于对未来工作不确定性和还贷压力的考虑,在信用制度实施伊始,他们不愿意做第一个吃螃蟹的人,这也是可以理解的。按照他们的说法,"只要还有一点办法,决不贷款。"但是,我想问一下这些学生,你们知道不知道在你们为学费或生活费四处兼职、疲于奔命的时候,你们实际上已经影响了自己的学业,进而会影响到你们的未来发展机会和事业成就呢?

第三,就信用制度本身而言,由于我国目前实行信用制度的社会和法律条件不够完备和不够规范,社会信用程度普遍比较低,为了避免信用风险,一开始信用进入的门槛较高,例如,有的城市只贷给本地人,需要担保,信贷手续复杂,实行信贷员的"无限永久责任"等等,使得本来是一件很好的事情没有办好。现在的情况是信贷员不敢贷,学生不愿贷,麻杆子打狼,两头害怕。

  问题解决的办法就包含在问题本身之中。通过对问题原因的进一步分析,我们不难找到解决这个问题的办法。上述三个原因包含着三对矛盾:一是学生家长方面的自给自足观念和信贷消费行为的矛盾,二是学生方面的信用观念和信用制度的矛盾,三是银行方面的信用制度和信用环境方面的矛盾。在这三对矛盾中,每一对矛盾的前者都是矛盾的主要方面,解决信用制度在大学校园受阻这个问题的办法不外乎就是改变学生家长"自给自足"的传统观念,增强大学生的信用观念和完善信用制度本身三个方面。但是从工作的方法论上说,我们对这三者不能平均使用力量,要善于抓住主要矛盾,正像毛泽东所说,抓住主要矛盾,其他矛盾就迎刃而解了。那么,在这三对矛盾中那一对矛盾是主要矛盾呢?对,是第二对!在这个主要矛盾中,何者为矛盾的主要方面呢?对,是大学生的信用观念!大家的哲学素养还不错嘛!

  现在我就如何加强当代大学生的信用观念讲几点不成熟的意见。

  第一,提高大学生对信任关系在现代社会生活中意义的认识。信任关系是现代社会最基本的社会关系和人际关系。以信任关系为基础的信用制度,包括信任关系、信用项目、信用卡和各种信用贷款等等,构成了现代社会生活的基本内容。它们是现代社会赖以组织和运作的有效机制,是现代人成长、发展和成功的可靠保证。在信用制度的诸要素中,信任关系是最基本的要素。发展最基本的信任关系是发展信用观念的基础。现代社会是有机团结的社会,相互依存、相互信任是现代社会的组织机制和功能机制。在现代社会中,信任是人际关系得以建立和维持的粘合剂,没有信任,就没有长期稳定的人际关系或可靠的朋友。

  根据社会学家英格尔斯的实证研究,信任取向或信赖他人是现代性的一个重要特质。信任取向的人对社会和他人往往抱有更加积极的看法,更容易接受他人,更容易接纳新生事物,对生活持有一种乐观主义态度,等等。因此,更容易从社会和他人那里得到助力,在事业上更容易成功。实际上,现代性的许多特质都是由信任特质派生出来的。

根据社会心理学的研究,信任取向和轻信或上当受骗并无相关关系。经验证明,许多上当受骗者均与贪小便宜的心理有关。虽然信任关系在有机团结的社会是如此重要,但是很遗憾,在转型期的中国,缺乏最基本信任关系的例证比比皆是,唾手可得。一位信佛的朋友到山东某地做志愿者,义务为老百姓服务,结果被赶了出来。他们不相信这世上还有这样的好人,怀疑他别有企图或神经不正常。按照这位朋友的解释,是他们不了解"施受同乐"和"施者有福"的佛学精义,实际上是他们与外界、与他人缺乏基本的信任关系。

因此,社会信任关系的建立是一个涉及到社会每一个人在内的社会系统工程,只要我们每一个人都从我做起,从信任他人做起,社会信任关系的恢复和重建并不是不可企及的事情。当代大学生是催生现代社会产生的先锋,是现代性的典型代表,是社会信任关系的最大受益者,应当在现代社会信任关系的建设中不计代价、勇往直前。

第二,提高大学生对现代信用制度功能的认识。现代信用制度不仅具有加快资金周转、稳定金融市场和促进经济发展的宏观作用,而且对个人具有化困难于无形、集众力于一身的社会促进功能。拿购买房子来说吧,现在在市场上购买一套三居室的经济适用房也得需要四五十万,对于大多数工薪阶层来说,如果让他们一次付清,这是一个像山一样的巨大困难。但是如果运用信用贷款的方式来买房子,把购房的本息资金分20年还清,那么这个如山一样的困难就被分解了、消化了,无形之中就被解决了。这个信用过程之所以能够发生,就是因为银行和广大储户建立了长期而又牢固的信用关系,使得银行有可能利用广大储户的钱帮助在金融上有需要的人,包括投资需要和消费需要。这个信用大循环、长循环和多层次循环实际上是一个我为人人和人人为我的过程。当然在信用过程中的"为"不是义务的,而是有回报的。银行所提供的任何信贷,实质上都可以看作是银行帮助储户完成金融投资,保证储户的资金保值、增值的过程。怎样保值、增值？资金必须要流通、要投资才能保值、增值。你把钱存到银行里，银行不仅不收你的保管费，而且每月还要付你利息，它的这部分钱从哪里来？就是用你、我、他大家的钱去贷款、去投资赚回来的。不然，它把钱放在钱柜里干吗？既不安全，又要付你利息，它不赔死才怪呢！银行才不干这种赔本的买卖呢！

第三，提高大学生对信贷压力的正确认识，变信贷负担为取得学业成功、实现人生目标的阶梯，变信贷压力为坚决履行信用的动力。

谁都不愿意借贷，特别是年轻人，还没有工作就背上一屁股债，是够让人心烦的。但是，在一个人的一生中总有资金短缺的时候，不借贷就无法迈过这个坎，不借贷就失去一次难得的发展机遇，在这种情况下就要去借贷。借贷本身并不是信用问题，借贷之后赖账不还才是信用问题。你说谁人能不借贷呢？现在中国的一些知名企业和一些大款，哪一个不是靠借贷起家的。就拿我校驰名海外的北大方正来说吧，它也是靠借贷起家的，说是从玉渊潭乡借40万元注册了这个公司，没有当年的借贷，也就没有今天北大方正的成功。连美国这样发达的国家都要长期赤字运转，不借贷怎能维持财政预算的平衡呢？我们的国家政府也借贷，通过发行债券的形式向老百姓借贷，进行大型水利、交通、能源和高科技工程的建设。我们不搞赤字财政，但专项工程的投资资金往往通过发行专项公债的方式来解决。这也可看作是政府帮助老百姓进行金融投资，不然老百姓为什么购买公债的积极性那么高？当然这可以解释为老百姓"思想觉悟高"、"积极支援国家建设"，但也有其进行金融投资的成分。对待助学贷款我们亦可如是观之，即不把它看成教育消费，而把它看成教育投资，而且这个投资是银行和国家通过信贷的方式为我们垫支的，我们等于是"空手套白狼"、"赤拳打天下"，何乐而不为呢？这样观念一转变，我们对信贷的看法就变了，它不再是我们心理上的包袱，而是学校为我们攀登科学高峰、实现人生价值及时送来的一把云梯。本来学校和国家是为了减轻大学生的经济困难和生活负担而设置的助学贷款，结果有些人却让未来的还贷压力压得喘不过气来，这不是事与愿违了吗？未来的事放到未来去考虑，你现在考虑它干什么嘛！车到山前必有路，我们工资总不能老停止现在的水平，四年毕业后，你找一个 3000~4000 元/月的工作不成问题,现在许多大学毕业生的工资都已超过这个数字。假如你现在每年贷款 10000 元,四年贷款共 40000 元,毕业后四年本息还清,一个月还款也不过 1000 多元,不成问题嘛,你还有几千元可供消费及孝敬你的父母。

  社会心理学的场理论认为,在我们的生命空间中总会存在着一个现实的紧张体系。在大学阶段,大学生的紧张体系是学业上的,为了实现学业目标,我们要克服学习上的种种困难,光这个紧张体系就够大学生应付的了,我们不要再为自己增加一个生活上的紧张体系或还款上的紧张体系。我劝生活上困难的同学一定要贷款。不首先解决好生活上的紧张体系,就会影响到学业上紧张体系的解决。当你贷了款解决好生活上的紧张体系之后,就不要让未来的还贷紧张体系事先进入你的生命空间。你的精力只能解决现实生命空间即此时此地(here and now)的问题。还贷问题还是等你进入到还贷的现买再解决吧!当然,可预见的未来紧张体系的存在会为你注入解决现实紧张体系的动力,你会变压力为动力,加倍努力地学习,争取以优异的成绩毕业,为解决下一个紧张体系创造良好条件。我认为信贷对我们现在的意义只能是如此。还贷问题到我们毕业后考虑也不迟,到那时,你再努力地工作,拼命地挣钱,把继续深造的问题暂且放一放,以便实现你的信用承诺。在这个过程中,你不仅解决了你生命空间的一个紧张体系,而且取得了宝贵的社会经验和个人成长体验,这对今后应付更大的挑战是一笔宝贵的资源财富。

三、信守信用制度,预防信用危机

  社会愈发达,信用制度就愈发达,个人的信用生活就愈丰富多彩,当然,个人在处理像金融财政这样棘手的问题时也就更加得心应手,应付裕如。现代人不再会有吃了上顿没下顿的拮据,不再会有捉襟见肘的狼狈,这都是信用制度的功劳。它可以使人们可供支配的资金几倍、十几倍、几十倍地增长,它可以使商家的销售额成百倍、成千倍地增长。

  如果说美国的福利制度不是世界上最好的话,那么美国的信用制度可以说是世界上最发达的。最近美国一家信用机构给我发来的电子邮件这样说:"增加销售额上达 1500%,从今天接受信用卡开始。"用信用卡销售,使顾客更容易支付和更容易接受,所以销售额剧增。美国信用卡的种类很多,最常见的有五种,即 VISA, MasterCard, American Express, Discover and Checks. 请注意,其他四种卡都用单数,惟独 Checks 用复数,这里指美国形形色色、大大小小的银行所发行的个人支票,实际上这也是一种信用卡。它是一种十分方便的支付手段。如果我向你借 1000 美元,你只要在你的个人支票上写上我的名字和数字,然后在背后签上名就行了。我还你时,同样写给你一张 1000 美元的个人支票就行了。这里用不着打借条,其中任何人都不会赖账,也不敢赖账,因为银行都有信用记录,一查就真相大白了。

中国的银行最近几年也发行了一些信用卡,工商行有牡丹卡、牡丹灵通卡、牡丹交通 IC 卡,建设银行有龙卡,农行有金穗卡、金穗借记卡(校园卡),中国银行有长城卡、长城电子借记卡,招商银行有一卡通,还有一些信用机构发行的信用卡,如中国储蓄卡和证券机构发行的证券交易卡等等。如果把这些卡都置备齐全的话,也有十几种、几十种了。

虽然这些卡的含金量各不相同,但是它们有一个共同特点,即含金量低,也就说是信用程度低。主要表现为:(1)只能完成对商业机构的消费支付,除了牡丹卡具有代发工资的功能外,它们都不能完成个人之间的信用支付,不具有投资信用价值;(2)即使是消费信用支付,其信用也只能在其自身系统和挂钩机构中流行,而不能在银行之间进行信用周转;这就使得中国信用卡的信用价值大大打了折扣;(3)更不能进行国际流通。

虽然中国信用卡的信用程度还不够高,但是我们毕竟有了信用制度建设的可喜起步。万事开头难,在转型期的中国这样一个国度建设信用制度更难。即使是仅仅在消费领域里的信用,也已经出现了恶性透支案例。这说明转型期中国人的信用素质还需要提高。

现代人最重视的就是自己的信用记录,这是我在美国学习期间感触最深的事情。美国人没有户口,但是人人都有一个社会安全号。到美国留学,第一件事就是到华盛顿社会安全部办一个社会安全卡,上面有美国联邦政府颁发给你的独特的社会安全号码,你的所有福利,如工资、医疗保险和退休年金都需要有了这个社会安全号后才能办理。同时,在这个安全号下,也记录着你的所有信用表现,纳多少税,有无逃税行为,有无不守信用的表现。如果你的信用表现很差的话,就会引来一系列消极后果,找工作、贷款和找人合作投资,所得到的回答都可能是一个字:No! 所以美国人把信用看得甚至比自己的生命更重要。

美国人的信用卡具有消费和投资的完全功能,因此,一般的美国人都有好几个信用卡。由于你是这些信用机构的投资人,所以根据你投资的多少和信用表现,你可以从它那里借贷出一定规模的资金投资或消费或甚至还贷。信用卡多,就可以在不同的信用机构之间进行信用周转,即可以用乙机构的信用贷款,来弥补自己可能在甲机构上出现的信用缺口。一人多卡在某种意义上是维护良好信用的一种策略手段,同时也使得一个人可以支配更大规模的资金成为可能,而恰恰就在这里,埋藏着信用风险的种子。

什么是信用风险?哥伦比亚大学的财政和经济学教授 S. M. 桑德森(Suresh M. Sundaresan)界定说:"当一方借钱给另一方,借钱者也许不愿意或不能够定期偿还贷款利息或贷款本金,这被叫做信用风险。"[①]他在《出借人和借用人需要一种信用制度》这篇文章中称,1998 年当俄罗斯拖欠其债务时,与俄罗斯有信贷关系的西方银行、政府和商业留下至少 60 亿美元缺口,720 家银行面临着破产清算的命运。1997 年泰国没有有效地预防信用风险,擅自改变外汇汇率,从而导致了本国信用危机和东南亚的全面金融危机和经济危机。谈起这件事还让经历那场金融变故的人不寒而栗。

不能因为中国的信用制度还不发达,就忽略现代社会中这个严重的问题。因为发达国家的今天,就预示着我们的明天。关于中国的信用状况,在这里我不想多说,假冒伪劣、坑蒙拐骗都走向世界了,俄罗斯的商店以"本店没有中国货"作为自己的信誉招牌,美国的商

[①] Suresh M. Sundaresan, Lenders and Borrowers Demand a Creditable System, from Website of University of Columbia.

店,所有的处理货上都能发现 Made in China 的字样。所以,无论如何,从现在开始,我们必须在全体公民中进行信用意识、信用观念和信用道德的教育,首先增强信用观念和信用道德,同时增强信用风险意识,预防信用危机的发生。

作为大学生,我们在预防信用危机方面能做些什么呢?

第一,信守信用制度,不使信用链在我们每一个人手中脱节。信用链在一个人手中的脱节,可能产生多米诺骨牌效应,从而导致整个信用体系的崩溃。1995 年巴林银行的倒闭就是一个典型的例子,因为里森的信用犯罪,结果使这座有 232 年历史的世界首家商业金融帝国毁于一旦。

第二,发现信用风险,及时向有关部门报告,以便及时采取措施,化解风险。里森并不是一开始就想进行信用犯罪的,如果他能及时向上级报告他工作中的失误,这场金融悲剧本来是可以避免的。但是,他发现这个错误的账号一年可以为其增加 6 万英镑的额外收入,于是便将错就错,开始了其营私舞弊的犯罪活动,直至导致巴林银行的垮台。

第三,在国际交往场合,注意维护中国人的信用形象。中国年内会加入 WTO,国际信用交往的机会越来越多,我们要特别注意在信用制度、信用文化上与国际接轨,这样才能吸纳更多的国际资金,当然这里有一个最大限度地规避金融风险的问题。同时我们要以优良的信用表现为中国人赢得信用信誉。北大人在世界上的教育信誉是不错的,我们要在信用制度的理念和操守上也让世界惊讶!

第四,注意修身养性,在任何环境和条件下都要抵制诱惑,坚持崇高的人格操守。延安地区某银行的业务员利用信用岗位之便,贪污老百姓的信用存款,金额巨大,情节恶劣,被判处死刑,执行枪决。这个人的名字大家不需要知道了,枪决的时候他的年龄才 27 岁。

用这个例子作为本次讲座的结尾似乎惨了点。我的意思是,人是会变化的,我希望大家能够像鲁迅先生所说的那样,沿着向上的、进步的路越变越好;希望北大学子在走上社会后能仍然记得今晚的讲座,经得住世俗社会形形色色的诱惑和考验,坚守心中永不泯灭的北大精神圣火,与我们这个正沿着向上的光明道路前进的国家同行,为中国信用制度的进一步健全、完善和发展做出自己的贡献!

肯尼迪、赫鲁晓夫与中国的核幽灵

牛大勇

> 牛大勇，北京大学历史学系教授，博士。主要研究方向：中国现代政治史，特别是现代中国与美国、英国、日本等大国的政治关系等。目前正在研究冷战时期的中美关系，并致力于搜集中外政府与民间的档案文书和口述史料等原始资料。担任本科教学课程有：中国现代史研究、中国现代政治史专题、现代中外关系史专题、冷战时期的中国与世界、中国现代史史料学与方法论、中国现代史外文史料导读。

今天要讲的题目是"肯尼迪、赫鲁晓夫和中国的核幽灵"，主要是讲60年代中、美、苏三国之间就核问题所采取的一些做法。

我们先从中国说起。中华人民共和国成立后采取了"一边倒"的外交策略。因为就当时的国内外形势来说，中国只能是一边倒，不能站在中间，站在中间可能是两边都受气，而且也不能倒向美国一边。从中国革命发展的自然进程来说，中国共产党领导的社会主义国家不能投靠美国，只能倒向苏联，而与苏联结盟的结果就是必然要和美国对抗。美国呢，对我们也是采取孤立政策，并且双方在朝鲜爆发了战争。

从共产党要控制中国大陆时，美国就开始考虑怎么能够在中苏之间采取手段来分化两国。早在艾森豪威尔时期，美国国务卿腊斯克等就认为要对中国实行强硬政策，而对苏联可以比较缓和，这对后来肯尼迪政府的政策也产生了一定程度的影响。肯尼迪接任总统后，无论是考虑对苏政策还是对华政策时，都很重视中苏矛盾的发展，以探寻中苏分歧在美国对外政策上可以利用的方面。而中苏关系在经历了50年代初的"蜜月期"后，1956年的苏共二十大就出现了矛盾，从此，两国在理论、意识形态等一系列问题上都发生了分歧。这种分歧后来扩大到两党关系上，从两党关系波及到国家关系。

1957年的时候,苏联还帮助中国发展核武器,但是后来由于中国政府没有同意赫鲁晓夫提出的建造"长波电台"和"共同舰队"的建议,苏联便改变了做法,结果两国关系越搞越僵。

对于西方来讲,中苏之间的分歧无疑是给他们提供了一个很好的机会。如何利用这个机会呢?是向对美国威胁最大、实力也最大的苏联施加压力,与中国结盟,还是向对美态度一向强硬的中国进行遏制,而同比较温和的苏联缓和关系呢?美国利用分歧的结果又会如何呢?诸如此类的问题,都是美国决策者要慎重考虑和抉择的问题,这很复杂,不是说有了分歧马上就可以利用,要长期观察。

就核武器而言,苏联当时已经拥有核武器了,中国则正在研制。在美国领导人的心目中,中国拥有核武器将是非常可怕的,因为中国当时在意识形态上很激进,对美国很敌视,苏联还没有走到跟美国开战的地步,而中国在武器相当落后、与美国力量极为悬殊的情况下与它打了一仗,而且打得还不错。所以,中国对侵袭可能作出反应成了肯尼迪不得不考虑的问题。另一方面,对中国核武器到底怎么办,也要考虑苏联的态度,因为在美国看来,中国当时没有核武器的情况下肯定是受苏联的核保护的。就像现在的日本,虽然日本没有核武器,但是也没有哪个国家敢对它使用核武器,因为一旦攻击日本,美国肯定会站出来。

在1961年6、7月召开的维也纳首脑会议上,美国利用机会对苏联作出了试探。会前,美国的智囊团设想了很多办法,其中之一就是让肯尼迪在会谈时有意地把话题引到中国问题上来,探询一下苏联有没有可能和美国采取同样的立场,两国联合制止中国核力量的发展。但是会上赫鲁晓夫的表现让肯尼迪等人十分失望,肯尼迪多次试图把话题往中国问题上拉,甚至引用了毛泽东关于"枪杆子里面出政权"的观点,都被赫鲁晓夫避开了,最终美国要试探苏联态度的设想落了空。中国政府呢,则对这次会议高度怀疑,生怕苏联在会上拿中国去做交易,包括核武器研制方面的利益,当然,事实上苏联并没有这样做。

所以,在维也纳会议上,美苏虽然都认为更多的国家掌握核武器对世界是个威胁,但是它们之间没有能够达成关于防止核扩散的协议。尽管国际共产主义运动内部发生了严重分歧,但显然赫鲁晓夫还不想把中国当作筹码,拿中国同美国做交易,他确实想缓和同美国的关系,但是他也要顾及到中国和其他社会主义国家的共产党组织对此可能的反应。如果苏联以中国利益的重大牺牲同美国缓和,肯定会损害苏联在国际共产主义运动、在第三世界民族解放运动中的领导地位和威信,赫鲁晓夫当然不敢迈出这一步。

后来的情况表明,美国并没有因为没跟苏联达成协议就放弃了制止中国开发核武器的念头。美国参谋长联席会议主席向政府作了一个报告,估计中国可能会在1962年到1964年期间研制成功核武器,再过两年就会拥有一定储备的由飞机运载的核炸弹,之后,中国可能会发展核导弹,但是美国看不出来苏联在这个过程中会对中国提供何种程度的援助。其结论是,中国如果获得核能力,将会对美国和自由世界,特别是亚洲的安全态势构成严重威胁,这是毫无疑问的,因此,美国要利用现有的时间从军事上、心理上和政治上作出协调行动,来对抗可能的冲击。

美国决策者内部与此相反的观点也存在,有的观点认为中国研制核武器并不可怕:中国的核力量不可能达到苏联的程度,这样小量的核武器对美国构不成威胁。他们认为可以用另外的办法来对付中国的核武器,以尽量缩小中国第一次核爆炸对美国及自由世界所造成的冲击,并且,中国即使有了核武器,主要的威胁也不在军事上,而是在心理上。中国拥有核武器会产生心理上的优势,而其政治和军事影响都是次要的。

尽管美国可以设计其他的种种预防、对抗中国核武器的策略,但是肯尼迪一直都有一个念头,就是说能不能直接就扼杀中国的核研制。为此,美国成立了一个跨部门的联合委员会来研究这个问题,就如何制止中国的核发展而言,该委员会认为主要应该通过条约、国际协议等手段来约束中国,还有一种方法就是直接对中国进行军事打击。核对抗的战略也被肯尼迪政府考虑过,但当时美国就对中国进行核打击的问题存在顾虑,而主要的顾虑是这样的:一旦对中国使用了核武器,就会使苏联拥有核报复的主动权。因为在美国眼里,苏中之间还是有一个同盟条约,如果美国对中国使用核武器,苏联会协助中国。

美国方面认为,依赖核武器来对付中国看来并不合适,而经过多次试探美国也认识到,通过条约和谈判使中国停止核试验这条路子行不通,美国于是寄希望于国际条约。中国不参加没关系,但是如果美国能够同别的国家,特别是有核武器的主要的国家达成一个国际条约,这样对中国、对中苏可能都会有间接的影响,甚至是约束。这种条约会给苏联阻挠中国的核计划提供一个合法的依据,从而促使苏联去制止中国的核研制。如果美苏之间达成了一个禁止核试验的条约,中国人就不能以美国和苏联的核试验作为自己发展核武器的理由了。以前中国说,因为美苏发展核武器,所以我也要发展,现在如果美苏之间达成协议,中国就没有什么理由了。而且苏联和其他同中国有关系的国家也许就可以凭借这种国际条约对中国施加更多的经济、政治方面的压力。另外,美国考虑如果美苏之间能达成一个禁止核试验的条约,这本身可能就会对中苏关系产生分化作用。因为中国对这样的条约肯定不会欢迎,而对苏联就会产生怨恨,两国可能会因为条约的存在而吵架。

在这种背景下开始出现了1963年又一次的美苏核禁试会谈,不仅是美苏,英国也加进来了。三个大国凑到一起,举行莫斯科会谈。而正好是在这个时候,中苏论战开始升级了。从1963年1月开始,我们公开在报纸上批评拥护苏共立场的法共、意共及美国共产党;而苏联则替他们说话,这些国家的共产党也对这些批评进行了反击,这样中苏论战就升级了,中苏矛盾更加激化。赫鲁晓夫这时候也充分表现出他在政治问题上的变化无常的特点。他突然打定了一个主意,就是在6月7日接受了肯尼迪和英国首相麦克米兰关于同苏联一起举行一个禁止核试验条约的三方高层会谈的建议。建议当时是秘密的,而苏联接受了这个秘密建议。

苏美英三国有限禁止核武器试验的谈判从7月中旬开始。会议开始之前,肯尼迪指示美国代表要采取一切必要措施、作出一切必要努力去阻止中国的核发展。他说:"在和苏联的谈判中,就中国核发展的问题,你能走多远就走多远。"也就是说给谈判代表以无限的自由和讨价还价的权力。7月15日开始的会谈中,美国方面的代表是哈里曼。哈里曼是一个老资格的政治家,在第二次世界大战中就已经担任了美国的国务卿,主要是代表罗斯福斡旋美苏关系。有人给他取了个外号叫"老狐狸",说他特别机智、主意多,也比较滑。尽管在会议中哈里曼不止一次地向赫鲁晓夫提出中国问题,花了很多时间来劝说赫鲁晓夫同他讨论中国问题,当然主要就是制止中国核发展的问题;但是赫鲁晓夫极力回避这个问题,很少透露他的想法,顶多表示说,中国要成为核国家是很久以后的事情,现在用不着讨论,目前只有美苏两个国家可以积累核武器,中国还做不到,中国没有力量积累核武器。

在哈里曼看来,赫鲁晓夫很轻视中国的核发展和核力量,美国却不这样认为,美国很重视这个问题。国务卿腊斯克在接到哈里曼的报告后,立即给哈签发了一个由肯尼迪亲自签署的信件,信上说:"我们仍然确信中国问题比赫鲁晓夫在第一次会议上所说的要严重,而不像他所说的那么轻松,你应该私下迫使赫鲁晓夫来讨论这个问题。我们同意只有美苏两家应该拥有大量的核武库,但是,像中共那样的人,即使手中没有大量的核力量,对我们大家也是很危险的,所以你应该设法诱出赫鲁晓夫对于限制或防止中国核发展的手段的看法。一定要迫使他把看法谈出来,而且要明确地问他,是愿意苏联采取行动,还是接受美国的行动以达此目的。"而且,肯尼迪还特别指示,如果苏联约束中国的核发展,美国也准备约束法国的核发展。因为法国当时也不顾英美的压力去研制核武器,要自己发展核武器,成为一个核国家。美国考虑到苏联有可能提出来说,你让我限制中国,那你怎么不限制法国呀,法国也是个资本主义强国,是个欧洲大国,它拥有核武器在欧洲具有很大分量,而且,法国属于北大西洋公约组织,与华约组织是对抗的。美国想就这个问题同苏联作个交易:苏联限制中国,美国限制法国。其实法国它也限制不了,法国不会那么容易就范的。

尽管肯尼迪有这样的指示,想做这样的交易,苏联方面对于磋商中国问题仍然没有兴趣,甚至可以说是毫无兴趣,以至哈里曼根本没有机会提出进一步的建议。美国官员事后检查会场记录时非常遗憾地发现,在莫斯科禁止核试验条约谈判的记录当中,竟找不到美苏两家联手来对付中国核武器发展的任何方案,谈判最后达成的协议竟是:苏方不要求美方强迫法国就范,美方也不得要求苏方公然迫使中国遵守这个条约。

7月25日,三方草签了《禁止在大气层、外层空间和水下进行核试验的条约》。苏美英三国在一定程度上禁止核试验,而不是全面的禁止,三国可以在大气层、外层空间和水下以外的地方进行核试验,比如说在地下。事实上,以后相当一段时间,核试验都是在地下进行,即都是在地下爆炸,而不在空中,这样三国也能达到它们发展核武器的目的。

那么,对于苏、美、英这三家之间的谈判以及他们达成的协议,中国方面究竟是怎么看的呢?中国当时非常担心,甚至基本上断定美国和苏联之间肯定有猫腻,肯定拿中国做交易。我们对于苏联答应同美国进行谈判,而且最后订立这么一个条约感到非常愤恨,认为这个条约本身就是针对中国的,它限制了中国的核发展。如果我们再去研制、发展核武器,在国际上都将是非法的,而且肯定要受到别国谴责,人家都在禁止,你却在搞核试验、发展核力量,别国会谴责我们。而且这样一来就只有苏、美、英几个大国可以有核武器,由他们来主宰世界的命运,我们中国就没有核武器。大家也知道中国政府对于发展核武器的态度,就是认为没有它是不行的,没有它就撑不起中国的实力来,因此我们砸锅卖铁也得去搞核试验。当时陈毅元帅对负责核试验的聂荣臻说,我们就是勒紧裤带,也得把原子弹研制成功。中国把它当作国力强盛的一个象征,不仅是象征,而且是一个很起作用的顶梁柱。

苏联作为社会主义国家的带头羊,同美国谈这个问题,等于是出卖了社会主义中国的利益。喜欢诗的同学可能记得毛泽东有一首词,这个词是调侃性的,冷嘲热讽地骂苏联:不见前年秋月朗,订了三家条约。还有吃的,土豆烧熟了,再加牛肉。不须放屁,试看天地翻覆。意思就是说你们想限制世界人民、限制革命的发展,都是妄想,像放屁一样;"天地翻覆",就是说一定要把核试验搞下去。这是中国的决心和力量,也是中国对会议的猜忌。当然,会议的实际情况和我们想的是有些出入,但是现在看来,中国的立场也还是能够支撑中国现在的国际地位的一个正确的抉择。

美国想要通过这个会议拉苏联采取行动对付中国的意图并没有达到,下一步美国想怎么办呢?一位在斯坦福大学的华裔教授认为,肯尼迪所要采取的行动不仅仅是政治行动:因为1963年6月中国已经处在核试验的前夕了,还有一年中国就爆炸核武器了;而肯尼迪也很明白,只有通过军事行动才能阻止中国发展核武器,才能阻止中国成为第五个核大国,所以他指出当时美国很可能采取的一个军事行动就是空袭中国西部的核设施。因为当时美国的侦察能力已经能够拍摄到中国的核基地在什么地方,尽管中国一再击落美国的U-2高空侦察机,但还有很多击落不了的。而且据美国一位高级官员回忆,美国当时实际上已经讨论过是不是美苏可以联合起来,先发制人地对中国的核基地进行拔除手术。主要的突袭手段有两种,一种是由一架苏联轰炸机和一架美国轰炸机联合飞过中国核设施上空,各投一枚炸弹,如果美国投的是炸弹,苏联也象征性地投一枚,这个方法叫做"亚联合行动"。

现在看来,美国的军方,特别是空军方面,的确是研究过各种行动方案。具体的细节美国现在还没有解密,但是从已经公布的档案里看得出来,他们有过派飞机来轰炸中国的核设施的方案。而且认为在行动中应该争取到苏联的合作,或者联合行动,或者一定程度的合作,或者默认,都可以。可是这种行动方案的设计还远远没有达到决策的程度,还没有到决定的地步。就比如说我们学校现在要改革,我们也会有很多设计,但如果最后没有出台,就不能说是决策。从已经解密的档案材料来看,这一方案没有达到决策的程度,而且也没有向苏联提出过(苏联解体后,各种档案都在解密,但从苏联的记录中并没有看到这个计划),所以美苏联合行动来拔除中国的核设施的计划流产了。从各方面的迹象来看,肯尼迪政府更倾向于用政治手段阻挠和遏制中国的核发展。

苏联方面的意图如何呢?根据曾在第一线,同苏联领导多方面接触的哈里曼分析,显然苏联的态度也受制于它同中国的论战,特别是苏联要考虑怎样维护自己在国际共运中的领导地位。赫鲁晓夫不能同美国公然携手去打击另一个共产党大国或者压迫这个共产党国家来加入核条约,如果他这样做的话,苏联在国际共产主义运动中的地位马上就没有了。所以它只是想尽可能地争取更多的国家,包括共产党国家,包括苏联的盟国来拥护苏联同英美达成的条约。越多的国家拥护它,中国就会越孤立:因为中国绝对不会拥护这个条约,这样就会使中国在国际上处于相对孤立的地位,这样的环境对苏有利。特别要是让中国不拥护的态度显露在那些比较关心禁止核试验的欠发达、不发达国家面前,使中国在第三世界当中也被孤立起来,苏联《真理报》的总编曾直言不讳地向哈里曼说过这个问题。

尽管如此,应该说禁止核试验条约还是达到了美国所预期的效果,也就是加剧了中苏的分裂。从我刚才念给大家听的那首词中,我们都可以看出毛泽东的心情,他对苏联的做法是非常愤恨的。从1963年下半年到1964年核禁试条约达成以后这段时间,中苏两党之间的你来我往、相互攻击达到了空前的规模和程度。中国在这一时期连续发表了九评(《致苏共中央的公开信》),直到现在,不管是否赞同这些观点,我们都可以感受到这些文章的战斗力,它们措辞的激烈,革命的坚定性,批判的尖锐性等。美国密切注意看中苏论战的发展,同时也紧张监视着中国共产党在核计划方面的进展。但是华盛顿也很担心美国对中国发动突袭可能会使中苏两个大国重新走到一起:如果面临一个外部的帝国主义侵袭,它们可能又会团结起来,所以美国对单方面采取打击中国的计划犹豫不决。最终美国没有进行空袭,而是继续实行同苏联缓和关系、同中国强硬对抗的战略,继续等待常常会改变想法的赫鲁晓夫突然之间又改变想法,同美国联手打击中国。

中国在外交上也采取了一些措施。苏美英签订禁止核试验条约后,中国提出了一个和平建议,建议全世界所有国家都宣布全面禁止和彻底销毁核武器:不使用、不输出、不制造、不试验、不储存核武器。中方认为,要禁止就彻底地禁止,不能因为有些国家技术已经达到一定程度,不用大气层、外层空间和水下仍然可以进行核试验,就不许别的国家在这些地方进行核试验。因此,中国政府的姿态是:要彻底地销毁现有的一切核武器及其运载工具,解散现有的一切研究、试验和生产核武器的机构,并为此召开世界各国政府首脑会议。8月2

日，周恩来总理把中国代表的建议交给各国首脑，希望能够得到积极的响应。当时中美有一个联系渠道，就是在华沙举行的中美大使会谈，这个会谈差不多两三个月才举行一次。在 8 月 7 日举行的第 116 次大使会谈中，中方代表王炳南转达了中国政府拥护全面、彻底禁止核武器的立场，而且把周恩来的信也交给了美方（因为中美当时没有外交关系，要给美国转达信息就要通过大使会谈）。中方表示希望美方能够积极响应中国的建议，如果美国方面想同中国讨论这个问题，中国可以按照美国代表的安排来和他们讨论。王炳南还解释了中国政府对三国条约的态度，认为这个条约会被核大国利用来巩固自己的核垄断，这些大国有了核武器，而且在继续进行地下核试验，但却不允许其他国家进行核试验、拥有核武器。这就等于核武器永远地被三大国垄断起来，它们能继续生产、运送、使用核武器并进行地下核试验；同时却束缚了其他热爱和平的国家的手脚，不让这些国家有充分的手段保护自己免遭核威胁。王指出，美国在中国周边进行核部署，使中国的东部和南部都处于核威胁之下。由此，他还奉命提出了一个由中美两国政府联合建议设立太平洋无核区的协议草案，希望美国政府予以认真考虑。当然，中国政府在提出这些要求的时候，实际上也知道美国绝对做不到，所以就想将美国一军，表示要禁止就彻底地禁止，大家都把核武器全部销毁。当时中国什么都没有，当然就什么都不用销毁了。

现在我们通过各种材料也可以看出，肯尼迪政府自上任以来三年多的时间里，已经从多种渠道收到过中国发出的信息，希望美国放弃敌视中国的政策，即使在莫斯科有限禁止核试验条约缔结以后，北京仍然继续向美国表示过要改善关系的愿望。而且美国参加华沙会谈的代表也向政府报告过，认为尽管北京尖刻地、公开地谴责有限禁试条约，但是中国还是愿意缔结一项禁止核武器的协定，只不过美国不愿意同中国谈这个问题，而是继续推行其与苏联和好、敌对中国的政策。

这时候台湾也很想插一手，因为打击中国大陆最符合它的利益，台湾很想借助美国来消灭中国大陆的核基地。蒋经国在 1963 年 9 月 6 日访问美国，在会见肯尼迪的国家安全事务助理时，他说台湾已经侦查到了大陆的导弹发射基地和原子设施的所在地,希望与美国共同制定消除这些核基地和制止中国核发展的办法。肯尼迪在会见蒋经国时表示,中共确实对世界构成了严重的威胁,美国愿意以一切合理的手段来削弱中共的力量。他问蒋经国台湾有没有能力空运三百到五百人到像包头这样的中国核基地,而飞机不被击落。事实上台湾的飞机是不断地被击落,但是蒋经国却很有把握地说,行啊,没问题。从这个谈话来看,美国是在应付台湾,因为美方也知道,台湾最高的利益就是把美国卷入到一场同中共的战争中去,但是美国为什么要为台湾打仗?这是美国需要考虑的问题。所以美国打发走了蒋经国以后,也没有再理台湾的茬儿,而美国政府跨部门的专家继续研究中国核发展的前景和问题。

据透露,美国和苏联之间已经就中国的核发展问题交流了情报:苏联方面在1963年9月向美国提出,万一中国侵略印度,或者进攻台湾海峡,苏联都不会履行《中苏同盟条约》予以支持。美国政府对中国所造成的核威胁也看得越来越不严重了。美国估计,由于担心美国的核反击以及使用核武器所引起的反应,中国在核爆炸后反而会更强调自己防御和和平的立场,强调中国研制核武器是为了防御、为了和平,而且在外交上和政治上反而会采取更调和的姿态,所以美国至少暂时不必考虑对中国的核研制采取先发制人的"外科手术"。直到1963年11月肯尼迪遇刺,他都没有下定要扼杀中国核研制的决心,而其继任者约翰逊总统看来也是如此。

美国政策规划委员会经过长时间的研究,在1964年4月拟就了"中共拥有核能力意义"的研究报告,这篇报告的结论是:如果中共拥有核能力,其政治效果将远胜于军事效果。美中之间核能力的巨大反差使中国极不可能首先使用核武器,对美方报复的担心将使中国在获得核能力后行动更加谨慎,中国将主要运用自己的核能力达到一些政治心理目的,例如:削弱一些亚洲国家的意志,刺激亚洲各国的分化,对美国在亚洲的军事存在施加政治压力,为中国取得世界大国地位获得政治支持等等。这些事情都是对美国利益的威胁,但是美国不需要以政策上的变更来应对这些威胁,此后美国面临的基本军事问题可能仍然是如今面临的问题。中方旨在探测美国反应底线的军事行动都是相对低水平的边界战争和革命战争,包括在亚洲一些国家支持共产党的游击战争,所以美国不需要采取预先清除中国核设施的军事行动,相反,美国在亚洲最适当的军事姿态就是以含蓄的核威胁结合显著的常规能力来对付所谓的"共产党的侵略"。另一方面,政策委员会也提醒美国要继续显示和平与防御的意图,积极宣扬自己有意邀请中国加入核谈判,而且,委员会预计苏联对中国核力量的担心将使苏美合作遏制中国成为更加心照不宣的事情。

1964年9月15日,也就是中国第一次核试验前夕,美国已经计算到中国大概要在10月份爆炸原子弹。为此,美国总统和他的决策班子召开了一个关于中国核武器问题的会议,确定了如下的立场:第一,"我们"不赞成美国目前未收到挑衅就对中国的核设施采取军事行动,宁可让中国进行核试验,而不愿现在主动采取行动。如果出于其他原因,"我们"发现自己处于任何程度的军事敌对中,美国将非常密切地注意以适当的军事行动攻击中国核设施的可能性;第二,"我们"相信存在许多同苏联联合行动的可能性,包括警告中国不要进行核试验,因此,国务卿最好尽快同苏联驻美大使十分隐蔽地探讨这种可能性……10月16日,中国进行了第一次核爆炸,而恰好在爆炸前两天,赫鲁晓夫被苏共中央解除了职务。所以,我们今天题目中的三项就分别成了:肯尼迪被刺杀了,赫鲁晓夫下台了,中国的核力量成为一个现实。

从以上分析可以看出,肯尼迪时期中苏之间的分歧虽然是很难愈合的,但是还没有达到分裂的程度,不像后来中苏关系变得比中美关系和美苏关系都要坏。这一时期大体上中苏关系还能够维持在内部矛盾的范围内,双方都把彼此间的矛盾看成国际共运内部的矛盾,而把同美国的矛盾当作敌我矛盾。在这种情况下,美国对于中苏矛盾有心利用,但是没有把握住,一时也不知如何下手。肯尼迪想试探美苏合作限制中国的办法和途径,但是他的试探没有得到苏方的响应。应该说从这段历史中我们可以总结、吸取的教训还是很多的,像如何处理大国关系,如何使中国保持最有利的国际地位,以及在核武器问题上中国过去、现在和将来所能采取的立场、所应注意的问题,等等。

跨世纪中俄关系的回顾与展望

关贵海

> 关贵海,北京大学世界社会主义研究所副教授。1988年获北京大学法学学士,1997年获莫斯科国际关系学院政治学博士。专长与中俄关系的历史与现状研究、俄罗斯对外政策演变及制定机制研究、俄罗斯社会政治发展研究、冲突学理论发展与实际应用研究等。代表论著有:《叶利钦执政年代》、《普京时代》(译著)、《论俄罗斯对华政策形成的重要阶段》、《俄罗斯民主社会主义的理论与实践》、《转型期的俄罗斯意识形态》等。

2001年初,中央布置了当年对外工作的三大任务,第一是"入世";第二是申奥;第三就是中俄条约。也就是说,在2001年,中国外事工作围绕的是这三个核心。可以肯定地讲,我们已经超额完成了任务。因为年初制订的目标是中俄条约,当时还没有想到"上海合作组织"能够在6月份就正式成立。我平常讲课的时候,通常喜欢用一点点历史的东西把现状的东西带出来。这是因为俄国从1991年苏联解体以后到现在的这段时间太短了,它和历史的关联也太深刻了。所以一点点历史不讲的话,是很难理解现在俄国发生的所有的事情的。在这里我想把1991年苏联解体以来到现在中俄关系经历的几个最重要的阶段给大家简单地回顾一下。

一、中俄关系的起点

首先,我们看一下中俄这么两个大国的关系的起点。这个起点本身就是带有相对意义的。因为中俄两国关系是建立在中苏两国关系基础之上的,但是又和中苏关系有很大的不同。

第一个不同是相互承认的迫切性不同,即谁求谁承认的问题。1991年12月25日戈尔巴乔夫宣布辞去苏联总统的职务,然后苏联国旗从克里姆林宫上降下来,叶利钦代替戈尔巴乔夫坐进了克里姆林宫的总统办公室。这个时候俄国最需要国际上的承认,而这种承认不仅仅要承认它是一个主权国家,而更最重要的是承认俄罗斯能且只有俄罗斯能接替原苏联成为联合国安理会的常任理事国。这种承认当然就是所有的常任理事国说话最管用了。应该说当时西方的那些国家那里不会有问题,因为从1990年叶利钦当上了俄罗斯联邦的最高苏维埃主席以后,他已经几乎走遍了这些西方大国,已经形成了一定的默契。但是对于中国他是心里一点底都没有,如果说中国当时不承认的话,他的日子就会非常的难过,就会处在一个非常尴尬的位置上,所以当时两国之间的外交承认实际上是俄国对我国的一种需求;为什么说它和中苏关系不一样呢?就是因为1949年10月1日毛主席宣布中华人民共和国成立,我们最希望的就是苏联马上承认我们,然后断绝和国民党政权的外交关系,这是一个最明显的不同。

第二个不同就是承认的方式不同。苏联1949年对中华人民共和国的承认是以电文的形式。当时苏联政府在我国北平驻有总领馆,当时的总领事是一个很有名的俄国的汉学家。据他回忆,在10月1日晚,周恩来特意给他留下口信,说有非常重要的事情要和他谈,后来周恩来就派机要秘书给他传了一个信,请他迅速地向苏共中央政治局发电报,中华人民共和国政府、中国共产党中央委员会急切希望苏联承认新中国的成立。这是10月1日晚上发过去的电报,因为苏联首都莫斯科和我们的时差是5个小时,在晚上中国这边发出的请求,在莫斯科正好是下午,所以"中华人民共和国成立"的这个消息和"中华人民共和国政府请求苏联政府承认"的信同时就在《真理报》的号外上刊登出来了,这样就等于说是在电报往来的这种形式下,苏联承认了中华人民共和国,但是我们在1991年承认俄罗斯的时候形式却不一样。1991年9月25日在苏联解体的那一刻,正好我国一个政府代表团在俄罗斯,他们是去谈经济问题的,没有得到外交方面的授权,但是他们正好在莫斯科,知道了苏联要解体的这个消息后,他们就想回避一下,但又不能回国,就想到乌克兰去。如果去乌克兰,乌克兰当然不会逼着中国去承认的,同时乌克兰也没有这么强烈的愿望去接替前苏联的这些会员资格。但是俄罗斯外交部不肯放他们走,通过各种公关的手段把他们留下来,但是他们没有外交授权。没办法,他们就临时向中央打报告,请示对策。如果他们走了的话就是中国变相地向俄罗斯表示中国不承认,所以不知该怎么办,面对着一个很尴尬的局面。最后中央给了他们这种授权,所以他们才签了一个《会谈纪要》,既不是备忘录,也不是协议,更不是宣言,而是一个《会谈纪要》。这个《会谈纪要》里面谈了几点内容,其中一点就是承认俄罗斯是前苏联的继承国,也就是所有国际条约规定的前苏联所应履行的国际义务和所应享有的国际权利的继承国。

中俄两国关系起点还有一个比较有意思的地方就是外交关系的转换的问题。因为在苏联时期,我们驻苏联的大使一直同苏共的上层保持着密切的关系,甚至就是在1991年的"八·一九"政变的时候。当时以叶利钦为首的这一派搞激进改革、搞民主化的人在苏联要废除共产党,要废除社会主义制度,有一些人——用现在的话说是属于保守派的势力,但是被民主派称为顽固分子的这么一批苏共领导人,包括他们的副总统、最高苏维埃主席等人——组成了一个紧急状态委员会,想把戈尔巴乔夫和叶利钦都给抓起来,然后恢复苏联传统的社会主义模式下的那些管理方法,但是这场政变最后失败了。在政变期间,紧急状态委员会的主要负责人、副总统亚纳耶夫与我们驻苏联的大使会见。这在当时可以被理解为中国对政变的一种强烈的支持,因此,俄罗斯坚决抵制这位大使。在外交实践中,大使的任命必须要征得大使的常驻国的国家政府的认可、同意。比如说如果美国派中国来一个对中国最不友好的人士,中国是绝对不会同意的,俄罗斯也行使了这种权利,即拒绝接受该大使在俄常驻,所以中国就不得不把他撤回来,换上了另一位大使。

第三个不同是从意识形态的完全一致走向了意识形态的完全对立。1949年,中苏两国关系确立的时候,两国都是走社会主义道路的,都信仰马克思主义;1991年,中俄两国的关系从意识形态的角度上来说是背道而驰的。这样也就决定了中俄两国关系的起点并不是像人们说得那么乐观、那么牢固。当时有很多微妙的、不可预见的因素。所以从1991年底到1992年底这将近一年的期间内,中俄两国关系几乎是处在一种停顿的状态。大家都不知道接下去该做什么，大家都在看，都在观察，尤其从我们这一方面来讲，我们觉得非常难堪，因为我们国内的舆论界一直对叶利钦非常反感，批评他的口径也非常一致——认为叶利钦背叛了社会主义，出卖了社会主义事业，把一个好端端的社会主义国家搞得乱七八糟、把它的前途给葬送了。但是这样一个人现在变成了这样一个大国的总统，怎么办？怎么跟他处理关系？很尴尬！这话不知道该怎么往回传。所以这一年的时间里双方都在磨合，但俄罗斯的外交思路在1992年的时候还处在一种我们称之为"一边倒"的政策。大家都听说过，俄罗斯在苏联解体之初搞的是"一边倒"，那么这种外交政策的思想基础是什么呢？其思想基础就是所谓的"圆心世界说"，也就是说在俄罗斯外交政策制定者的眼里，世界是由三个同心圆圈构成的：第一个圆圈，即世界的最核心部分是西方七国，也就是世界上最发达的七个工业化国家；第二圈就是所有其他西方发达国家和亚洲的那些新兴的工业国家和地区，比如说新加坡，也包括了台湾、韩国；第三圈就是第三世界和不发达的、落后的国家。在俄罗斯看来，中国还是属于第三圈的，它自己是处在第二圈的。它的外交政策的目标就是往第一个圈里挤，它认为未来世界的走向是由这七个国家决定的，所以不跟他们站在一起，俄罗斯就没有出路。俄罗斯外交政策之所以"一边倒"、西方化，就是因为它的整体思路是"圆心世界说"。

二、中俄关系的发展和深化

接着我们来回顾一下两国关系是怎么逐步升温的，这也就是我想给大家介绍的第二个方面，即中俄两国关系升级的过程。升级的起点是1992年12月叶利钦访华，叶利钦本来应该是在1992年的9月访问日本。他原来并没有那么强烈的愿望来访问中国。他也怕中国人，知道中国人骂他骂得很凶，他不知道来了以后该怎么办，来了以后怎么和中国人说话，他一点思路也没有，中国人也从来没说过他一句好话，他本想先去日本，因为日本是七个最发达国家中他惟一没有访问过的国家。他也就是想先把"圆心"搞定了。但是北方四岛问题成了他这次访问的绊脚石,导致他就没有去成。为什么没有去成呢?是因为据说日本人打算从自己国库里拿出了一些钱给俄罗斯,用这些钱把北方四岛买回来。双方可能已经达成了某种默契,俄罗斯外交部事实上已经认可了这一方案,但是最后计划被泄漏了出去,在俄国内引起了激烈的动荡,引发了一场激烈的争论,群众说这不是"卖国"吗?二战时德国法西斯打到我们家园的时候,我们损失那么惨重都没有屈服,我们现在怎么能就把土地卖给日本人呢?俄国内反对的呼声非常高,群众普遍反对这种做法,叶利钦就不好再坚持了,只好做出一个姿态,推迟对日本的访问。同时也就相应地把对韩国和中国的访问提前了,他是11月份去的韩国,12月份来的中国。来中国前他也没有什么特别实在的想法,对能够达到的目标两国都没有预计得很高,也就是想把这种很冷淡、很捉摸不定的关系用一个能接受的方式表述一下,大家也就满足了。所以在1992年,叶利钦访问北京时签署的"宣言"和一系列"协定"的核心就是承认中俄两国是睦邻友好国家,也就是不再是敌对的国家。但是既没说是朋友,也没说是伙伴。就是不需要再打仗、不需要再吵嘴的两个国家,仅此而已。这个起点当然被国内研究中俄关系的学者评价很高。大家都把它看做是一个历史性的转折,当然对此有人是有一些不同的看法的。但是对于1992年叶利钦访华在中俄两国关系发展这个问题上到底能起多大作用,我认为是对他的评价太高了。叶利钦应该说在这次访问过程期间并不是表现得很好,我们为了表示诚意,甚至把一些让我们外交上受辱的事实隐瞒了起来。比方说,叶利钦1992年12月17日到北京来,17日是谈判,18号去长城看看,回来以后晚上喝了一些酒。本来应该是19日上午去深圳,然后在深圳呆一天。为什么去深圳呢?就是要考察一下,中国这样一个社会主义国家怎么通过特区这样的窗口把资本主义的经济成分引进来,又怎么能既对社会主义有用又不改变社会主义的性质。但是叶利钦18号晚上贪杯了,中国的茅台酒他觉得挺新鲜,就喝多了。本来19号早晨应该到机场,然后到深圳去。结果他哪儿都去不了了。他已经站不起来了,这也是酗酒的俄国人的一个特点。俄国人喝酒喝醉了很少吐,也不会踏踏实实地去睡觉,他们要走。但是往往他要走的时候呢,偏偏走不动,腿软。所以在冬天经常会看见冻死的俄国人,就是因为他想迈步,他头脑也比较清醒,但他就是迈不动步。但是叶利钦得上飞机呀,怎么办呢?他的工作人员就跟我们外交部商量,说我们总统身体不舒服,不能去深圳了,不能继续进行访问了,打算让他回国。我们的外交部认可了,为了不让叶利钦难堪,在他回国的时候也没有欢送仪式,而是把他的车直接开到了飞机旁边,然后用担架把他抬上了飞机,到了莫斯科以后,从机场就直接送到了医院,这一段历史我们从来没有披露过,但是俄罗斯国内已经把这一段批评得不能再滥了。我们从来不讲,可能觉得这种事情对他们国家是一种不光彩的事情,但是对中国来讲也不光彩,因为这种行为是对我们的外交安排和策划的不尊重,是对中国政府、对中华人民共和国的外交权利的一种不尊重。但是我们没有任何表示,而且把这个事情又遮过去了,说得很好听。有另外一个可相比较的例子,那就是在1996年,叶利钦去访问美国,从美国回俄国时,他应该是在爱尔兰停留,然后爱尔兰的总理要在机场和他进行一个小时到两个小时的会见。爱尔兰总理到机场去等他了,结果叶利钦在美国访问比较成功,也就比较得意,所以从美国飞往爱尔兰的路上,他又贪杯了。那一次喝得比在北京还要过分——他中风了,不仅仅是站不起来了,干脆连话都不能讲了。飞机降落在爱尔兰首都的机场,停了40分钟,总理在下面等着——总理不能爬到飞机上去迎着他吧?在等着他很光彩地出来挥挥手。可是,一直不见他出来也不知道怎么回事,就在下面干等着。飞机上的人也很紧张,说不见了吧不合适,但是见的话他又肯定起不来。谁都不想出去说几句,最后实在没有办法了,就把当时随从访问的俄罗斯第一副总理给推出去了,让他去跟爱尔兰总理进行一个简单的会见,象征性地谈了一会儿,表示了一下歉意就回来了。当时爱尔兰总理很有礼貌的像我们一样很客气地把客人给送走了,但是马上就召回了驻俄罗斯的大使。大家可以比较一下爱尔兰和中国在国际上的影响,但是这样一个国家都要维护自己的尊严。这就是中俄关系发展的第一个阶段。对于第一个阶段,我们的报纸上、杂志上大家能找到的评价就是中俄关系顺利地从中苏关系过渡到两国的睦邻友好关系的第一个阶段。

第二个阶段始于 1994 年。1994 年 9 月，江泽民总书记访问俄罗斯，当时签署了一个联合声明，宣布把两国的关系从一般的睦邻友好的友邦关系提升到建设性伙伴关系。这个提法是 1994 年 1 月份叶利钦通过来中国访问的俄国外交部长科济列夫提出来的，当时他给江泽民总书记带来了一封亲笔信。叶利钦在信中说，咱们两个国家有很多可以合作可以联合的地方，我们是否可以把我们之间的关系从一般的友邦关系提升一下，带有这么一点战略合作的意味，这种提法得到了我们江泽民总书记的赞同，所以在 9 月份访问之前，就准备宣言，就是说怎样把中俄关系从一般的友邦关系提升到建设性伙伴关系，为了表示对江主席、对中国的尊重，就把江主席接进了克里姆林宫，也可以说是破例地让江主席住进了克里姆林宫，跟叶利钦做邻居。一般外国元首访问俄国时都住它的总统饭店。这一次可能是叶利钦觉得那一次很对不住中国人，这一次主动做出了这么一个友好的姿态，然后把两国关系提升到了建设性伙伴关系。建设性伙伴关系持续了不长时间，叶利钦又有了新的想法，这个新的想法就是 1996 年 4 月份他访问中国时提出来的，为什么叶利钦在 1996 年 4 月份来访问中国呢？本来作为对江泽民主席 1994 年 9 月对俄罗斯的访问的回访，他应该在 1995 年 11 月访问中国，但叶利钦在 1995 年得了很多病，其中最重要的还是他得了心脏病。连着住院几个月，根本没法儿出国访问，所以就把访华日期一拖再拖，最后在 1996 年的总统大选之前，叶利钦来了。因为叶利钦觉得只有到中国来才能够找到一点共同语言，而且对它的总统大选也有好处，为什么有好处呢？就是因为他觉得中国的共产党人比俄国的民主派还民主，思想还开明，所以他要是跟中国的共产党保持着这么一种密切的交往关系，他的对手也就是和他竞争总统职位的共产党候选人——久加诺夫的日子就会很不好过了。所以尽管他当时身体很不好，但还是坚持在 1996 年 4 月的时候来到中国来访问了。他不仅来，而且还要把双方的关系按照自己的设想再升格一下。刚才讲过 1994 年 1 月的时候是他跟江主席建议把关系升级一下，这回是他在飞机上（一般从莫斯科到北京的飞机都是晚上从莫斯科起飞、早上到北京）。在飞机上，他没有喝那么多酒，头脑一清醒，想法也多了。他拿过两国外交部的工作人员们不知经过多少个不眠之夜而做成的文件看看,一下就皱起了眉头,说:不行,这个表述太繁琐、太模糊、"不够劲"。原文是在建设性伙伴关系前面加了一些限制词,例如:平等互利的、相互信任的、面向 21 世纪的等,叶利钦拿起笔都给勾掉了,并改成"面向 21 世纪的、平等互利的战略协作伙伴关系"。但是外交文件的签署需要双方共同认可才可以,他这样单方面改动是不可以的,所以他就在飞机上与北京联络,说要到远东视察一下,其实是想晚一些到北京,是一个借口。什么原因呢? 大家知道,当时中俄两国边界协议在纸上是已经签订了,但是具体在地面上定在什么位置上还需要用坐标的形式描述一下,再把界桩立上。这时在俄罗斯的远东地区就出现了一些麻烦。远东地区的一些地方领导人就不想把那么一小小块条约规定属于中国的地方让出来,所以就僵持在那,叶利钦就说我要去看一看,看看哪些人在捣乱,不让我跟中国朋友搞好关系。实际上呢他也是为了留出时间让中国方面仔细斟酌一下这样改到底行不行。所以叶利钦就先到了哈巴罗夫斯克,又到了海参崴,从那儿飞到了北京。在这一时间段内,我们的高层就讨论觉得这么叫可以,这么叫就这么叫吧。所以,1996 年 4 月叶利钦访华的时候就把中俄的关系提升到了"战略合作伙伴关系",也就是我们现在常说的"中俄战略合作伙伴关系"。也就是实现了第三次的"历史性飞跃",其实我觉得这个词不是很好,要是几年就来一个历史性飞跃,那么历史也太浅薄了。

除了在飞机上改了协议上的措辞以外,还有一个重要事件就是在 1996 年叶利钦访华时,在上海签署了《关于加强边境地区军事领域相互信任措施的协定》。这是一个五方协定。一方是中国,另外四方是俄罗斯、哈萨克斯坦、吉尔吉斯斯坦和塔吉克斯坦。从普通描述上讲,这次会谈叫做上海五国;但是从模式上来讲,这种模式从对话上说是"一对四"的模式。也就是说,当时尽管是五个主权国家在谈判,但是只有两个代表团。中国是一个单独的代表团,而俄国和其他三个中亚国家则组成了另一个代表团(团长为俄国军事和边界谈判的专家基列耶夫)。之所以俄国会和其他三个中亚国家组成一个代表团是因为关于中国与这几个国家在边界问题上的裁减军事力量、建立信任措施和确立边界等具体问题实际上是从前苏联时1989年戈尔巴乔夫访问北京与邓小平会晤时开始的。从外交关系角度讲这样做是不对的,但是从双边相互理解的角度来讲,这样做也是可以的。现在俄国和其他三个中亚国家组成一个代表团可以使谈判简单一些,准备文件时用两种语言准备两份也就可以了。其次,俄国也希望以这种方式来从战略上限制中国过分染指中亚地区。

中俄两国战略协作伙伴关系建立之初就有人怀疑,中俄是否又会走回到过去结盟的道路上去。因为两国都受到美国霸权的压力,都面临着世界格局重新整合的复杂局面,尤其是北约从1993年开始准备东扩之后,两国如果站在一起可能对双方都有利。但是双方的高层领导和外交部门对此是矢口否认的,认为两国是伙伴而不是同盟。但是所谓战略协作伙伴关系的界定也很模糊。对它的解释一般有三层含义:首先,两国是伙伴而不是敌人。其次,着眼于未来,战略上加强协作,尽量协调一致行动。第三,两国的合作不是针对第三国的,也就是不是针对美国的。我觉得这些解释总有一种此地无银三百两的感觉。这样一来就使得中俄的这种战略协作伙伴关系需要很多具体内容的充实,这就需要两国去寻找真正加强两国关系的突破口。其中有思路是要在两国政治关系密切的前提下,尽量提升两国经贸关系的规模和层次。其次是如何在安全领域,尤其是在区域安全领域找到两国更深层次合作的模式。此外,如何使得两国关系的发展用一种法律化的形式确定下来。所以,从2000年普京成为俄罗斯的总统之后,江主席就一直在和他探讨如何具体加强两国关系的问题。在这个前提下才发生了2001年两国关系史上比较重大的事件:上海五国变成了上海合作组织、《中俄睦邻友好合作条约》得以签署。

三、中俄关系的生长点与前景

这里重点说说上海合作组织。它是从1996年上海五国的机制演化过来的。但是这个演化不仅是规模上的转变,也是质的变化。

首先说一下上海合作组织的特点:(1)它是历史上第一个由中

国倡导的、在中国成立、以中国城市名字命名的地区合作组织。(2)它是欧亚大陆上最大的地区合作组织。(3)它是以安全为先导的全方位合作组织。(4)它是不结盟、不针对第三国的开放性组织。(5)它是中俄战略协作伙伴关系的延伸。

上海合作组织的意义及对中国的好处:(1)上海合作组织是从五国会晤机制到国际组织的转变。这个组织对中国参与国际格局的转换,推进多极化有很大好处。也就是说,中国在其中可以很主动。(2)在反对外部势力干涉台湾问题解决,反对把台湾纳入战区导弹防御系统方面,中国获得了上海合作组织成员国明确的支持。(3)把一对四的对话模式转化为一对一的对话模式。在上海合作组织成立以前,中国与中亚国家的交流必须要经过俄国,现在就没有必要了。这主要是因为乌兹别克斯坦的介入。乌兹别克斯坦一直与哈萨克斯坦争夺中亚的领主地位,而哈萨克斯坦取得了俄罗斯的支持,所以乌兹别克斯坦也因此与俄罗斯的关系一直不是很好,从而一直处于一种比较孤立的地位。而乌兹别克斯坦为什么后来会加入上海合作组织中来呢?这是因为,从1999年开始,阿富汗北部衍生出来的一批具有强烈的宗教极端主义和民族分裂主义倾向的伊斯兰极端主义分子想在乌兹别克斯坦、塔吉克斯坦和吉尔吉斯斯坦三国交界处成立一个独立国家。这对以上三国都造成了严重的威胁。吉尔吉斯斯坦、塔吉克斯坦得到了俄罗斯的帮助,而乌兹别克斯坦没有别国的帮助就无法对付极端分子。所以它希望有一个地区性的国际组织能够对极端势力采取共同行动。在这个背景下,乌兹别克斯坦从1999年开始就对上海五国机制发生了兴趣。乌兹别克斯坦要加入这个组织,它当然不愿意加入以俄罗斯牵头的代表团。所以,最后大家决定,干脆六国各自成立独立的代表团。这样就打破了俄罗斯原来设想的对话模式,这对中国来说是有好处的。

上海合作组织反映的是一种新型的国家关系、一种新型的安全观和一种新型的区域合作的模式。这个组织潜在的意味在于:首先,中国实际上成了这个合作组织的领导者之一。中国从党的十二大确立独立自主的和平外交政策以后,一直坚持的是"不结盟、不当头"的政策。但是上海合作组织成立之后,这个政策就发生了一些微妙的变化。这事实上是对"不结盟、不当头"政策的一种背离。对此大家可以从两方面看。首先,可不可以结盟和当头;第二,如果要当头和结盟,应该如何操作。所谓的"不结盟、不当头"的限制是邓小平在80年代初提出的。当时中国刚刚开始改革开放,中国是为了摆脱美国和苏联两个超级大国的限制,想要走一条独立自主的发展道路才提出这个政策的,不想用结盟的方式把自己绑到一个战车上。而现在国际格局已经改变了,苏联已经不存在了。在新的世界格局形成的过程中,中国如果希望在关键时候能有国家真正和自己站在一起的话,没有结盟关系是不行的。上海合作组织的成立反映了我国领导人如何在"韬光养晦"和"有所作为"中找到一个合理可行的中间点的艰苦的处境。也有人认为,其实"韬光养晦"和"有所作为"并不是必须要在一个层次上并提的问题。中国因为实力不足,所以应该在全球问题上应该"韬光养晦",而在地区问题上则可以"有所作为"。从这个层次上解释,上海合作组织正是一种尝试。

　　上海合作组织面临的问题和解决这些问题的办法。上海合作组织成员国之间的合作从原来的安全领域扩展到了加强经贸、文化、教育、科技等各个方面的合作。对于这种扩大方式,许多学者都采取了怀疑甚至反对的态度。因为大家认为这些合作中存在着许多不可逾越的障碍。具体说有五个障碍:第一,六国无一例外地都想向西方靠拢。也就是说,它们更重视自身经济与西方经济的互补性。相比之下,这六国间经济的互补性和相互依赖性很弱。第二,这六国总体在资金、技术和对外开放等各方面程度上都不太乐观。要想形成一个区域性的力量强大的实体,是不很现实的。这几个国家从领土、资源、人口、军队的数量包括核武器的数量是很大的,但是大家知道,尽管在当今社会军事力量还很重要,但是具有决定性意义的还是资金、技术和对外开放的程度,也就是和世界的关联程度,而这六个国家恰恰在这几个方面都很欠缺。第三,中亚各国以及俄罗斯在投资环境和贸易的规范化方面都有非常严重的问题。这些问题严重地阻碍了这些国家之间经贸合作关系的扩展。第四,上海合作组织作为一个区域性的安全合作组织,有许多区域性的同性质的组织与之相抗衡。首当其冲的就是独联体内部的集体安全条约。这个安全条约的成员国有俄罗斯和中亚的四国加亚美尼亚,它要做的就是上海合作组织在安全方面要做的事情。而且在行动的可操作性上,这个安全条约要比上海合作组织要强。所以说,本来安全合作是上海合作组织最有生命力的区域,但现在还有独联体的安全条约与之分庭抗礼。这就使得上海合作组织在安全方面的作用打了很大的折扣。第五个问题在于,上海合作组织成员国内部有着非常明显的文化上的差异。中国和俄罗斯在文化上的差异历史上就已经存在了。而俄罗斯和中亚国家之间文化上的矛盾也是由来已久。最头疼的是俄罗斯在中亚地区上千万俄侨的问题。在苏联时期,他们是作为有知识和懂技术的人员到中亚地区支援建设的。但是苏联解体以后,他们就成为了"在外国的外国人",在生活和工作上遇到了非常大的困难,所以经常与当地人和政府发生摩擦。为了化解这些文化上的隔阂就需要有比较频繁的人员的往来。但是现在俄罗斯和这些中亚国家之间,以及中国和俄罗斯之间,人员的往来是非常困难的。首先,由于俄罗斯等国经济状况不好,它们的人就没有足够的经费到中国来。其次,赴俄的签证也非常难办,限制得特别死。

但是上海合作组织的发展还是有前途的。它的发展有几个有利的条件:(1)几个成员国都有共同的安全利益。尤其是在边界安全上相互都有需求,从而容易形成一种背靠背的合作形式。(2)中俄战略协作关系相对来说还是比较牢靠的。有中俄两国的关系支撑着,上海合作组织还不至于散架。(3)受苏联时期文化背景的影响,上海合作组织的首脑外交有很强烈的个人感情因素。当然也有不利的因素:(1)总体上讲,各成员国之间相互信任的程度十分有限。(2)还没有建立起和地区内其他组织的良性互补。(3)首脑之间的感情外交的可靠性和稳定性不是很乐观。(4)各成员国在组织中最核心的问题上的意见分歧也很大。因为在反对三股恶势力问题上,中国主要反对的是民族分裂主义,俄罗斯主要反对的是国际恐怖主义,而中亚国家主要反对的是宗教极端主义。上海合作组织故意模糊了这几个反对重点的界限,但是各国反对重点还是很不一致的。

为了解决以上存在的问题提出的建议:(1)要以深化合作为主,不要在扩张组织上过于头脑发热。(2)要以务实和解决实际问题为主,避免浮躁。(3)坚持海洋和内陆双向发展的战略。

总之,对于中俄关系,我的看法是:

1. 战略上的协作有必要,这是大前提。

2. 必须明白,俄罗斯不可能长期与亚洲国家保持很密切的关系。因为它的核心在欧洲,这是不争的事实。

3. 以能源和贸易为主的合作手段其实并不十分可靠。因为,首先,俄国的能源到底有多少,谁也不清楚。在对俄国能源实力不清楚的情况下,中国很难也不敢与它发展大规模的能源合作。其次,俄国在贸易上存在很多问题,不讲信用的情况很多。而且两国在贸易上的互补性并不那么强。这也制约着两国的贸易额有质的飞跃。两国在2000年的总贸易额只有80亿美元,2001年也不过107亿,而且其中2/3是中国进口俄国的商品。

4. 高层信任的重要性不能削弱,更不能取代民间交往的独特作用。为此,我认为,必须放宽签证限制,必须把交往对象扩大到对我国有怀疑甚至是敌对心态的人物上来。

转基因生物产业
及生物安全立法问题

陈章良

> 陈章良,中国农业大学校长,北京大学生命科学院教授。曾任北京大学副校长、生命科学院院长、北大蛋白质工程及植物基因工程国家重点实验室主任,以及国家863高技术生物技术领域委员会委员等职。在植物蛋白质工程和基因农业等课题研究上硕果累累,1991年获得联合国教科文组织"贾乌德·侯赛因奖",并成为享受政府特殊津贴的最年轻的教授之一,1992年,被评为"中国十大杰出青年"和"全国科技先锋"。主要著述有:《植物基因工程研究》、《植物基因工程学》、《植物基因与分子操作》及《现代生物技术导论》等。

我非常荣幸,感谢生命科学学院能给我这个机会讲讲大家共同关心的一个大问题。我想分成三个部分。第一部分我给诸位介绍一下目前生命科学中的几个大问题,第一个就是干细胞问题怎么立法;第二个是转基因食品是怎么回事;第三个对我们来说比较大的问题就是克隆。第二部分讲两个重要的问题,一个是我们国家从1986年开始,在生物技术领域里边做了多少事。等我介绍完以后大家基本上可以了解转基因植物在我们国家的研究情况。第二个呢,我想谈谈从2001年,2002—2005年,再到2010年,我们国家在生物技术里研究的是些什么东西。第三大部分,跟同学谈的是供大家讨论的问题了。在生物技术,特别是在克隆,在胚胎工程,在组织工程,在转基因植物这四大热点上,我们国家应该怎么做。最后一部分的内容,有些是我个人观点,大家可以进行讨论。

现在我开始讲主题。首先,给大家讲一下我自己觉得生命科学中的几个大的问题。各位都知道而且一定会同意这个观点,就是第一个大的热点是对一些生物进行密码破译。这个工作是非常基础的,没有什么很深奥的东西,就是需要大量的钱,大量的劳动力,以及很好的技术,需要物理学家、化学家,还有计算机学家,这些组在一起,才能够做。去过华大参观的同学,以及我们生命科学学院在华大工作的同学都可以看到那里完全是一个工厂,已经不是我们传统所理解的一个实验室在做实验。六百多人在一起工作,就是为了完成这次测序。首先在高等生物里测完的是拟南芥,这是一种草,但是它特别重要。它的生命周期特别短,6个星期从发芽、长根、开花到死亡,但它含有整个生命的所有信息。所以我们首先对它进行测序。它含有 1.25×10^8 的碱基。然后去年我们完成了人类基因组的测序,但是还没有完全测完,一般估计在明年测完。人的遗传密码含有 3×10^9 的碱基,所以我们认为人比较复杂。接下来是水稻,刚刚由中国科技大、华大用了9个月时间,花了1亿人民币测完了,有 4.3×10^8,也没有完全测完。紧接着,我说有三个是下面要做的。首先是猪,猪是人类最好的朋友。因为从现在看,器官移植能够不产生排斥的,只有猪,而不是大猩猩。进化过程中猴子应该更接近我们,但是会产生排斥,而猪却不会。很多人认为可能是吃猪肉太多了。所以我们要破译它的密码。荷兰已经开始了荷兰猪的测序。接下去要测的是老鼠,老鼠跟人还是很靠近的,在基因的构成中,特别是在基因序列上没有太大的差别。但更绝的是,测到现在为止,大部分老鼠的基因,换句话说,大部分人的基因,都可以在老鼠上找到,它们之间的同源性的程度远远超过没有测老鼠以前我们以为的程度。我们一直以为老鼠应该跟人有很大的差别。可是测到现在发现,同源序列之多,我们根本没有想到,很多科学家也感到非常惊讶。现在对我们国家来说,正在启动的是玉米。玉米呢,这时候就跟人是哥们儿了,它的碱基数跟人在一个数量级上。本来我们测完拟南芥后,发现人比拟南芥高一个数量级,我们说,人比植物复杂。但是做到玉米的时候,它就和人差不多了。然后,最有意思的是小麦,小麦已经远远超过我们人的碱基数了。这是第一个有意思的事。

第二个有意思的事情是,测完水稻以后,发现水稻的基因有55000个。各位知道,人最多最多也就30000多个。这事就麻烦了。这个不会说话、不会学习的水稻的基因怎么会比人多呢?那么科学家就不停地给自己找理由：人的基因一个可以有合成很多蛋白的功能，因此组成了非常伟大的人类。人在天气冷的时候，可以穿衣服，再冷的时候，可以跑回家去；热的时候可以开电扇，可以开空调，没有空调还可以跑到阴凉的地方去乘凉。而各位知道可爱的植物在外面，不管下多大的雨，或多热的天，它只能呆在那儿，所以它需要有更多的保护自己的功能，不会被冻死，不会被虫咬死，不会被渴死，所以它只能靠储存基因来抵抗所有恶劣的环境，因此它的基因显然比人多。的确，人的一个基因的蛋白功能可以有多种，但是，植物的一个蛋白也可以有那么多的功能，植物其实也不是我们想的那么笨。这是第一个大的热点，这个热点还将继续下去。

光测序本身没有什么意义，但是它对后面的工作有很大的影响。所以立即引出第二大热点，就是计算机学科的研究人员，还有数学系的一批学生突然间卷入了生命科学，形成了很大的一个工作，叫生物信息。生物信息根据这些序列，完全可以得出很多很多东西。现在拿拟南芥的序列和水稻比较，已经得出很多很有意思的结果，从分子进化的角度来研究生命是什么。测完序列后，你会发现，玉米中的大部分东西是从水稻里来的，不过是增加了一些新的内容而已。所以生物信息在目前是一个很大的热点。

第三个热点叫蛋白质组学，这个是根据序列对蛋白质进行研究，研究主要基因的蛋白质的结构和功能。现在采用一种新的技术，就是高通量的蛋白质研究。原来做生物结晶，就像在种金子，隔一段时间看一下是否长出晶体，没有的话就是倒霉，有的话就非常激动，完全不知道会有多少收获。现在应用这种技术一天晚上就可以做 $96*4$ 个基因，所以叫高通量的蛋白质工作。以前结晶出来一个就发表一篇文章，现在越来越难，还要解晶，研究它的特殊性，才能发表文章。显然在今后长长的 10 年、20 年间，这个工作将是生命科学中的一个绝对大的热点。

第四个热点是干细胞。现在干细胞、组织工程、克隆人作为一个大的热点，主要集中在医疗上。大家都看中了这是一个产业，一个很大的产业。不管是谁，只要说我能拿到胚胎干细胞，我就可以开始做。以前治疗烧伤，都是从身体其他部位取下一块皮肤贴在这上面，然后长出这一块皮肤。想想看,要是用皮肤的干细胞长出一团皮肤,然后粘在这上面,比起挖自己的肉肯定会舒服一点。从这一点来说,这是一个巨大的产业。

下一个热点问题就是转基因生物。转基因生物,这本身是一个研究,但它已经形成一个很大的产业,特别是转基因食品,这也就牵涉到安全性的问题。我们国内从3月20号开始,要开始标签这些转基因食品,但是到今天为止,没有看到任何一个食品上写着转基因食品,倒是有一家超市,上面写着:本店不销售任何转基因食品。

还有一个生命科学的热点问题,就是民族基因资源。这牵涉到一个大的问题,就是基因资源的保护及基因保护的立法问题。一个民族基因的多态性和一个家族的疾病基因,这是大家所关心的。所能看到的病,除了传染病以外,大多都是遗传的。但是家族的疾病遗传更重要。现在已经克隆出来的,包括牙齿坏掉,还有几个癌症基因,几乎都是从家族的DNA中取出来的。如果能找到一个家族,四代人都死于肝癌,那四代人如果能够拿到DNA的话,差不多就可以敲定它是什么基因了。谁先拿到这个基因,谁就可以成为亿万富翁。这是一个非常大的工作,而且还涉及到知情权的问题。你拿了人家的基因,人家知不知道这基因拿去干吗了,是否同意你这样做,这些都是知情权的问题。还有一个更严重的问题是流产的婴儿,我们国家去年流产了一千多万个婴儿。随着人类基因组的研究,这些胚胎都成为宝贝。但是这些流产的妇女根本就不知道她们的小孩到哪里去了,这严重地损害了她们的知情权。这个关于知情权的法要不要立,怎么立?这些细胞拿来干什么?

最近越来越时髦的,就是研究干细胞。各位知道,在早期分化之前,那些细胞有全能性,可以在各个部位长。它们会忘记了长成一个人,在某个组织它会长成那个组织,这就是胚胎干细胞。我要说的是,到底中国立什么法,到底允不允许做干细胞。绝大部分的人认为可以做治疗性的干细胞研究,但是不做生殖性的,比如克隆人。国际上基本就是这种看法。美国在这方面有很严格的限制。英国认为14天以前的胚胎不妨可以做,14天以后的就不做了。因为受精完后14天是关键,那天各种器官就开始诱导形成了,这天以前就只是一团细胞,我们国内的科学家大都同意这种观点。但是律师们坚决反对这种观点,他们认为只要受精完就是人了,现在这个问题还在讨论中。至于克隆人,这是伦理问题,大家都反对。但是你们想一想这种情况,也许就会改变一些想法。比如说,现在有一对夫妻有一个小孩,这个小孩得了不治之症。我想请问大家,如果你们作为父母亲的话,假使一个技术,能够取他的一个细胞,还能够长出一个一模一样的人的话,我相信,70%的人都会愿意的,人们还是希望自己的小孩重新回到人间,因为克隆出来的几乎和以前的一模一样,只是变年轻了而已。到现在为止,我们老强调说克隆有这样那样的问题,实际上是因为群体太小。按理论来说,并没有出现那么大的问题,因为在生物界,很多都是克隆。未名湖边的柳树,所有的都是克隆的。你拿一根柳树枝插上去就长了,那就是体细胞克隆。所有的马铃薯也全都是克隆的。凡是不经过杂交,不经过受精的就是克隆。有些植物就更简单了,自己掉下来就长起来了,也没出现什么问题。但是我们现在不克隆,因为克隆只是把细胞核替换了,细胞质没换,还有这样一个小问题在里面,但是总的来说还不至于有那么多的问题。

从4月5号开始,我们国家正式考虑立法,叫"基因保护和生物安全"。我们总结了基本上就是这些问题,即知情权,基因隐私,克隆人,干细胞,转基因动植物的安全,生物安全以及实验室管理,现在做克隆的实验室都把克隆出来的东西往下水道倒,从来没有集中销毁,这是很严重的一个问题。至于基因隐私,是人类基因组测完后面对的一个技术。刚才说了,很多癌症,包括舞蹈病,还有老年痴呆症都是遗传的,现在有些地方宣布,我们可以在很短的时间内告诉你你得癌症的几率有多大,可以为你提前诊断,因为我们有芯片。很多人都去排队进行检测。这似乎很好,我们可以知道自己是不是已经得了癌症。但是,后果呢,芯片会告诉你,你得肺癌的几率为70%,得肝癌的几率为80%,那么你会因此而少抽烟,少喝酒。但是,本来不知道自己会得肺癌,活得很快乐,可是现在知道了,你将一辈子都活在阴影中。事实上,这对人类真的是一个灾难,它严重地影响了人与人之间的基因隐私。对这方面到底立不立法,允不允许做芯片的工作,现在还在讨论。

现在讨论的还有一个就是转基因，重点是讨论伦理问题，其中有它本身的伦理，有破坏物种的伦理。还有更严重的是，我们现在的技术已经可以把这个物种的基因转到另一个物种，如把人的肝里面表达的基因转到植物里面去，这就有将人的基因转到动植物中的伦理问题。比如将人的基因转到作物里面去，那我们吃作物，是不是也吃到了人的肉？还有一个问题，我们把动物的基因转到植物中，对于那些不吃这种动物的宗教徒来说，也是一个问题。在国际会议上，现在还增加一个邻国问题。我们在自己国内种了转基因植物，它的花粉会飞到邻国去，受精完后就是含有某种特殊基因的植物，而邻国可能不吃这些东西。这就是邻国问题，你没有得到我的同意，你就不能种。这些都是转基因生物遇到的问题。

可是现在很多牛都已经是转基因的牛了，面粉、玉米和小麦也都是转基因的，人类现在必须面对它了，因为它的确有用。但是人类还不懂该怎样处理这件事，这个法又怎么立。中国政府非常关心这件事情。在今年的人大会上，总理说要对转基因食品进行标签。但我们标签的时候，美国就开始抗议。布什来中国的时候谈了四个事情，其中一个就是必须允许美国的转基因大豆进来，但我们坚持今年必须标签。1995年以前我们基本没有进口大豆，但是随着产业的发展，我们需要大量的油，大豆的需求量越来越大，到去年已经进口了1500万吨，而我们生产的大豆比进口的还贵。因为他们种上了转基因的大豆，成本大规模地降低，而且含油量还比我们的高，所以越来越多的人愿意用美国的大豆。我们从1996年进口的大豆就已经是转基因的了，其实我们已经吃了几年的转基因食品了。因此，转基因生物的研究工作非常重要，特别是进入WTO以后，中国的农业面临很严峻的挑战。今年还要面临第二个问题，就是玉米。玉米、小麦这两种作物按WTO的协议，我们还要再进口5000万吨，这是个很大的问题，因为我们生产的玉米、小麦比进口的贵。现在国家很重视这个问题，已经颁布了转基因的条例，3月份又颁布了转基因标签的条例，4月份人大开始了转基因生物安全性的调研。

下面我讲一下转基因技术发展的历史。1983年，这个技术刚刚出现，1986年，开始大田实验，经过几年的安全性实验，1994年批准可以商业化。1996年种了2500万亩,到2001年,全球就已经种植了78500万亩,这个发展速度非常快,从而也说明了这个技术的重要性。总共做了两个大的实验。第一个是1986年做成的。有一种细菌身上有一种能杀虫的蛋白,我们就把编码这种蛋白的基因克隆到植物里面,就得到了抗虫的西红柿,这种西红柿已经含有了细菌的那种蛋白。如果把虫放在正常的西红柿里,它很快就吃光了,但是,把虫放在转基因西红柿里边,虫吃几口就不吃了,因为有毒,虫会消化不良,它觉得吃得很饱,但其实是饿死的。这个技术带来了农业上一场非常大的革命。但是我们马上会问,虫被杀死了,人会不会被杀死?实验知道这种蛋白对人没有功能,因为人可以消化这种蛋白。

在河北省,种棉花的土地中99.7%都覆盖着抗虫的棉花。棉铃虫在中国是一个很严重的问题,什么杀虫药都用上了,虫还没死,因为它能慢慢对杀虫药产生抗性。那么你们可能会问一个问题,虫会不会对这种杀虫的蛋白产生抗性。我们说,虫是能够产生抗性的。经过很多代以后,虫会出现一个群体,这个群体将可以吃转基因的棉花。所以我们在种转基因棉花的时候,一定要在边上种一批不是转基因的棉花给虫吃,让虫认为它们还没死,它们还有东西可吃呢。这样,大批虫还活着,可以推迟虫发生突变的比例。

以上是抗虫的,第二大工作是抗除草剂的。一般说,加入除草剂,一种是杀光合作用,即破坏光合作用中的介质传递过程;另一种是破坏氨基酸的合成。但是,转基因的作物可以抗除草剂,因为它可以把除草剂的化学成分分解掉。在抗除草剂的转基因作物中做得最多的是大豆,其次是玉米,第三是棉花。在全球种植的转基因植物中,美国种植的面积占了大部分。在我们国内,在科学界,国家科委,大家都认为这是解决中国农业问题的很大的一件事。整个国家已经开始了这一块工作。我们做得最多的是抗虫的棉花、水稻、小麦、大豆、玉米、抗病毒的马铃薯,以及创造一些雄性不育的作物。我们国家是1997年开始正式进行大田实验的。现在我们所拥有的转基因植物有棉花、水稻、小麦、玉米、大豆、马铃薯、油菜、烟草、花生、白菜、西红柿、甜瓜、甜椒以及木瓜和牵牛花。棉花是从1997年开始的,种了大概100万亩左右,但是很快就突破了100多万公顷。现在我们国家已经是世界上第四大种植转基因作物的国家了。

这种技术也可以用到动物身上。如把生长激素注入鱼中,那么生长一年后,它就会比正常鱼的体形大一倍。其实,这种技术已经可以进入到试管婴儿身上,只要把人的生长激素注入给他,他的体积和他的生活力可能就比我们强。但是现在,比克隆人还严格,全世界绝对禁止操作胚胎,绝对不允许把基因注射到人的受精卵上面。

接下去我们要开始做有显著性成果、有创新的研究。第一个测完水稻后,紧接着要移到玉米和棉花上,对它们进行测序。第三大工作是功能基因组,从2000年开始,这个工作已经开始启动。第一个就是拟南芥,第二个是水稻,第三个是玉米,然后克隆新的基因,进行大田实验和安全性的研究。首先是研究拟南芥的功能基因,为什么25000个基因就可以决定它的发芽、长根、开花、结果到死的全部过程。然后是水稻,我们大概要突变30万个水稻突变体才能覆盖水稻的6万个基因。然后研究每个突变体的功能。一个DNA,两端带有能够扩增的基因,随机地插入到基因组里,则有一个基因被破坏。如果这是个显性的重要的基因,就可以看到它后代的表象,从表象中知道它的基因被突变。然后扩增基因只要扩增一点点,就可以输入计算机里面,只要输入50个碱基,计算机就会告诉你,哪一个基因被破坏了,也就可以知道是哪一个基因控制这个性状。

下面讲讲转基因生物的安全问题,这些是所有出现在转基因中的问题。第一个是1998年,英国一家研究所发现转基因马铃薯可以让老鼠吃了以后器官异常,胃穿孔,免疫能力下降,体重减轻。但是这个研究结果其他任何一个实验室都未重复出来,英国科学院检查他们的结果发现有严重的缺陷。第二个是美国发现一种非常漂亮的蝴蝶吃了转基因玉米的花粉后,40%的幼虫死亡。这个实验结果是真的,但是,这个实验是实验室模拟的,他们一直让蝴蝶吃玉米花粉。事实上,自然界的蝴蝶也并不是一直不停地吃一种植物的花粉的,而且这个实验经他人重复后发现也并不是那么回事。第三个是一所大学发现如果把巴西豆的富含氨基酸的蛋白移到马铃薯中,则有很多人对这种马铃薯严重过敏。这个实验结果是对的,因为很多人本来就对巴西豆过敏。但是我们已经知道哪些蛋白质会引起过敏,不能把过敏的蛋白质导入到植物里去。所以这个问题已经可以解决。第四个是绿色和平组织说发现转基因的玉米人无法消化。后来美国政府请 CDT 验证。CDT 经过一系列的工作,最后下的结论是没有任何证据证明这些人得病跟转基因玉米有关。最后一个又是绿色和平组织讲的关于墨西哥野生玉米的问题。墨西哥禁止种基因工程的玉米。结果由一个教授和他的学生在墨西哥南部玉米野生的地方发现美国转基因玉米的基因已经漂移到了墨西哥的野生玉米中了。因此认为转基因对物种进化产生了巨大的威胁。这件事引起了全世界的注意。另外两个教授重复了他们的实验,结果表明墨西哥那儿根本没有看到美国玉米基因的污染。

现在,社会各界都很关注转基因食品的问题。Sohu 网有一则标题:转基因食品今天亮相,是天使还是魔鬼?还有一本杂志上有一篇文章,叫:"生物经济:倾盆金币落谁家?"我今天讲这样一个讲座,主要是想从科学的角度说明转基因食品没有害处,而转基因技术也的确是一个非常有用的技术,它将给我们的农业带来一场新的革命。

好了,就讲到这里,谢谢大家。

流星雨观测与小行星

朱 进

>朱进,国家天文台研究员,国际小天体提名委员会委员,博士。

流星和小行星实际上有很多联系。流星实际上是一种叫流星体的东西放出的物质发光产生的,流星体大多也是绕着太阳运动的。产生流星现象的物质一般都很小,只有粉笔灰或者米粒一般大。但是因为它们绕着太阳运动,它们的速度就非常快,所以在它们经过地球大气的时候就会由于摩擦产生光亮,这就是我们看见的流星。而小行星实际上也是绕着太阳运动的。流星体和小行星有非常密切的联系。如果这些物质在进入地球大气层之前就被我们发现的话,它们就会被认为是小行星。如果是进入了地球大气层产生了发光现象之后才被人们发现的物质,就被称作流星体。

(一) 流星和流星的观测

一般能够被人们拍下来的流星都非常亮,大多是火流星,比肉眼能够看到的恒星还要亮。目前已经有近万颗流星已经被测出了非常详细的轨道。有些流星在进入地球大气层后没有被烧尽,落到地面上,这就是陨石。通过光谱分析,会发现有一部分小行星和陨石的光谱是一致或是非常接近的。这就说明了,小行星和流星的物质成分是非常接近的。去年发生过英仙座的流星雨。当时因为太阳的活动也非常剧烈,所以在北美的高纬度地区人们可以同时看到流星雨和极光。如果我们避开北京市的灯光,到郊区去,在现在这个季节,上半夜每小时可以看到 5 颗左右的流星,后半夜每小时可以看到 20 颗左右的流星。对流星进行比较简单的分类,大概可以分为两类:偶发流星(这些流星是随机地出现的,出现的位置没有特殊的规律)和群类流星(如果把这些流星的轨迹反向延长,会交汇在天空中的某一点上)。有很多人会问:"今年流星雨会发生在什么时候?是哪个星座的流星雨?"其实这些问题问得都不是很严密。实际上,几乎每天都会有流星雨的现象,每天都会有某几个活跃的流星群。所谓流星雨其实就是多颗流星同时从某一点爆发出来的现象,它的流量有可能很小,也有可能很强。一般来说每小时 20 颗到 120 颗的流量都可以算是流星雨。狮子座的流星群是非常稳定的。有人问:"狮子座的流星雨是不是每 33 年才有一次?"其实狮子座的流星雨每年都有。每年到了 11 月 20 日左右只要没有月光和灯光的影响就都可以看到狮子座的流星雨。这里所说的一年是指天文学上的一年,也就是 365.2422 天。所以每年流星雨相差的时间大约是 6 小时。但是因为每 4 年会有一个闰年,所以遇到闰年时间应该向前推一点。

群类流星的产生与彗星有很大的关系。彗星都是由冰一类的物质构成的。当彗星运行离太阳比较近的时候,它就会喷发出一些尘埃物质。这些物质在喷发出来以后就会在太阳的轨道周围运动。当地球在绕着太阳运动时碰到这些小的物质,就会发生流星雨的现象。由此我们就可以得出一个推论。有些人一听到流星雨就非常害怕,认为流星落下来会砸到人,这其实是杞人忧天。这里涉及到两个天文知识。一方面,流星现象一般发生在离地面 110 到 80 公里的地方,基本上在到达离地面 80 公里以内的区域之前已经燃尽了。只有极少数特别大的发光的时间可以持续到离地面 50 公里。即使真的没有燃尽,落到地面上也只是非常非常小的石块了。为什么流星物质这么小还是能发出这些明亮的光呢?主要是因为它的速度非常快,每秒一定不小于几十公里。这样它身上带的能量也特别大。另一方面,这种群类流星物质一定是非常小,在落到地面之前一定会燃尽。而偶发流星物质有可能很大,不能燃尽而变成石头落下来。就目前所有人们在地球上发现的陨石看来,没有一颗是某一次流星雨落下的物质。所以说,我们在有流星雨时被一块陨石砸到的概率和在没有流星雨时被陨石砸到的概率基本上是一样的。

前几天就发生过一次猎户座的大型流星雨。猎户座流星雨对应的彗星是哈雷彗星。哈雷彗星绕太阳运行的轨道是 76 年,它在距太阳近的时候也会喷出流星物质。这些物质被喷出之后,不一定还与彗星运行的轨道完全一致,但是它们都是在同一方向上平行运动的。

这种运动一直持续了好几千年。像哈雷彗星和狮子座彗星,它们在几千年前就已经被发现了。所以,在这些彗星轨道的周围一定已经布满了许多的流星物质。而地球每年都会绕太阳转一圈,所以地球每年都会经过布满了流星物质的某一个点,所以每年都会出现流星雨。而猎户座流星雨与其他流星雨不同之处在于,有余烬的流星比较多,而且流星常常带有颜色。因为彗星喷出来的流星物质在太空中的运动方向和运动速度是一致的,所以当地球撞过来的时候,它们爆发的方向也是相同的。这就解释了为什么流星雨中各个流星轨迹的反向延长线都能交于某一点这个现象。

对流星观测的方法有很多种:目视观测、照相观测、无线电观测、雷达观测、次声观测、望远镜观测、CCD 观测、摄像观测、分光观测。其中目视观测是最基本的观测方法,而且在目视观测中做出了最大贡献的不是那些专业的天文学家,而是业余的天文学家。摄像观测近年来使用的比较多。而望远镜观测因为比较枯燥,所以使用这种方法的人比较少。我今天主要讲一下目视观测的方法。

目视观测的准备:首先,要注意安全。此外,选择观测地点非常重要,这也是最关键的。比如如果我们就在北大理科楼的楼顶上观测,就算是出现了每小时 1 万颗的流星雨,在理科楼上每小时也顶多能看到几百颗而已。所以真正观测流星应该选择一个比较黑的地方,比如北京临近的郊县就可以。至于天气,我认为对于这次流星雨的观测来说应该不是很重要。因为北京市内和郊区的天气差别不会太大。此外,目前比较标准的观测活动中还应该准备睡袋、防潮垫。因为对于我们北半球来说,比较大的流星雨一般都发生在冬天比较冷的时候,所以保暖很重要。另外,还应该准备一把包上红布的手电。因为一般人的眼睛要经过 20 到 40 分钟才能完全适应黑暗,也才能看到你能看见的天上最暗的星星。所以如果刚适应黑暗,这时又被手电照到,眼睛又得经过 20 分钟到 40 分钟才能适应。手电包上红布会好一些。此外,还应带上手表。我们一般来说看到一件奇怪的事后第一反应是要急着描述这件事,但是这样对流星观测来说是完全没有意义的。观测最重要的是要记下准确的某个时间时发生了什么事。此外,还应该带着一张星图用以定标天区。因为如果要进行流星观测,首先必须先认识星座。在观测之前应该先确定好流星雨发生的辐射点的位置。此外,视力不好的人还应该带上矫正视力很精确的眼镜。因为观测流星很重要的一点就是你能看到多暗的星的亮度是多少,也就是你的眼睛能够看到的极限星等是多少。这也是在观测流星时必须记录下来的。我自己能看到的最暗的星是6等星,但是世界上有人能看到7.5等亮度的星。目视观测主要的步骤就是计数和画图。计数主要要记录以下内容:时间(精确到秒)、群属、星等、极限星等(limiting magnitude＞5.0)、视野的遮挡率(obstructions of view＜20%)。其他还可以记录下流星的速度(0—5等)、颜色、余迹持续时间。所谓极限星等就是指观测者能看到的最暗的星有多亮,只有这样,这个观测者的观测数据才能和其他人的观测数据进行换算和比较。

说起流星雨大家都会想到1998年狮子座的流星雨。当时预报说会有很大的流星雨,但是人们真正去看的时候却不是很大。到了今年,人们就会对预报是否准确有怀疑。1998年以前的预报和现在的预报方法是不一样的。1998年以前对流星雨的预报基本上是凭经验的方法。主要是靠计算地球离彗星轨道最近的时间。这种方法的误差会比较大,也不太准确。所以1998年流星雨发生爆发极大(流星流量最大)的时候是预测前一天,而不是预测当天。1998年之后有人提出了一种新的方法。这种方法是用计算彗星抛出的流星物质的位置和运动的方法来预测流星雨。用这种方法就可以很好地证明1998年狮子座流星雨极大的发生时间是在原来预报时间的前一天。而且用这个方法对1999年英仙座流星雨的预测也非常准确,误差只有3分钟。今年的流星雨预报也是运用了这种方法,所以我认为应该是很准确的。根据这个预报,今年比较大的流星雨的发生时间是北京时间11月19日1:24(每小时天顶流量为2000)和北京时间11月19日2:13(每小时天顶流量为8000)。所谓天顶流量(Zenith Hourly Rate)指的是:一个观测者在极限星等为6.5等、辐射点在天顶的情况下看到的群内流星数。

(二)小行星的研究和命名

我下面简单介绍一下有关小行星的情况。小行星研究的意义有几个方面：(1) 天文单位的准确测定；(2) 行星质量的测定；(3) 太阳系起源的演化；(4) 地球生命的起源；(5) 撞击的威胁；(6) 国防需要；(7) 空间资源。小行星研究分为几个层次：(1) 发现；(2) 观测定位轨道；(3) 研究物理性质；(4) 空间探测；(5) 资源利用。目前发现的最大的三颗小行星分别是：Ceres（谷神星）、Pallas、Vesta。但是2001年5月22日，天文学家又发现了一颗编号为2001 KX76的柯伊伯带天体，它的直径为1270千米，已经超过了谷神星的大小。目前暂定编号的小行星有315980颗，有永久编号的小行星有30716颗，近地小行星有15760颗。大家也许会想到，小行星是否会撞击地球。事实上，当一颗小行星的直径小于50米，它给地球带来灾难的几率近于零。只有直径大于60米的小行星撞击地球，才会给地球带来大约2500人死亡的低度全球影响。而要发生像白垩纪恐龙灭绝事件类似的事件的小行星直径必须要大于10千米。但目前还没有发现这种大小的可能与地球相撞的小行星。目前只有一颗编号为2000 SG344的小行星被测出在2030年9月21日有1/500撞击地球的可能。

　　小行星的名字可以是人名、地名、事物名等等。在小行星被发现的初期，一般都由发现者随便命名。开始是使用古代神话中女神的名字，但是后来随着小行星发现数量越来越多，女神的名字都不够用了。随后的命名就比较混乱。曾经有一个业余天文学者发现了一百多颗小行星，他竟然用他认识的所有人的名字，甚至他家宠物的名字给小行星命名。现在，国际上有一个专门的由10人组成的小组对申请命名的小行星进行审核。1998年是北大建校100周年，所以我们国家天文小行星研究小组将我们发现的一颗小行星命名为北京大学星。有了这个先例，今年因为是北京师范大学建校100周年，所以又有一颗小行星命名为北京师范大学。明年是南京大学100周年校庆，所以又有一颗小行星被命名为南京大学。

留学与归国创业

王　强

> 王强，新东方学校副校长。北京大学文学学士，美国纽约州立大学计算机硕士，曾任北京大学英语系讲师，纽约州立大学英语系访问学者，美国贝尔实验室软件工程师，著名美国口语教学专家，计算机专家。主要著作：《书之爱》。

大家晚上好。我每次回到母校都非常激动。尽管新东方就在母校边上，我还是难得回来。每次回来我都是在半夜，避开保安，悄悄在未名湖边欣赏片刻，又默默离去，几乎见不到什么人。北大留给我的是一种情感，一种思念。这种情感使我一走上讲台，无论是新东方的讲台还是外面的讲台，我都在想：如果我当年不上北大，就肯定没有我今天思念北大的日子，所以大家一定要珍惜坐在北大讲堂的机会。无论是读书学习，还是失落郁闷。你身在北大时是不会珍惜北大的。你会觉得北大这儿也不行，那儿也不满意。你们现在比我上学时好多了。我当年上学时，这里（编者注：指北大光华楼）是块废墟，是谈恋爱或分手告别的地方，"荒草连天"，还有几只孤鸿，但是现在这里是培育高级管理阶层人员的殿堂。

今天在这里我想利用以下的时间谈谈留学与归国创业的体会。听说留学在北大是相当普遍的。的确，留学在人的成才中扮演着相当重要的角色。

我 1980 年考入北大，1984 年毕业，学的是英文。我当时觉得对西方的文化了解得比较多，因为在北大英语系当了六年讲师。但当我到了国外，我才发现我对西方的了解比美国人对中国的了解强不了多少。因为现在你和美国人交流，他们中保守的人还认为我们中国男人依然处于梳辫子阶段呢，怎么还能讲出英文来？这是一种非常狭隘的观念。

留学，我认为既是一个人一辈子完成的最大一笔投资，也是一个人必须要经历的一个阶段。为什么这么说？前一段时间我读过一本书，在书中，作者说："Travel is an education for the young, and an experience for the adult"。什么意思呢？他是说，旅游对于年轻人来说是一种教育，而对于那些经历过人世的成年人来说，只是一种经历。同理，我认为留学就相当于 travel。对于一个没有经历过人世的年轻人来说，留学是教育本身，不是可有可无的经历。因此，凡是没有在国外体验过另外一种思路、另外一种制度、另外一种文化的所有人，在你人生的某个 moment，要下定决心，坚决走出去，去拥抱世界。当然，既然它是一种 education，那么就存在一个选择的问题：要往最发达地区去。去非洲是可以的，但是那只是 an experience，所以留学应是你人生中超越一切的 desire, ambition and dream。从我个人经历来说，新东方能够走到今天，是因为新东方不断面对各种思潮的碰撞，各种理念的碰撞，各种视角体验的碰撞，各种眼光的碰撞和各种梦想的碰撞。最近将有一本写新东方的书出版，叫《东方马车——从北大到新东方的传奇故事》。这本书写的不是新东方的神话，而是它的痛苦。不是阵痛，而是长期持续的剧痛。这本书是在讲新东方如何在内部自己给自己动大手术，如何解决错综复杂的内部矛盾，怎样寻找利益和事业平衡点，等等。所以读这本书是体会另一种思路，另一种眼光的绝好机会。

有的同学设想北大本科毕业后，继续留校读硕，读博。但我认为在北大读了本科，就不用在北大读研了，为什么？因为如果老师不变的话，基本上没有什么大作用。你可以说还是在读本科，是本科的延续；而读博则是读硕的延续。所以，加起来你读了十年本科，就那一个老师嘛，你已经和他谈得滥熟了，他无非就是给你推荐另外几本书，那我干脆把图书证当导师算了！因此，我认为教育是需要不断转换视角的。如果你在南大读本科，那我希望你来北大读研；如果你在北大读本科，那你可以去复旦读研。所以，留学历程实际是对你所受教育的升华，是精神提升的必经之路。如果你有要出国的这个欲望，那么你就要 follow your dream，一定完成留学这一重要环节。当然对于每个人来说，选择留学的具体时间也许是不同的。你可以读完本科就出去,也可以接受社会历练之后出国。比如我在北大呆了6年,在中国社会已经锻炼了6年。后来到了美国,才发现我的社会经验是我最宝贵的东西,我的社会经历让我马上可以更深刻地了解美国、了解美国人。也就是说,当我在美国大学毕业后,我实际上已是"生存过"的人了。如果你的本、硕、博都完成了,后两个还是在美国完成的,但没有任何一个社会生活的经历,那么,在你真正走向社会时,你会发现:You are not ready. 在美国这个经验万能的社会中,经历是非常重要的。在美国你说你工作无经验,你有勤奋工作的精神是没用的。就拿我来说吧,我刚到美国踌躇满志想打工,挣点钱,我看我的特长除了 English,什么也没有。但 English 每人都会。那怎么办?就去刷盘子吧。刷盘子我该没问题吧?我去找老板:"我想刷盘子。"老板说:"有经验吗?"我说"没有。但我愿意学。"老板微笑说:"回去等我电话吧。"我就天天坐在宿舍走道的公共电话旁等啊等啊,始终没等来。我意识到 Something goes wrong。连洗碗都不行,我还能干什么?后来,我发现原来我的思维方式完全错了。在资本主义社会,从你踏进公司门槛的那一刻起,他就恨不得你已经能给他带来利润了。对吧?这是最简单的道理。中国人有时发牢骚,说自己不能成功是因为老板总是压制他的天才,同事之间总是跟他斗,要不他早就干出头了。其实在美国也是一样的。"天下乌鸦一般黑"。人都是一样的。中国人爱面子,在背地里给你捣鬼,所以你8小时以内是轻松安全的;美国人直率啊,他前8小时靠直率排挤你,后8小时靠"办公室政治"(office politics)排挤你,一样的。

我去过两次美国。1987—1988 年作为访问学者去的,买了一些英文书就回来了。第二次是 1990 年,当时我已是北大英语系的讲师。我住在 16 号楼里一间 10 平方米的房间里。有一天坐在斗室里,我忽然在想,我未来的路将伸向哪儿?25 岁当讲师,30 多岁当副教授吧?出几本书,换个二室一厅;再熬十年,多写十几本书,升成教授,换个三室一厅。再以后呢?如果我要长命呢?我想北京只有一个地方等我,那就是八宝山。教授之后还当什么呀?后教授?所以,我想趁年轻看看自己还能干些别的什么,这样就干脆去美国读书了。刚下飞机,我踌躇满志,像当年王启明一样心里喊着:"New York! I am coming!"但我渐渐觉得我一点优势都没有了。Everybody around me speaks prefect English! 我第一次陷入绝境,怎么办?我当初要是学中文就好了,起码可以用教他们中文来生存啊。人生每时每刻都会遇到这种情况。当你觉得 everything is ready 时,你忽然会发现 nothing is ready。我特别郁闷。在我回到租来的寝室后,接到一位 Harvard 老教授电话。他搞非常冷僻的专业,搞中国苗族文化研究。他表示如果我愿意跟他研究,他给我全额奖学金。正当我兴奋之中准备接受这个 offer 的时候,我又停住了。因为这是人生最重要的一次 investment。这个投资对我未来的人生来说,值不值得?现代社会中,每走一步都是你的 life, future 与你的 investment 之间的辩证关系。每迈出一步值不值得?要极为慎重!要看你的能力,看你的寿命,看你未来 10 年,30 年。如果迈最初一步是值得的,而从此往后又是不值得的,那么,这最初一步你还是不要迈。迈不好是要走弯路的。浪费生命。就跟股票一样,有一天特别好,你全投进去了,而第二天偏偏赶上熊市,"啪"全给掉下来了,这样,你当初的投入就白搭了。比如这个教授就跟我说,只要我肯学苗语,奖学金马上给我。我说,我是北大外语系毕业的,我怕什么。别说苗语,鸟语我也能学!但我自己总琢磨着这不是今后可以坦然享用的机会。五年,我五年后还要凭着哈佛的文凭找工作呢!那时得有工作找我才行。我分析了一下有没有地方找我。进入这个专业研究,就算我 100% 的几率进哈佛了,那我以后还要当教授,当终身教授呢。这有可能性。如果前一个终身教授"走"了,我能补进去也好。但我去面试时,发现这老头身体比我棒多了。他万一有长寿的基因怎么办?! 于是我对自己说,不行!虽然开始成功率百分之百,但最后成功率比 50% 还弱!我决定放弃哈佛"镀金"梦想,回到未来的生存现实。

这时,我体验到了真正的信念危机。任何人都无助于我,任何外在的东西都无助于我,我只能开始为自己重新设计人生,按照自己的能力,按照生活世界的现实,按照自己对未来的预设。单从我的意愿出发,我当然愿意从事人文研究。但我认为人应考虑的最重要的方面首先是一个生存问题。这是很多中国同学往往故意忽略的。他们总认为:"我不管我的生存,我宁可活得十分失败也要义无反顾地追求我的理想。"但人不但要活,还要活得好。只有活得好,你的理想才实现得有价值、有意义。在我看来,教育的目的可用三个 H 来代表。第一个是追求 happiness。不管学什么,不管将来做什么,如果你天天不 happy,没任何意义;第二个是追求 health。西方人总善于用跑步、攀岩等各种方式强健身体。到美国大学一看,整天占据教室最重要位置的埋头苦学的人一定都是中国人。困得宁可睡在桌子上也不愿回去。为什么? 我是来学的! 不是来享受生活的! 但是他明明在打呼噜啊。这叫虚荣的形式主义! 身体健康自然 happy。整天疾病缠身,得了 100 分你也不 happy,对吧? 要是能回到当年重新生活一遍,我一定把更多的时间花在 muscle building 上面,练出一付强悍的体魄。第三个是追求 be helpful。对社会有益,对自己有益。当你感到别人需要你的时候,这种感觉非常难得。我在美国求学经历中悟出,这三个目标,是我们在留学中应该追求的。

为了生存我选了计算机专业。计算机我可是一抹黑的。我想起思辩的亚里士多德。他也许会对我这样说:计算机是人发明的东西,凡是人都应该懂人发明的东西,如果我不懂人发明的东西,我就成了什么? 因为我是人,我必然会懂人发明的东西。为了看看计算机科学都涵盖什么,我去了一家大书店。我扫过满眼陌生的书,忽然中间有一架书 caught my eyes。我觉得计算机就是我能学的东西。为什么? 中间那架上有醒目的两个字:"programming languages"。当时我根本不懂什么叫 programming,但我可懂什么叫 languages! 谈到这里,我想提醒大家,接受过教育的人和还没有完成教育阶段的人的区别之一在于:接受过教育的人会随时把他自己所受的教育的成果积极地应用于生活,变成智慧促他成功。而一个书呆子或一个永不成熟的人才会终生让自己处于学习状态中而非生活状态中,因为他不知道该把学到的东西从什么地方用到什么地方。所以大家从现在起尝试着把任何学到的知识用于生活的细节中去是最好的人生历练。遇到一个问题,Wait a minute! Think about it。把你所有技能都集中在一起看能不能完善地解决这个问题? 能解决实际问题的话,说明你离教育目标更近了。如果只把知识作为孤芳自赏的资本的话,那你在教育方面所下的功夫就白搭了。所以,当时我看到书架上

languages 这个词时,我感觉到我已经掌握计算机科学的 1/5 了。就凭这个,我给纽约州立大学发出申请要求攻读计算机系硕士学位。但计算机系主任建议我读本科,因为我在北大四年读的都是文科项目,他认为我基础太差。借着一次面谈的机会,我来到学校。我对系主任说:先生,wait a minute,成绩单上看不出我的攻读资格。我今天来是想当面向你陈述一下我想直接读硕士,不想读本科,理由有三个:

1. Computer 最重要的是运行软件。What's software? It's a program. How do you write a program? Using what? Using programming languages! 你再看看我的成绩单,你把重点词批出来,频率出现最多的词是什么?Languages!

2. 从事计算机科学的人一定是有极强逻辑训练的人。(顺便说一下,当时我在找计算机书时,想找本最简单的入门书。我就抽出一本叫 Basics 的,以为这是最基本的。回去看了半夜基本上没看懂。但我被书中设计的流程图深深吸引了。发现计算机是要玩逻辑的!于是一个语言、一个逻辑,让我增强了自信。机器可真是一步都离不开人设计的逻辑。)你再看看我的背景,作为教师在北大讲坛干了 6 年,又发表了很多文章,这两点都是逻辑方面严格的 practice 啊!一个优秀的老师会把非常零散的材料通过严密的逻辑加工变成严谨的知识!写文章与编程序在某种意义上没有大差别。写文章开始前要有 ideas,通过起承转合成了文章,发表出来你叫它 aticle. 而 software 呢?你要先有 input,然后要寻找恰当有效的 data structure,通过数据结构的"起承转合"运行出了 output。名异而实同。

3. 作为一个科学家最重要的素养是人文底蕴。比如,牛顿,爱因斯坦,杨振宁。他们的人文修养之深,不亚于一些文学家,哲学家。他们的文采,他们对历史文化精华的理解,不亚于专业文人。他们的人文功底塑造了一种科学的审美感。科学的审美就是能像上帝一般从复杂的系统中看出简单来。因此,我作为人文学者的训练使我初步具备了这一底蕴。这将为我成为合格的 computer scientist 奠定良好的基础。

然后,我问,像我这样的人才,还用得着读本科吗?系主任摇头连声说：不用了。你我决定录取了！我说：Wait a minute! 我以我优秀人才的身份推荐另一个优秀的人。这是我太太的简历。老头说她跟你一起来吧！大家别笑。美国人不相信人情，但相信优秀的人推荐的人也是优秀的。

吹牛与自信有本质的差别。自信的人能证明自己能干什么，而吹牛的人则无法证明他能干什么。大学教育应树立大家最大限度的自信。一个人有了自信，加上真正脚踏实地的技能，加上大的人生设计，再加上创造机会的勇气就能成功。什么叫做创造机会的勇气？拿参加知识竞赛为例吧。我们中国人到了现场总把主要精力花在琢磨竞赛内容上，关注的是软件；而美国人则首先注重硬件。他一定要先搞清楚抢答按钮在哪儿，怎么能最迅速抢答。抢答时，他"嘀"地一按按钮，然后说声"Sorry. I don't know."这种心理姿态非常重要。因为这样就可以捷足先登阻止他人抢答得分啊。而我们中国人则苦思冥想，得到一个自己认为是100%正确答案后才去按抢答器，对不起，别人早已占先了。

大家在走出校园后，作为北大人，首先要养成的应当是这种去抢硬件的精神。"硬件"是机会。"软件"不是机会，而是你潜在的能力。能力不一定同时匹配必然的机会，而机会却必然能磨炼出真正的能力。世界上没有任何一件事是等你历练成熟后才该开始做的。做才能开始。开始了才能做。就像现代社会中要想找到工作，你得先展示经验，可要想获得经验，你必须先得找到工作。只有敢于创造机会的勇气才能超越这一悖论。比如，波音公司老板来到北大挑人，问："谁懂飞机"？这时北大人应全部站起来，管你是学飞机发动机的还是搞阿拉伯语的，先被挑中再说。如果100个人中只有你一个人站起来了，老板肯定会说："那就你吧！"然后你再告诉他："I am sorry. I know nothing about it."老板怎么办？他只好说，那先培训一年吧。为什么？因为别的人都走了啊！只剩下你一个！当然这是一个夸张的玩笑。

自信永远是能力同机会之间的强大粘合剂。美国人是这样的，你说你行，那好，他先相信你，后来证明你不行他再说不行的话。自信心与成功几乎是同义语。一个美国孩子画了一幅画，说："爸爸，看我画的兔子!"他爸看了半天,虽没认出那是兔子,也会微笑着说:"画得好,再画一张。"而一个中国父亲大半会训斥说:"兔崽子,这哪像一个兔子! 重画!!"这一"巴掌"打下去,打得孩子失掉了自信。失掉了自信也就失掉了创造力。没能创造,哪有成功的可能呢?! 所以北大人一定要培养并小心守护自己的自信,自己的创造力。

另外,我认为留学最大的好处还是对一个人情感承受力的测试。在外留学,远离熟悉的文化环境是非常寂寞的。这个寂寞是在国内尝不到的。中国基本上还是一种温情文化,不管出什么事都有人帮你。而美国骨子里真是非常冰冷的社会。人与人之间距离非常远。你在路上开车撞到一头熊的几率要高于你碰见一位真心朋友的几率。一个人不管成功与否,孤独是永远的,幸福一定是暂时的。如果把幸福当成永恒的想象的话,你会更加孤独。但人的可贵在于,你不断从孤独中得到解脱,获得征服者的快乐。伟大的人无一例外都是能战胜孤独的人。而真正能够战胜孤独的人才是获得真正自由的人。留学让你体验大孤独。如果你战胜不了自我的孤独,环境的孤独和你未来前途的孤独,那么就会发生卢刚一类的愚蠢的事件(枪杀导师及师弟),令我们北大人蒙受耻辱。能超越这些孤独,在深层绝望之中顽强开拓你自己的道路时,你就会离成功越来越近。

1993年我在美国世贸大厦107层做过salesman。第一天没卖出去任何东西。话我说了不少,"Do you like this one?""No.""What about this one?""No.""This one?""No."顾客回答我的全是 No! No! No! No!。晚上老板对我说:"Do you want to come tomorrow?"我说:"Yes. I want.""Then you have to sell something."第二天,我调整了策略,急中生智,开始有效地发问:"Do you like that one or this one?"于是85%的顾客都因跳不出这一问话的"陷阱"而主动掏腰包了。销售其实是一种语言沟通的艺术,它与产品本身关系并不大。这说明,当你在一个孤独、陌生、压抑、绝望的环境中能够快乐地、全力以赴地让你所有积累的知识作为能量爆发时,你就容易成功。很快我就成了一名优秀的销售能手。

我们置身的社会是数字化的时代。如果大家没读过尼葛洛庞帝写的《数字化生存》的话,最好补补课。书不难读,但却十分重要。在这个时代,一个最重要的事情发生了,那就是知识必须被重新界定。如果我们现在对社会、时代的理解还是前数字化时代的思维方式的话,那么北大就白上了。在前数字化时代(互联网未出现之前),主导我们对知识本质的认识的是培根的名言:"Knowledge is power."因此,人们认为一个人知识内在积累得越多,他在外在生存中就越有力量。但以前的知识是集体性的,垄断性的,内在性的,官方性的。知识不是力量而是权力的同义语。

而现在,数字化时代使知识第一次彻底民主化,彻底个人化,彻底即时化。有效地使用网络提供的工具对大量信息即时拼构来满足个性化现实的需求,在重要性上已远远超过获得完整的、静态的知识体系本身。我常思考阅读史(文字信息接受史)上的三次革命。第一次是中国古文明为代表的,比如说,线装书为代表的信息汲取模式,这是一种视线由上而下运动,自右向左移动的纵向阅读方式。第二次是以西方印刷书籍为代表的,视线由左到右的横向阅读方式;现在的第三次阅读革命则是"目不转睛"的深度阅读方式。这三次革命有本质区别。线装书的方式最慢,最不符合视觉的运动规律,吸收的信息量是单位时间里最少的。从左到右移动视线的方式,提高了单位时间里信息吸取的量,因为它不需要空"回车"。符合视觉神经运动规律,效率提高极大。现在数字化时代,眼睛几乎不动地阅读方式,利用超文本链接方式直接领略着扑面而来的信息的爆炸,我们应该学会的是如何排除信息而不是如何接受信息。现在从网上搜索信息叫"navigate","browse","surf"但却没人再用"read"了,就是这个道理。数字化时代超越以前时代的显著之处是把人的头脑第一次解放了出来。头脑不再是集体性、垄断性、静态性知识的存储器了,头脑开始进入自己真正的角色:创造!因此,知识个性化诞生了。对创造力的要求就成了现时代对我们的最重要也是最基本的要求了。

成功有两种,模仿的成功要付出百倍的辛劳并且随时会被淹没,而创造的成功却可以永久长青。"创造即是力量"应该成为这个时代的本质。

几年前新东方提出了"中国机会"论。留学出去一定要想着回来。我们这一代人所能体验的"冒险家的乐园"就在中国。下一个乐园也许会是非洲,但我们恐怕赶不上了。现在中国什么都需要。无论学什么,只要精通,巨大的中国市场就必然有你的位置。

人的一生充满了 ups and downs。不管任何时候,不管处在任何境况,关键在于你善不善于用一种平和的心态、积极进取的精神去争取成功。如果你失去积极进取的态度,人生永远会是一片灰暗。永远不要放弃梦想!晚上做梦的人不可怕,可怕的是白天做梦的人。因为白天做梦的人是要眼睁睁看着它实现的!我希望大家从现在起,眼光要开,胸怀要开;你得宽容,你得自信,你得勇于创造。做事一定要像酒一样深,做人却要像茶一样浅。相信你自己吧!

谢谢!